图书在版编目（CIP）数据

服务质量管理/温碧燕主编．—广州：暨南大学出版社，2010.8（2018.2 重印）
ISBN 978－7－81135－539－0

Ⅰ.①服…　Ⅱ.①温…　Ⅲ.①服务业—服务重量—质量管理　Ⅳ.①F719

中国版本图书馆 CIP 数据核字(2010)第 107491 号

服务质量管理

FUWU ZHILIANG GUANLI

主　编：温碧燕

出 版 人：徐义雄
责任编辑：潘雅琴　黄　球
责任校对：苏倩欣
责任印制：汤慧君　周一丹

出版发行：暨南大学出版社（510630）
电　　话：总编室（8620）85221601
营销部（8620）85225284　85228291　85228292（邮购）
传　　真：（8620）85221583（办公室）　85223774（营销部）
网　　址：http：//www.jnupress.com
排　　版：暨南大学出版社照排中心
印　　刷：佛山市浩文彩色印刷有限公司
开　　本：787mm×1092mm　1/16
印　　张：14.375
字　　数：370 千
版　　次：2010 年 8 月第 1 版
印　　次：2018 年 2 月第 4 次
印　　数：7501—9000 册
定　　价：38.00 元

目 录

总 序

“21世纪旅游专业系列规划教材”正在暨南大学管理学院旅游管理系广大教师的共同努力下逐步推出。这是作为国家特色专业、广东省名牌专业以及省级重点学科建设的重要成果之一，也是暨南大学旅游管理专业开办二十多年来，由本科、硕士到博士点发展历程及专业积淀的展示。

旅游活动是当今世界参与人数最多、规模最大的社会活动之一，旅游业也是世界最大的产业之一。自20世纪70年代末以来，中国旅游业快速增长，在20多年的时间里，我国实现了从旅游资源大国向世界旅游大国的历史性跨越，今后还将由世界旅游大国向世界旅游强国迈进。在旅游业快速增长的同时，我国旅游教育和旅游科研蓬勃开展。截至2007年年底，全国共有高、中等旅游院校1 641所，其中高等院校770所。在校生达70多万人，其中旅游高等院校近40万人。中国旅游教育方兴未艾，为旅游业输送着大批专业人才。

旅游教育的发展壮大需要教材建设的支持。我国旅游教育界在过去的20年间出版了多套专业教材，为旅游学科发展奠定了基础，为旅游教育作出了贡献。但随着旅游业的快速发展，旅游科研不断有新的突破，旅游教材必须吸收、反映这些成果，把最新的知识奉献给读者。面对旅游学科日新月异的大好局面，特别是最近几年形势的重大变化，我们处在高校旅游专业教学与科研第一线的教师既感到兴奋，同时也有要不断更新教学内容，补充新知识的压力。鉴于教材建设紧跟形势发展，反映旅游最新实践动态和最新研究成果的需要，我们组织了一批长期从事旅游专业相关课程教学和科研的教师编写了这套“21世纪旅游专业系列规划教材”。

这套教材选题广泛，涵盖了旅游管理专业的各门课程，并且紧密结合国际、国内旅游活动、旅游业和旅游科研发展的实际，从较高的理论起点阐述了现代旅游管理和经营的一般规律，总结学科、行业、产业的经验教训，以最新的实际材料和旅游研究成果展现旅游学科体系的理论知识和实践技巧。在编写风格上，我们参阅和借鉴了国内外旅游学科及其他学科教材的经验，力图使本套教材呈现出理论全面、知识丰富、结构合理、形式活泼、内容科学及文字生动的特色。这套教材既可供高校旅游管理专业教学使用，亦可作为高等职业教育、自学考试以及旅游行业中、高级管理人员的培训教材。

旅游学是一门发展中的学科，丰富的理论内涵和综合的知识结构，飞速发展的社会实践，均需要进行不断深入研究和精心归纳。我们希望通过这套教材的出版，能与同仁共同推进与提高旅游教材的编写水平，为中国旅游教育贡献绵薄之力。

21世纪旅游专业系列规划教材编委会

2008年10月

前　言

服务质量管理是包括旅游企业在内的广大的服务性企业经营管理的核心内容。服务质量是决定服务性企业营销效果、经济收益的最重要因素之一。服务质量管理的教学、研究与实践将有助于推动我国服务业的全面、健康发展，有助于我国服务性企业管理水平的提高。

作者从20世纪90年代末开始从事服务质量管理和服务营销领域的研究，并从2005年上半年开始给本科生，主要是旅游管理专业本科生讲授服务质量管理课程。在几年的教学中，作者深感服务质量管理课程的重要性，但同时又为难以找到合适的教材感到苦恼。可以说，目前国内有关服务管理和服务营销的教材多如牛毛，有关服务质量管理的论著也并不少见，但专门针对服务质量管理的优秀教材却寥寥无几。在服务管理和服务营销教材中，服务质量管理部分所占的篇幅往往不多，有关服务质量管理的著作又大都以理论探讨和实证研究为主，不适合作为本科生或研究生（指服务管理研究领域以外的研究生）的教材。因此，作者一直想编写一部专门针对本科生和研究生的服务质量管理教材。这就是本教材编写的初衷。

本书共九章，分为四大部分，第一部分介绍服务的基本概念及服务业的基本情况，包括第一章和第二章；第二部分阐述质量的相关概念，包括第三章和第四章；第三部分论述服务质量的形成与评价，包括第五章和第六章；第四部分专门分析服务质量管理的手段和方法，包括第七、八、九章。

在本书编写的过程中，作者力求做到以下三个兼顾，以体现本书的特色。第一，兼顾理论性和实用性。与大部分服务质量管理著作偏重理论性，而部分服务管理或服务营销教材又过分偏重应用性不同，本书力图把理论与实践联系起来，在内容上既介绍理论又论述方法，在章节结构编排上则尽力使理论及其对应的实践应用和方法衔接紧凑。每一章节在进行了理论论述以后，马上介绍该理论的运用。如第二章，在介绍了服务的各个特征后，紧接着论述这些特征对顾客和对服务性企业的影响，以及企业的应对策略。又如第五章，在阐述了整体质量概念后，马上进入该概念对服务管理实践的启示。作者希望通过这样的安排，既能够帮助学生加深对概念和理论的理解，又能够促使学生理论联系实践，提高对知识的应用能力。第二，兼顾整体性和专门性。服务质量管理虽然是一门涵盖范围相对较窄的课程，却是服务管理的核心内容。本书一方面兼顾整体性，如第一章就对服务的基本概念及服务业的基本状况作了介绍，另一方面又尽力避免超出质量管理理论范畴而与服务管理和服务营销教材重复，因此有关服务运营、顾客满意感、顾客忠诚度等相关内容都没有包含在本书中。第三，兼顾理论性和可读性。在编写过程中，作者摈弃了许多高深的服务管理理论和实证研究过程，而代之以简白的事例或案例，力图提高可读性。

本书由暨南大学管理学院旅游管理系硕士生导师温碧燕副教授负责体例的设计、内容和结构的安排、大部分章节的撰写，以及全书的统稿。暨南大学旅游管理系硕士研究生王倩、曾婷婷、张小红、聂莉、张子澎参与了本书的编写工作，具体情况如下：王倩参与了第一、二章的编写，张小红参与了第三、四章的编写，曾婷婷参与了第五、六、八章的编写，聂莉参与了第七章的编写，张子澎参与了第九章的编写。

本书适合管理类专业及相关专业高年级、具备管理学基本知识的本科生或管理类专业研究生使用。因为服务质量管理作为一门管理学专业的选修课程，对该领域知识的学习和理解，需要以管理学的基本知识和理论为基础，如顾客感知服务质量概念是现代市场营销学中顾客导向、市场导向观点的继承和延伸，对服务质量计量方法的掌握需要有管理研究方法和营销调研等课程的基础。本书既可作为高等院校工商管理、旅游管理及相关专业的本科生或研究生教材，也可作为服务管理研究机构、服务行业管理或职业培训的参考用书，对理论研究、学历教育、职业培训以及实际工作都具有实用性和参考价值。

在本书的编写过程中，尽管作者尽力避免，但很难完全解决的一个问题是，因为企业管理的各个层面本身就是紧密相连、环环相扣的，人们往往很难准确区分服务营销领域的许多内容是否属于服务质量管理的范畴，所以本书也不可避免地有些内容会与其他服务营销和服务管理教材有所交叉，如服务效率管理、服务能力管理等内容也包含在了本书中。这可能是本书的一个局限性。但作者尽力把这些内容与其他章节糅合在一起，如将服务能力管理放在了服务的不可储存性及其应对策略部分，以便使本书自成体系。此外，由于这是本人首次撰写教材，本书难免会有许多不足和亟待完善之处，请各位同行、专家、学者批评指正。

作　者

2010 年 6 月于美国安娜堡

第一章 服务的特征

【学习目的】

通过本章的学习，要了解服务的相关概念；熟悉服务的特征；理解服务的四大特征对顾客消费行为的影响；重点掌握服务的特征给服务性企业经营管理者带来的影响和挑战；理解服务性企业针对服务的不同特征作出的应对策略。

【学习要点】

1. 服务的概念界定及对服务概念要点的归纳
2. 服务与产品的区别
3. 服务的四大特征
4. 服务的四大特征对顾客消费行为的影响
5. 服务的特殊性给企业带来的挑战及其应对策略

【关键词】

服务 产品 服务的特征

第一节 服务的概念

一、service 的字面意思

服务存在的历史和人类的历史一样悠远，服务（Service）是社会经济发展到一定阶段的产物，是一种比较复杂的社会现象。首先，我们从英文和中文两个角度去理解 service 的字面意思。

（一）英文含义

在《牛津高阶英汉双解词典》中，service 的解释有名词和动词两种，而作为名词时，service 又有可数名词和不可数名词两种解释。当 service 作为可数名词时，词典对其有三种解释：①不生产货物而以工作或提供货物的方式为顾客服务的业务；②这类工作或货物；③劳务。当它作为不可数名词时，词典的解释是：①旅馆、饭店等的业务；②佣人、旅馆职员等做的工作。而当把 service 作为动词来理解时则是“（为某人）提供服务”。

（二）中文含义

《当代汉语词典》对服务的解释是“为集体（或别人的）利益或为某种事业而工作”。

二、服务概念的管理学界定

早期对服务概念进行研究的大多是经济学家，最早可追溯到亚当·斯密的时代。经济学意义上的服务是指一种可供销售的活动，是以一种等价交换的形式为满足企业、公共团体或者其他社会公众的需要而提供的劳动活动或者物质产品。

管理学界对服务概念的系统研究则是从 20 世纪五六十年代开始的，其中以市场营销领域的研究最为集中。与经济学家强调服务活动的等价交换特征不同，市场营销学者更多关注的是服务有别于产品的特征。西方市场营销专家试图从不同的角度为服务下了许多定义，每一条都或多或少地概括了服务的某些特征。

1960 年，美国市场营销学会（AMA）将服务定义为："用于出售或者随同产品连在一起进行出售的活动、利益或者满足感。"这一定义成为 20 世纪 60 年代服务定义的范例，在此后的很多年里一直被人们广泛采用。之后，管理学界其他学者也从不同角度提出了自己对服务的理解。

1963 年，雷根（Regan）认为："服务是直接满足（如交通运输、房屋租赁）或者与有形商品或其他服务（如信用卡）一起提供满足的不可感知活动。"

1974 年，斯坦通（Santon）指出："服务是一种特殊的无形活动。它向顾客或者工业用户提供所需的满足感，它与其他产品销售和其他服务并无必然联系。"

1983 年，莱特南（Lehtinen）则认为："服务是与某个中介人或者机器设备相互作用并为消费者提供满足的一种或者一系列活动。"

1990 年，格鲁努斯（Gronroos）为服务下定义为："服务是以无形的方式，在顾客与服务人员、有形资源、产品或者服务系统之间发生的，可以解决顾客问题的一种或者一系列行为。"

1993 年，艾德里安·佩恩（Adrian Payne）将服务定义为："服务是一种涉及某些无形性因素的活动，它包括与顾客或者他们拥有财产的相互活动，它不会造成所有权的更换。条件可能发生变化，服务产出可能或者不可能与服务产品紧密相连。"

1997 年，美国西北大学教授菲利浦·科特勒在其对世界和中国都有广泛影响的《营销管理》的第九版中对服务作的定义为："服务是一方能够向另一方提供的基本上是无形的任何活动或利益，并且不导致任何所有权的产生，它的生产可能与某种有形产品联系在一起，也可能毫无关联。"

2000 年，格鲁努斯（Gronroos）在研究 30 年来对服务的定义的基础上，综合了莱特南、科特勒及古万森等人的思想，把服务的内涵定义为："服务是由一系列或多或少具有无形性的活动所构成的一种过程，这种过程是在顾客与雇员、有形资源的互动关系中进行的，这些有形的资源（或有形产品、有形系统）是作为顾客问题的解决方案提供给顾客的。"

2001 年，菲茨西蒙斯（Fitzsimmons）定义服务为："服务是一种顾客作为共同生产者的、随时间消逝的、无形的经历。"

AMA 在 1960 年定义的基础上，又对服务的定义作了补充完善，新的服务定义为："服务可被区分界定，主要为不可感知却可使欲望获得满足的活动，而这种活动并不需要与其他产品或者服务的出售联系在一起。生产服务时可能会或者不会需要利用实物，而且即使需要借助某些实物协助生产服务，这些实物的所有权将不涉及转移问题。"这一定义大大丰富了原有定义的内容，使人们更为清楚地认识到服务和商品的区别之所在。

中国学者叶万春认为，服务是具有无形特征却可给人带来某种利益或满足感的、可供有偿转让的一种或一系列活动；而崔立新则认为，服务不仅是一种无形的特殊活动，而且更是一种观念，它的实质是更好地与消费者沟通，挖掘消费者现有的或潜在的需求，并最大限度地满足这种需求，从而获得利润、创造财富，取得竞争实力。

ISO 9004—2：1991《质量管理和质量体系要素第二部分：服务指南》中对服务的定义是：为满足顾客的需要，供方与顾客接触的活动和供方内部活动所产生的结果。2000 版的 ISO 9000 将服务解释为：服务通常是无形的，并且是在供方和顾客接触面上至少需要完成一项活动的结果。

通过对上述各位学者所提出的服务定义的分析和探讨，可以将服务的含义归纳为以下几个要点：

（1）服务是由活动或一系列活动所构成的过程。服务产生于人、机器或设备与顾客之间互动关系的有机联系中，并由此形成一定的活动过程。过程性是服务的最重要特性。

（2）服务可以出售以获利。服务具有商品的特征，服务是可以出售的，企业通过向服务接受者出售服务以获利。

（3）服务能为服务接受者带来利益或满足感。服务的中心是顾客，服务是针对顾客的需要而言的，并为服务接受者带来利益或满足感，这是服务的基本内涵。

（4）服务的提供和消费在服务提供者与顾客的互动过程中同时发生。

（5）服务可能与实体产品相联系，也可能没有联系。由第一个要点可以得知服务是由活动或一系列活动构成的过程，在这个为顾客提供解决方案的过程中需要利用各类资源，这些资源不仅包括一些实体产品如货物或者基础设施等，也包括知识、人际沟通能力等。

三、service 的拆字游戏

为了对服务，特别是旅游服务有一个具体直观的认识，本书对 service 这一英文单词进行了字母拆分（见图 1－1），并作出相应的解释。

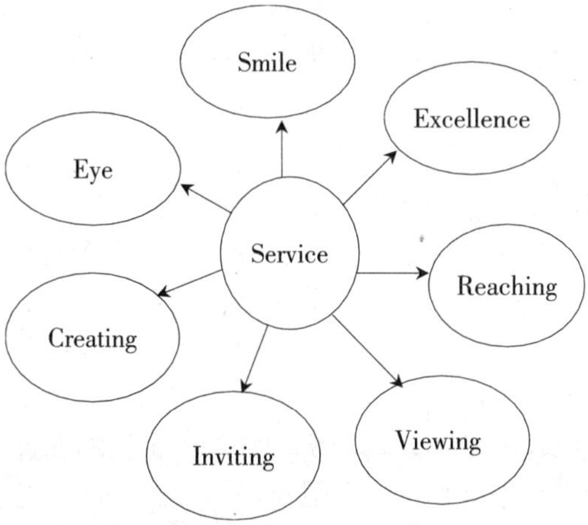

图 1－1 service 拆字示意图

S：(Smile)　Smile for everyone 微笑待客

E：(Excellence)　Excellence in everything you do 精通业务上的工作

R：(Reaching)　Reaching out to every customer with hospitality 对顾客态度亲切友善

V：(Viewing)　Viewing every customer as special 将每一位顾客视为特殊的重要人物

I：(Inviting)　Inviting your customer return 邀请每位顾客下次再度光临

C：(Creating)　Creating a warm atmosphere 为顾客营造一个温馨的服务环境

E：(Eye)　Eye contact that shows we care 用眼神表达对顾客的关怀

通过对 service 这一单词的拆分，可以看出服务的三部曲：(1) 欢迎——在这里 smile 进行了很好的展示，要微笑待客；(2) 服务——在服务中要求员工精通业务上的工作（Excellence）、对顾客态度亲切友善（Reaching）、将每一位顾客视为特殊的重要人物（Viewing）、为顾客营造一个温馨的服务环境（Creating）、用眼神表达对顾客的关怀（Eye）；(3) 再见——在顾客即将离开时要做到邀请每位顾客下次再度光临（Inviting）。可见，这一拆字游戏非常符合烦琐、面对面服务的行业，特别是饭店等旅游服务企业，其在国内外饭店业的员工培训中已广为流传。

第二节　服务的特征

一、产品与服务的区别

要深入地了解服务这种行为并对服务业有深刻的理解，除了要掌握服务的概念之外，还必须了解服务的特征。在现有的服务管理文献中，可以看到许多有关服务特征的归纳和讨论。对服务特征的研究，通常都是结合制造业中有形产品的比较进行的。

北欧服务管理学者格鲁努斯（1998）提出了产品与服务的 8 点区别（见图 1－2）。

有形产品	对应	服务
有形	↔	无形
形态相似	↔	形态相异
生产、销售不与消费同时发生	↔	生产、销售与消费同时发生
一种物品	↔	一种行为或过程
核心价值在工厂里被生产出来	↔	核心价值在买卖双方接触中产生
顾客一般不参与生产过程	↔	顾客参与服务过程
可以存储	↔	不可存储
所有权会发生转移	↔	无所有权的转移

图 1－2　服务与有形产品的特征比较

二、服务的主要特征

学术界在研究服务与有形产品的区别时，对服务的共同特性进行了探索和分析，基本形成了对服务的一般特性的共识。大部分学者认同服务存在以下四个重要特征，其他特征都是在这四个特征的基础上衍生出来的。图1－3列出了服务的四个主要特征和这些特征所带来的顾客的服务消费行为有别于产品消费行为的地方。

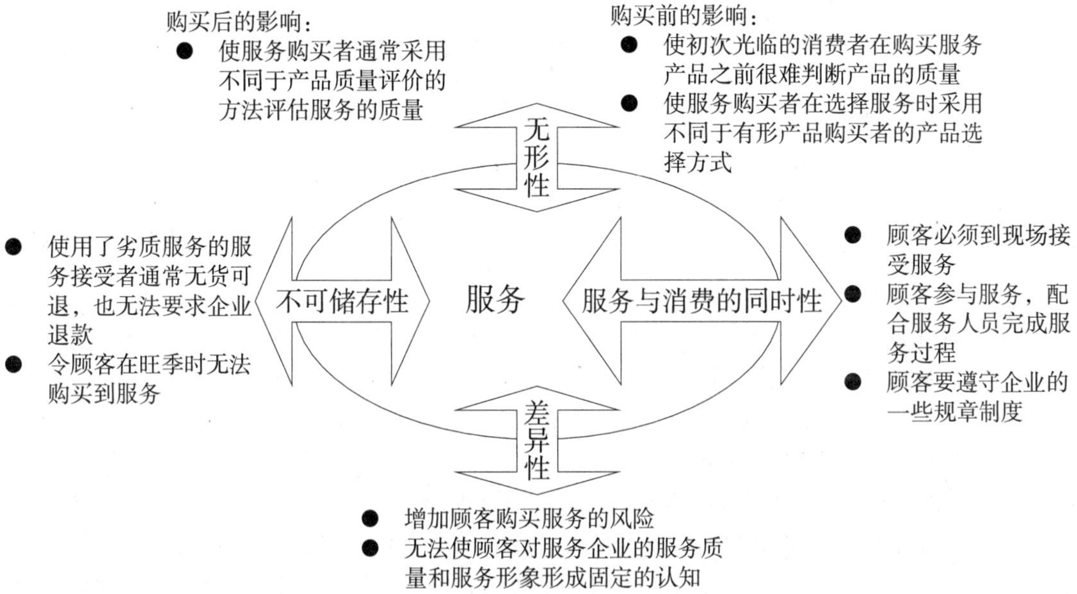

图1－3 服务的四大特征及其对顾客消费行为的影响

（一）无形性

1. 无形性的含义

无形性是服务的最明显特点。不少营销学家认为无形和有形是服务和产品的最主要区别。尽管有些服务还是有一定的实体成分，如酒店的客房、快递公司的文件、医院的医疗设施，但从本质上说，服务本身是一种非实体的现象。服务的结果可能是有形的，如餐馆提供给客人的食品；服务的过程也可能需要利用一些实体物品，如修理行的零部件。但服务本身是无形的；它不是由某种材料制成的，且没有一定的重量、体积、颜色、形状和轮廓；它不固定或物化在任何耐久的对象或可以出售的物品之中，不能作为物而离开服务者独立存在。换句话说，服务是一种消费者不能随身带回家的活动或行为，同时顾客也无法凭借视、听、味、触、嗅等对待有形产品的办法去感知服务的存在并判断其优劣，消费者能带走和感受到的仅仅是服务带来的影响。服务的这一特征给顾客的消费行为和企业的经营管理活动带来了重要的影响。

2. 无形性对顾客消费行为的影响

（1）购买前的影响。

服务的无形性使初次光临的消费者在购买服务产品之前很难判断产品的质量。顾客在购买服务之前无法看到、听见、触摸、嗅闻服务，也无法试用服务，因此顾客购买服务所面临的风险要比他们购买有形产品时面临的风险大得多。比如初次到一家餐馆就餐，我们大多会发出“这家餐馆服务怎么样呢?”的疑问。

如果顾客购买的是有形产品，那么事情则变得简单多了。顾客只需使用其身体的感觉器官试用一下就可对产品作出一个评定。比如一件衣服，想知道其布料怎么样，我们可以通过眼睛和手感作出判断；想知道其是否合身，只需穿在身上便可知晓。

服务的无形性使服务购买者在选择服务时采用不同于有形产品购买者的产品选择方式。产品的购买者可以根据企业的广告和自身的试用来判断产品的优劣，从而选择不同品牌和类型的产品。相对产品购买者相信广告和试用而言，服务购买者更可能相信自己的亲身经历或他人的口头宣传。如果顾客从未接受过某种服务，他们则会相信亲友的推荐，甚至相信陌生人的推荐。大家可能都有过这样的经历，在一个陌生的地方选择餐馆就餐时，往往会选择人多的餐馆。由此可见口碑的重要性，这就使管理者要将“金碑、银碑不如老百姓的口碑”这句话时刻谨记在心。

（2）购买后的影响。

服务随着交易的结束而消失，顾客并没有因交易而获得像商品交换一样的实物。服务之后，消费者并未获得服务的物质所有权，而只是获得了一种消费经历。例如，登机旅行，始发地广州，目的地北京，乘客只拥有一份被安全送达北京的承诺，而飞机的所有权并没有发生转移。客人住酒店也只是在特定时间内拥有酒店客房的使用权，当客人离店时，除了一张付款凭证，他们什么实物都带不走。

服务消费的这一特点使服务购买者通常采用不同于产品质量评价的方法评估服务的质量。顾客可以根据某些客观的标准较容易地对产品的质量作出评价。比如对于一台电视机，我们可以从清晰度、耗电量等方面来评判其质量。而顾客往往只能根据自身的主观感觉对服务作出评价，而且同样的服务，不同消费者的感觉可能是完全不一样的。因此，顾客用来形容服务的词汇一般都比较抽象，通常包括“信任”、“安全”、“感觉”、“经历”等。

（二）不可储存性

1. 不可储存性的含义

服务只存在于其产出的那个时点。绝大多数服务都无法在消费之前储存，这就是服务的不可储存性，也称为服务的易逝性。工业企业生产的产品可以储存，如电器公司可以将淡季生产的空调储存起来，在旺季时出售。而服务则不像商品那样可以储存。如果企业不对服务能力加以及时的利用，它创造利润的机会就会自然消失。例如，客机起飞之后，民航公司未售出的座位就永远失去了销售的机会。同样，一个有100间客房的酒店，如果某天晚上只销售出去50间客房，酒店不可能把没有销售出去的50间客房储存起来留到第二天销售。也就是说，第二天的最大销售量也只能是100间，而不是150间。相似的情况还有餐馆剩余的餐位、电影院的空位等。服务的不可储存性给顾客的消费行为和服务性企业的经营管理带来了重大的影响。

2. 不可储存性对顾客消费行为的影响

服务接受者接受完服务之后就代表着服务结束，即服务消失。因此，使用了劣质服务的服务接受者通常无货可退，也无法要求企业退款。只有在极少数情况下，例如患者在医院接受医疗服务之后发生了医疗事故，患者才可能通过向法院起诉等方式获得赔偿。

服务的不可储存性还可能会令顾客在旺季时无法购买到服务。在服务需求大于企业的服务能力的时候，一部分顾客就无法购买到企业的服务。因此，一些顾客会通过提前预订的方式保证在自己需要的时候得到服务，还有一些顾客会主动选择在需求相对较少的时候光顾企业，避免在需求集中的时候因为人满为患而得不到服务或得到劣质的服务。

（三）差异性

1. 差异性的含义

服务性企业提供的服务不可能完全相同，同一位服务人员提供的服务也不可能始终如一。换句话说，服务无法像有形产品那样实现标准化。服务的主体和对象均是人，人是服务的中心，而人个性不一，不同的服务员服务不同，即使是同一服务员，其行为在不同的时间和地点也有所差异。服务人员的生理和心理状态不可能每天都保持一致，而人涉及服务方和接受服务的顾客两个方面，这使得感受服务质量的顾客对同一服务的评价也有所差异。

2. 产生差异的原因

（1）不同的服务人员素质水平存在差异。

作为服务提供者，不同服务人员的技术水平、服务态度及其努力程度有所差异，从而产生出不同的服务效果，因此顾客感知的服务质量也不相同。此外，越是专业化水平要求强度高的服务企业，这种差异越明显，比如，医生、美容师素质和技能的不同将对顾客产生深远的影响。

（2）不同顾客个性不同、需求各异，对服务的看法也不同。

①顾客的知识水平、道德修养、处世经验、社会阅历等基本素质都会影响服务感受。

下面举两个例子进行具体的说明：同听一节课，有人听得津津有味并受到巨大启发，能举一反三、触类旁通，而有人却昏昏欲睡，收获甚微；同样是去旅游，有人乐而忘返，有人却败兴而归。之所以会产生这样的效果反差，和顾客基本素质的差异是休戚相关的。

②不同的人需求不同，对同一服务的感受也不同。

顾客的个性特征存在很大差异，如知识层次、爱好、旅行目的等，因此，他们时常会对服务提出特殊性要求，这对服务的质量和效果有直接影响。如在餐馆点菜时服务人员热情周到地服务，详细地为顾客介绍餐馆的特色和菜式，对于不赶时间的客人来说，他会认为这家餐馆的服务人员态度很好，对餐馆的服务质量评价高；而对于一个赶时间的客人来说，他会觉得这家餐馆的工作效率低，服务速度太慢，对餐馆的服务质量评价不高。

3. 服务差异性对顾客消费行为的影响

服务的差异性为顾客购买服务增加了风险，企业无法向顾客保证他们每次购买到的服务都是一样的，无法使顾客对服务企业的服务质量和服务形象形成固定的认知。顾客往往要求由同一个服务人员为自己服务，因为此服务人员多次为该顾客服务，对其需求比较了解，所以更加清楚该如何令其满意。此外，由于长期的交往，服务人员与顾客之间建立起了感情和比较稳定的关系，相互信任，与此同时也降低了顾客的购买风险。

（四）服务与消费的同时性

1. 服务与消费的同时性的含义

服务与消费的同时性是指服务提供者提供服务的过程与顾客消费服务的过程同时发生。服务人员提供服务给顾客的时候也正是顾客消费享用服务的时候，服务的提供与消费过程在时间上是不可分离的。

2. 服务与消费的同时性给顾客带来的影响

（1）顾客必须到现场接受服务。

在制造业中，产品的生产过程和使用过程是分离的，顾客看不到产品生产的进行过程。而服务生产过程恰好相反，顾客会观察甚至参与生产过程，顾客与员工的接触成为服务产品的一部分。因此在大多数情况下（服务人员亲自上门提供服务除外），顾客要亲自到服务场所接受服务。

（2）顾客参与服务，配合服务人员完成服务过程。

由于服务是一个过程或一系列的活动，故而在此过程中消费者与生产者必须直接发生联系，消费者不参与服务生产过程，即不能享受服务。这一特征要求服务消费者必须以积极的、合作的态度参与服务生产过程。如生病时去看病，病人需要主动地诉说病情，医生才能作出诊断并对症下药，同时，病人要按医生的嘱咐治疗，如不配合将会影响到服务的效果；旅游时，游客需参与整个旅游过程，去感受大自然的美好和鬼斧神工；享用自助餐和通过ATM取款，都需要消费者的自助行为才能完成。可见，顾客不是被动的服务接受者，而是主动参与服务过程的合作者。

（3）顾客要遵守企业的一些规章制度。

在服务过程中，不但顾客与企业的员工或机器设备会发生接触，而且不同顾客之间也会有所接触，相互影响。如在火车同一节车厢内的旅客的行为可能会影响彼此的旅程体验，一个吵闹的小孩可能会影响该车厢内的所有游客，造成一定的负面影响。因此，顾客在服务过程中要扮演好自身的角色，如在等候接受服务时需主动排队，不能插队；在景区旅游时，不应破坏旅游景点的服务设施。只有这样才能做到不影响其他顾客的服务消费体验，保证服务过程高质量地完成。

第三节　服务的特征给企业带来的挑战及其应对策略

一、服务的无形性给企业带来的挑战及其应对策略

（一）无形性给企业带来的挑战

1. 销售人员不容易向顾客展示、说明或宣传服务

企业要使潜在的购买者相信企业能满足他们的需要和愿望，首先要使他们形成对产品和服务的合理期望。对于有形产品，销售者可以在广告、公关、人员推销等市场沟通活动中，利用产品的图片、实物和样品等向顾客营销本企业的产品。但是，服务是无形的，服务销售人员很难在市场沟通活动中展示、说明或宣传本企业的服务，而只能用抽象的语言进行描述，如开放、舒适、浪漫等。

2. 营销人员很难将本企业的服务与竞争对手的服务区分开来

同样的道理，企业很难用准确的语言区分自己的服务与竞争对手的服务。例如，白天鹅酒店和中国大酒店同样都是五星级酒店，它们的区别在哪里？企业应如何用准确的语言将它们的服务进行区分？很显然，这样的问题对企业的经营者来说是一个巨大的挑战。

（二）企业的应对策略

1. 在市场沟通活动中强调有形证据

有形证据（Physical Evidence）指顾客在服务消费过程中看到的、感觉到的一切人和物，包括服务环境、服务设施、服务人员、宣传单、价目表等。服务是无形的，但是上述的东西是有形的。企业可通过各种有形证据向消费者传递信息，顾客也可以据此推断企业的服务质量，以降低购买风险。例如，到酒店住宿的客人可以通过酒店的外观、周边的环境、大堂的设计和装潢、服务人员的衣着、客房内的布局和装饰、酒店内的其他娱乐设施等来判断酒店的服务质量和管理水平。一些豪华酒店在大门前刻意停放劳斯莱斯等高档名牌轿车，以暗示一种高质量的服务。

2. 向消费者作出合理承诺

如前所述，服务消费存在较大风险，消费者会觉得没有保障。企业对此应该勇敢并量力而行地作出承诺。比如餐厅作出 20 分钟上菜的承诺，这就给客人打了一剂强心针。

3. 善于预见消费者的需要和愿望

服务是无形的。有时候，消费者并不清楚自己需要哪些具体的服务。企业要为顾客创造良好的消费经历，就必须善于预见消费者的需要和愿望，做到：消费者想到的，企业和服务人员已想到；消费者没有想到的，企业和服务人员也已想到。要做到这些，企业和服务人员必须设身处地地为顾客着想。

4. 重视服务过程，提供难忘的服务体验

服务是由活动或一系列活动所构成的过程。顾客不仅会根据服务的结果评估服务质量，而且，服务过程的每一个环节都会对顾客感知服务质量产生重要影响。因此，企业应加强对服务过程的重视，努力为顾客创造难忘的服务体验，刺激消费者再次消费。国内主题餐厅的兴起正是对这一点很好的诠释。

行业透视：雨林餐馆

雨林餐馆在美国属于一种新型的餐馆。餐馆的平均室内面积为 23 000 平方英尺，设有水族馆、鹦鹉、瀑布、机械鳄鱼、玻璃钢制猴群、播放荧幕、会说话的树和带有闪电的定时雷暴等。

雨林餐馆连锁店的装饰和产品带有强烈的环境主题特点。餐馆强调，不提供来自森林中遭到破坏的地区的牛排，不提供受污染的鱼。会说话的树向排队等候的客人介绍此处的环境情况。同时，餐馆将工作重点放在核心业务即食品上，努力保证食品的质量。管理层认为，不管其要宣传的主题多么有力，如果不能提供优质的食品，客人就不会再来。据估计，目前大约 68% 的客人是回头客，说明餐馆在这方面是成功的。

（资料来源：［美］John E. G. Bateson，K. Doouglas. 服务营销管理. 邓小敏等译. 北京：中信出版社，2004）

5. 促使客人做有利的口头宣传

大量研究表明：对服务购买者来说，除亲身经历之外，消费者的口头宣传比任何其他信息来源都重要。在当今这个网络发达的互联网时代，消费者之间的口碑相传已从原来口耳相传的传播方式发展到了传播速度更快、覆盖范围更广的网络传播方式，口碑营销显示出了越来越大的力量。因此，企业应致力于给顾客提供难忘的服务消费经历，促使顾客为企业做良好的口头宣传，让顾客成为企业的“兼职营销员”。

二、服务的不可储存性给企业带来的挑战及其应对策略

（一）不可储存性对企业的影响

1. 企业无须支付服务的储存、运输费用

一项无形服务的消费往往是与它的“生产”同时发生的，服务过程是在服务提供者和顾客共同参与下完成的，服务的移动则意味着人的移动，同时，企业为消费者服务之后，服务立即消失。因此，服务无须企业支付运输和储存的费用。然而，无形的服务无须储存和运输，并不意味着服务性企业不发生任何的储存和运输费用。服务性企业在提供服务过程中需要使用一些有形的设施、设备和物料，也会为顾客提供一些有形的产品，企业仍需为这些有形物品支出运输和储存费用。如酒店需要购买和储存牙刷、毛巾、沐浴液等卫生用品，餐馆需要储蓄食品原料。

2. 服务供给和需求不平衡

服务的供应相对稳定，如果消费者对某项服务的需求保持不变，一般就不会出现问题。但现实中消费者对服务的需求不是持久不变的，对大多数服务来说，事实恰好相反，消费者的需求往往会发生变化，企业通常很难预测消费者的需求变化情况。同时，服务无法储存，服务行为就不可能像实物产品那样，将淡季生产的产品储存起来，在旺季时出售。这就给服务性企业的经营管理带来很大的挑战。在服务需求旺季，即供给小于需求时，服务人员不足，服务速度缓慢，将导致企业不能接待一部分客人，从而丧失部分营业收入，甚至会永远失去这部分顾客；在服务需求淡季，即供给大于需求时，企业的市场能力将无法得到充分的利用。

（二）企业的应对策略

1. 服务需求管理

（1）服务需求波动。

服务需求往往呈现周期性波动和随机性波动，服务需求波动是这两种波动形式的叠加。

①周期性波动。周期性波动也称为规律性波动，指一定时间周期内服务需求有规律地出现高峰和低谷，呈现周期性、季节性的波动。如海滨浴场的游客在一年内有规律地变动，夏季游客数量明显增加，冬季游客数量明显减少。处在城镇郊区的一些乡村旅游景点的游客数量也会呈现出有规律的变动。一到周末，大量的城镇居民驾车到这些景点呼吸新鲜空气，体验乡村生活与城市生活的差异，游客数量成倍增加。由于周期性波动是有规律发生的，因此，企业可对其进行合理的预测，并据此调整企业的服务能力。

②随机性波动。与周期性波动相反，随机性波动是由于某些随机因素引起的服务波动，是企业不可预测的波动。例如，旅游业是一个对环境因素敏感而脆弱的行业，易受一些重大事件或者意外因素的影响，如2004年的非典对中国旅游市场造成了重创，旅游服务需求量极大地减少。

（2）服务需求管理的策略。

①服务需求超过服务能力时的服务需求管理策略。

◆ 采取预约制度。通过预约制度来提供服务是服务行业管理需求常用的一种方法。这种方法相当于“存储”需求，可以看作是制造业企业常用的“利用库存”或“延迟交货”策略。

采取预约制度的形式无论对企业还是顾客都有好处。对于企业来说，可以尽量监管和把握消费者需求总量，预先安排服务能力，保证需求不会超过事先确定的最大限度。对于消费者来说，最大的好处在于服务时间能够得到保证，同时不需要排队，从而节省了时间。

预约制度也存在着一些缺陷。企业在采取预约制度的情况下，如果顾客未能如约到来，企业的需求管理策略就会遭遇失败，服务能力也无法得到充分利用，而且企业还会因为失约的顾客预留服务能力而失去为其他顾客服务的机会，给企业带来损失的同时也造成了其他顾客的不满。出于这些考虑，许多服务性企业采用超额预订的方法来减少这种情况的发生，如酒店、航空公司。但这种方法也不是毫无风险的。一旦所有预订的顾客都如约到来，企业就必然面临服务能力不足的问题。因此，采用超额预订的企业必须考虑一旦服务需求超出能力范围时，应如何采取其他有效的补救措施，满足这部分超额需求而不至于得罪顾客。

案例：酒店的超额预订

预订是针对服务的不可储存性而进行需求管理的一种形式，在酒店业非常普遍。但由于种种原因，客人可能临时不来或提前离开，这给企业造成了一定的损失。根据经验，不到的顾客一般为5%，临时取消的顾客一般为8%～10%。按照国际惯例，酒店接受超额预订，即接受预订人数大于酒店的接待能力。超额的比例在5%～15%这一区间，酒店可以根据具体情况而调整。如果团队订房、旅行社、会议等订房多，其取消可能性比较小，因此超额的比例要相对低一点；如果散客多，就意味着取消可能性相对较大，因此超额比例可以适当高一点。

超额预订有利于酒店获得最佳客房利用率，但同时也存在比较大的风险，当客人来到酒店却没有空房提供时，企业需要妥善处理，请读者思考该如何处理？

案例一：客人入住高价客房

美国客人史密斯来华前三天，向某酒店电话预订了一间高层向阳的标准间。第三天下午4点，史密斯到酒店办理入住手续时，接待人员告诉他向阳间已经全部出租，问他是否可以更换一间别的房间。史密斯当即表示：既然已经预订，就不应该出现这种情况。于是史密斯进行投诉。值班经理很快查明，原因是酒店超额预订了，当天上午几位客人来办理入住手续时都提出要高层向阳的房间，接待员就把房间都安排出去了。

值班经理知道情况后，马上向史密斯先生道歉，并为他安排了一间高层向阳豪华间，房价仍按标准间收取。第二天，前厅部又为他安排了一间高层向阳标准间，并安排行李员协助他换房。

案例二：客人入住值班房

“十一”黄金周，某酒店为保证经济效益，实行了超额预订。一天，1005客房为预订房，大堂副理在下午多次打电话联系1005房间的预离客人，但未找到。而此时1005房间的预抵客人已经到达，酒店又没有其他空房。大堂副理向刚刚到达的客人解释酒店超额预订，并保证将他安排在其他酒店，一旦有空房，再将其接回。但客人态度坚决，称非住这里不可，否则将投诉。鉴于客人态度十分坚决，并提出有房住就可以，只要不用去其他酒店，在值班经理的允许下，大堂副理将客人安置到值班经理用房，客人对此表示满意。

案例三：客人入住其他酒店

长沙一年一度的金鹰电视艺术节期间是酒店的接待高峰，为保证酒店的经济效益，某酒店一连几天都实行了超额预订。一天，一位来自外地的客人要入住酒店。当前台接待员向客人解释客房已满时，客人却不予理睬，反而提起行李在大堂大喊大叫，说自己已经预订了房间，因此是不会走的。

这时，大堂副理走过来，将客人领到大堂副理工作台前，细心地向客人解释，征得客人同意后，又打电话与同星级的酒店联系，终于在附近酒店找到了一间房，且价格相近。之后经请示，派出酒店的车辆将客人送至附近的酒店。待安顿好后，客人对大堂副理说，他对酒店的服务非常满意，下次一定还会选择入住该酒店。

超额预订处理是订房管理的最高艺术，首先应认识到这是酒店单方违约，可以从以下几个方面进行处理：

- 真诚向客人道歉，请求客人的谅解；
- 以同等价格或者优惠价让顾客入住高等客房；
- 联系相同等级的酒店，支付来回程交通费、联络费和差价；
- 次日优先考虑此顾客的用房，将客人从其他酒店接回。

最后两种方法是在迫不得已的情况下才予以使用，因为这样做的后果是极有可能使顾客成为其他酒店的回头客。

◆ 预先告知顾客。企业应设法告知顾客服务需求高峰期，以方便消费者避开高峰期前来接受服务。例如，通过通告、广告、销售信息可以告诉使用交通、景区、邮局等多种服务的顾客什么时间会是高峰期。此外，可以向顾客传播非高峰期消费的好处，如人们在非高峰期购物、旅行或参观博物馆时，可以享受更低的价格以及不用排队等候的好处，以此使一部分顾客改变行为和时间习惯。

◆ 提高服务价格或减少优惠。利用价格杠杆是调节需求高峰和低谷的一个最显而易见的方法。对大多数服务来说，降低价格将会刺激需求，提高价格会减少需求。需求超过服务能力的情况在旅游活动中出现在旅游旺季。在旅游旺季，航空机票、景区企业和酒店通过提高价格或减少优惠来降低需求量就是利用价格杠杆最好的例子。

◆ 优先满足老顾客或重要顾客的需求。在服务需求超过服务能力时，总会发生顾客离开的情况，但老顾客的离开比其他顾客的离开会给服务组织带来更大的损失。服务组织中存在“80/20 法则”，即 20% 的客户提供了 80% 的销售额或利润。因此，在需求超过供给时应对顾客进行分类，优先满足老顾客或重要顾客的需求。例如，银行专门开设贵宾服务窗口，为其忠诚客户、重要客户提供专属的、更快速的服务。

◆ 在需求高峰期增加客户服务以留住顾客。在需求高峰期难免要出现消费者排队等候服务的情况，为了避免消费者因为等候太久而离去，餐馆可以在顾客等候用餐时为顾客提供观看电视、享用茶水小吃等服务，银行可以在服务区为顾客准备报纸、杂志，并播放动听音乐以使客人在漫长的等待中有事可干。

②服务需求低于服务能力时的服务需求管理策略。

◆ 降低服务价格或提供优惠。在需求低于服务能力时可通过降低服务价格或提供优惠的措施来刺激需求。例如，电话公司推出夜间和周末的长途话费优惠；电影院的日场或在下午6点前实行打折优惠；坐落在旅游观光点的酒店在旅游淡季时降低房价来吸引游客，等等。

◆ 大力开展促销活动。在消费非高峰期时，服务企业还可以通过促销和宣传手段来增加需求量。如长白山旅游度假区通过推介会和广告来宣传其新景点、新项目、优惠套餐等信息，以吸引旅游者，刺激旅游淡季需求；肯德基通过电视广告介绍其推出的特惠早餐，在人流较多的地方派发优惠券，吸引顾客在早上前来光顾。

◆ 改变服务传递的时间和地点。这种方法的基本思路是试图通过改变提供服务的时间或地点来应对市场需求的变动。第一种方法是通过改变提供服务的时间来应对需求在一天内不同时间、一周内不同时间或不同季节的变动。例如，在夏季，咖啡馆和餐馆的营业时间可适当延迟，因为夏季人们有更长时间的户外夜生活的习惯。第二种方法是在一个新地点提供服务，移动图书馆、移动洗衣服务、上门裁剪服务等都是基于这种方法的考虑。

◆ 寻求需求的不同来源。寻求需求的不同来源可以促进对非高峰期服务能力创造性地使用。例如，在旅游淡季，可将酒店用于招待商务人员或作为公司职员的休息场所；对于山顶滑雪场来说，在夏季可以开发飞行跳伞表演项目，从而提高服务企业的生产能力和场所设备的利用率。

表1－1　服务需求管理策略

服务需求超过 服务能力时的 服务需求管理策略	◆ 采取预约制度 ◆ 预先告知顾客 ◆ 提高服务价格或减少优惠 ◆ 优先满足老顾客或重要顾客的需求 ◆ 在需求高峰期增加客户服务以留住顾客
服务需求低于 服务能力时的 服务需求管理策略	◆ 降低服务价格或提供优惠 ◆ 大力开展促销活动 ◆ 改变服务传递的时间和地点 ◆ 寻求需求的不同来源

2. 服务能力管理

（1）影响服务能力的因素。

①服务设施和设备。

制造业企业的设施主要考虑容纳设备、操作人员和原材料、半成品，而服务企业的设施还要考虑容纳顾客。在旅游景区规划时，游客容量问题是必须考虑的，而医院床位、飞机的座位容量、饭店房间数量等都限定了企业的服务供应能力。

设备是指服务过程中所需的用于处理人、物或信息的物质设施，如电话、计算机、银行ATM机等。企业通常在设计服务系统时就已经决定了设备计划，但有时在需求高峰期服务设备会显得不足，限制了企业的服务能力。

②劳动力。

人的劳动是所有高接触型服务和许多低接触型服务的一个关键性能力要素，员工数量及技能水平对企业的服务能力起着决定性作用。如饭店的服务员数量、医院的护士人数、修车行修理工人的人数等，都是决定这些企业服务能力的根本性限制因素。

③时间。

对于那些主要以人的技能劳动来提供服务的服务企业，在服务员数量一定的情况下，服务能力的最大限制因素是有效的服务时间。如律师、咨询师、理发师等，其工作时间决定着他们提供服务的能力。时间安排不妥，利用效率不高，时间不充裕，都会直接影响服务的供给能力。

（2）服务能力管理的策略。

①服务能力超过需求时的服务能力管理策略。

在服务能力超过服务需求即需求淡季时，服务组织可以对服务设施和设备进行检查、整理、维护和装饰，安排员工培训，提高服务人员的素质，培养员工掌握跨岗位技能。此外，服务组织可以进行组织架构的诊断、分析和调整，制定战略规划，开展市场调研，创新服务理念，为需求旺季的到来做好充分的准备。

②服务能力低于需求时的服务能力管理策略。

◆ 增加服务人员或聘用兼职员工。增加服务人员的策略适用于中长期计划，即 12 个月以上的计划。如果能预测到需求的未来增长趋势，管理者可以相应地增加服务人员的数量，这里的服务人员指长期性的员工。当业务高峰时间可以预测时，比如餐馆的就餐时间、旅游黄金周，企业可以聘用兼职人员补充正式员工的不足。

◆ 增加服务设施或设备。只增加人员数量可能还不足以增加服务能力，这时就要考虑相应地增加企业的服务设施和设备。春运期间，增加火车的车次就是基于这点的考虑。同时，服务组织还可以利用自动化服务设备取代服务人员以提高服务效率和降低差错。如许多银行都设置了 ATM 存款机、存折自动打印机、自动点钞机以提高服务效率。

◆ 延长服务时间。餐馆可以提供下午茶和夜宵，书店可以采取弹性营业时间，每逢周末将营业时间延长 1 个小时。在有些情况下也可以缩短每一顾客的服务时间，主要指缩短顾客的闲散时间。例如，当一桌顾客酒足饭饱过后休憩时，服务人员迅速地递上结账单可以起到提醒顾客离开的作用。

◆ 交叉培训员工。一些服务系统由几种作业构成。当一种作业繁忙时，另一种作业可能闲置。交叉培训员工从事几种作业中的工作能创造出灵活的能力来满足高峰需求。餐馆、酒店、超级市场的员工可以经过培训掌握多种技能。这种方法有助于建立团队精神，而且可将员工从单调乏味的工作中解脱出来。

◆ 共享生产能力。服务传递系统经常要在设备设施、人力物力上进行大量投资。在设施设备、人力物力闲置的时候，可以通过与其他企业分享生产能力的方式，实现设施设备、人力物力最大限度的利用。航空公司已经以这种方式合作很多年了。在小型机场，航空公司共享相同的入口、跑道、行李处理设备以及地面服务人员。在淡季，有些航空公司常常将飞机租给其他航空公司，租借协议包括可以漆上适当的标志和重新装饰机舱。在酒店行业，有些酒店之间会签订协议，当预订客人超出酒店的接待能力的时候，酒店会把客人安排到另一家酒店入住。这些酒店希望通过客房资源共享的形式达到“共赢”。

表 1－2　服务能力管理策略

服务能力超过需求时的服务能力管理策略	◆ 对服务设施和设备进行检查、整理、维护和装饰 ◆ 安排员工培训，提高服务人员的素质 ◆ 进行组织架构的诊断、分析和调整
服务能力低于需求时的服务能力管理策略	◆ 增加服务人员或聘用兼职员工 ◆ 增加服务设施或设备 ◆ 延长服务时间 ◆ 交叉培训员工 ◆ 共享生产能力

三、服务的差异性给企业带来的挑战及其应对策略

（一）差异性给企业带来的挑战

1. 服务质量控制困难，很难避免服务差错的发生

如前所述，服务性企业提供的服务不可能完全相同，同一位服务人员提供的服务也不可能始终如一。企业可以在工作手册中明确规定服务人员在某种服务场合的行为标准，但管理人员却很难预料有各种不同经历、性格特点、工作态度的服务人员在不同服务场合的实际行为方式。因此，企业管理人员无法保证其在市场沟通中向顾客承诺的、在企业的工作手册中明确规定的服务标准在实际的服务过程中能够得以完全实现，也很难避免服务差错的发生。

2. 很难保证同一服务能够满足所有顾客的需要

不同的顾客对服务的需求不同，而且，不同顾客对同一服务的看法也不尽相同。同样的服务，对一部分顾客来说是优质服务，对另一部分顾客却可能是劣质服务。此外，企业为某位顾客提供优质服务的同时，可能也为另一位顾客提供了劣质服务。如酒店总服务台服务员为一位老年旅客提供热情周到的服务，向他详细介绍酒店的各项服务设施和服务项目。这位老年旅客会认为酒店的服务人员服务态度很好，对酒店的服务质量评价很高。但是，排在他后面的那位希望能尽快办好登记手续、将行李送到客房后赶去参加一个重要商业会议的商务客人则可能会认为酒店服务人员的服务速度太慢，让顾客等待的时间太长，对酒店服务质量的评价不高。

（二）企业的应对策略

1. 提供标准化服务

美国哈佛大学教授莱维特（Theodore Levitt）提出“服务工业化”的观点，主张用工业化大生产的方法为顾客提供标准化的服务，以保证服务质量的一致性。标准化服务指服务性企业使用流水作业法，用现代化设备和精心设计的服务操作体系取代人工服务，要求服务人员严格遵守操作程序，以便加强服务质量控制，提高工作效率，降低成本。快餐馆、自助餐馆、自选商店、自助银行都是这一观点在实践中取得巨大成功的实例。具体来说，标准化服务包括服务结果标准化、服务过程程序化和服务行为规范化三个方面的内容。

（1）使用现代化设备，提供标准化服务结果。

为了向顾客提供标准化服务，保证服务质量的一致性，减少服务差错的产生，服务性企业可使用现代化设备协助服务工作。如医院使用现代化诊断设备，可减少医生主观判断引起

的误诊；银行使用自动柜员机取代营业员的某些服务，使所有用户都能得到同样的服务。使用现代化服务设施，减少服务人员与顾客之间的相互交往，企业不仅提高了服务效率，而且为顾客提供了快速、可靠、方便、一致、廉价的服务，减少了顾客感觉中的购买风险，提高了顾客的满意程度。

（2）制定各项服务工作的操作程序，为顾客提供程序化服务。

服务性企业可制定各项服务工作的操作程序，要求员工严格按照操作程序为顾客提供程序化服务。毫无疑问，符合顾客需要的服务操作程序，有助于提高服务质量的一致性，使员工的工作有规可循，降低服务差错发生的可能性。

行业透视：某中餐厅散餐对客服务规程

（一）散餐服务要求

1. 了解当天供应品种（例汤、海鲜、时菜、甜品、水果、特别介绍、沽清类）。

2. 备料：酱油、胡椒粉、开水、点菜单、热巾、托盘等。

（二）开餐前的检查工作

1. 参加班前例会，听从当日工作安排。

2. 检查仪容、仪表。

3. 台面摆设：

餐具整齐，摆放统一，干净无缺口；台布、口布无破损、无污渍。

4. 台椅的摆设：

椅子干净无尘，椅面无污渍，台椅横竖对齐或摆成图案形。

5. 工作台：

餐柜、托盘摆设要求整齐统一，餐柜布置整齐不歪斜。

6. 检查花草。

7. 检查地面。

（三）迎接客人

1. 迎送员：

当客人进入餐厅时，迎送员行鞠躬礼（30°左右）。

热情地征求客人：“欢迎光临！先生/小姐，请问您几位?”“Good morning/Good afternoon/Good evening welcome, Sir/Miss, How many?”

把客人带到座位后，拉椅请坐，双手把菜谱递给客人，说道：“先生/小姐，这是我们的菜单。”“Mr/Mrs, here is your menu.”语气亲切，使客人有得到特别尊重之感觉。

2. 餐厅服务员：

（1）站立迎宾。

开餐前5分钟，在各自分管的岗位上等候开餐迎接客人，站立姿势要端正，不倚靠任何物体，双脚不可交叉，双手自然交叠在腹前，仪态端庄，精神饱满。

（2）拉椅让座。

服务员应协助迎送员安排客人就座，拉椅时注意先女宾、后男宾。

(3) 如果客人需要宽衣，帮助客人将衣物挂好。

(四) 餐中服务

1. 从客人右边递巾，并说“先生/小姐，请用巾”。然后询问客人：“请问喜欢喝什么茶？我们有花茶、乌龙……”

2. 增减餐具。

3. 斟茶：

将茶杯连碟放于托盘上，斟茶至八分满，从客人右侧递上。

4. 落餐巾、脱筷套：

将餐巾解开，轻轻地放在客人双腿上，如果客人暂时离开，将餐巾叠成三角形，平放在餐位的右边。

5. 为客人上调味品：

将调味品碟拿至托盘上，斟倒。

6. 收小毛巾：

用巾夹将小毛巾逐条夹进托盘拿走（可与第5条一起做）。

7. 点菜：

介绍菜式。

在客人看过菜单片刻后即上前微笑地询问：“先生/小姐，请问现在可以点菜吗？”

“先生/小姐，请问您需要点什么菜呢？”“我们有×××菜是挺不错的，今天有特别的品种×××，您试一试好吗？”如果客人点的菜无法供应，应抱歉地说“对不起”，并建议点别的相似菜肴。

点完菜与酒水后，注意复述给客人听，并询问有无错漏等。

8. 收回菜单、酒水单：

由领班、迎送员集中放在迎送台以作备用。

9. 下订单：

下订单时，第一联交收银员；第二联由收银员盖章后交给酒吧或由跑菜员交给厨房，作为取酒水及菜的凭证；第三联由跑菜员划单用，此联可以留存。

10. 用托盘将饮料酒水按订单上的桌号，准确地呈送给每一位客人。

11. 第一道菜不能让客人久等，最多不超过10~15分钟，如时间稍长，要及时向客人说“对不起”表示歉意。如客人有急事，一定要与厨房联络，尽快出菜。

12. 上菜时，应礼貌地向客人表示：“对不起，让您久等了。”

13. 上菜顺序：

冷菜、热菜、主食或点心、甜食、水果。

每上一道菜后，备餐间服务员应在第三联上注销一道菜。上台时注意报菜名。

14. 上最后一道菜时，要主动告诉客人，“先生/小姐，您的菜已上齐”，并询问客人是否要增加些什么。

15. 菜上齐后，递甜品水果的介绍牌给客人，向客人介绍各类甜品、水果。

16. 巡台：

(1) 烟缸内有两个或两个以上烟头应立即撤换。

（2）将空菜碟、空汤碗及空酒瓶撤走。

（3）及时撤换骨碟。

（4）及时添加酒水、饮料等。

服务员应有求必应，有问必答，态度和蔼，语言亲切，服务周到，应在客人开口前满足客人的要求。随时注意客人动态，及时处理突发事件。

17. 收撤菜碟餐具：

菜碟需先征得客人同意才能收撤（空碟除外）。当客人同意后，应在客人的右边逐样收撤（如需打包可在工作台进行），先收银器、玻璃器皿，后收餐具。

18. 上热茶：

提供茶水服务（用盖碗茶）。

19. 上甜品、水果：

（1）上甜品。

（2）上水果：上水果前应视水果品种，派骨碟、刀、叉、小匙羹等。（刀在右，叉在左）

20. 递上小毛巾。

21. 结账：

结账时用结账夹，在客人右边礼貌地说："谢谢，先生/小姐，总共×××元。"注意收款和找零时应唱收唱付，钱款当面点清。

22. 拉椅送客：

向客人道谢，送客人至餐厅门口，并欢迎再次光临，提醒客人不要在餐厅遗漏物品。

（五）餐后检查收尾工作

1. 客人走后，应及时检查是否有燃烧的烟头，是否有遗留物品。

2. 收撤餐具：

（1）首先整理好餐椅，以保持餐厅整洁、统一的形象。

（2）先收餐巾、小毛巾，再收银器、玻璃器皿、餐具。

3. 清理现场重新布置环境，恢复餐厅原样。

4. 备餐具。

（3）建立服务人员行为规范，要求服务人员为顾客提供规范化服务。

服务性企业可为服务人员的各项服务工作制定行为规范，要求服务人员按一定的服务标准为顾客提供规范化服务。如以上行业透视列举的餐厅散餐对客服务规程中，要求服务人员在迎客时做到30°的鞠躬。符合顾客需要的服务规范能够规范服务人员的行为，提高服务质量的一致性。

2. 提供定制化服务

定制化服务指服务性企业根据顾客的具体需要，由服务技能较高、服务知识比较丰富的服务人员为各位顾客提供个性化、差异化的服务，满足各位顾客具体的、独特的需要和愿望。标准化服务模式所涉及的基本上是基础的、共同的顾客基本要求。世界上不可能存在可以应付所有顾客任何需求的完备服务程序和规范。因此，盲目推广标准化服务措施，将标准化服务作为所有服务性企业提高服务质量的灵丹妙药，显然是错误的。服务性企业必须把标准化服务和定制化服务结合起来，在提供标准化服务的同时，为顾客提供一些定制化服务，才能提高顾客感知的服务质量。一般说来，定制化服务可包括定制化服务结果、多样化服务过程和个性化服务行为。

（1）根据顾客的需要，确定服务标准化程度和定制化程度。

服务性企业管理人员应认真调查、研究目标市场的需要和愿望，确定本企业服务的定制化程度（或标准化程度），而不应该盲目采用标准化或定制化服务措施。

顾客对不同类型企业的服务要求不同。例如，饮食服务业的顾客对各类餐馆的要求就有很大差异。快餐店的标准化程度很高。这类企业采用现代化的设施和设备，要求服务人员严格按照服务程序，采取规范化的服务行为，为顾客提供种类有限的快餐食品，满足顾客对快速、干净、廉价的要求。即使是麦当劳、肯德基这样的快餐业巨头也已经意识到顾客有不同的需要，开始为顾客提供某种程度的定制化服务，如向顾客提供不同味道的调味品。与快餐馆相比较，自助餐馆为顾客提供更多的定制化服务，让顾客选择自己喜爱的食品，并有服务人员给予顾客一些帮助。高级餐馆的定制化程度更高。顾客不但可以选择自己喜爱的食品和饮料，而且还可随时要求服务人员满足自己的某种特殊需要。

一般说来，对于顾客投入程度较低的服务，即顾客购买风险小、价格低廉、顾客与服务人员相互交往较少、对顾客的自我形象影响不大的服务，标准化服务比较有效；而对于顾客投入程度较高的服务，即顾客购买风险较大、价格比较昂贵、顾客与服务人员相互交往程度高、对顾客自我形象影响大的服务，采用定制化服务措施往往更有效。

（2）授予员工决策权，鼓励员工采用多样化的服务程序，灵活满足顾客的期望。

许多服务性企业的顾客都会要求服务人员善于判断自己的需求，灵活为自己提供服务。因此，企业应授予员工一定的决策权，鼓励员工根据顾客的特殊需要，改变服务操作程序，灵活为顾客服务。例如，某饭店要求餐厅服务员如果在宴会上发现顾客连续两次坚持不要服务员斟酒派菜时，服务员就可以遵照顾客的期望调整服务方式，而不必拘泥于饭店现有的服务规范要求。

3. 利用高新科技成果，将标准化服务措施和定制化服务措施结合起来

服务性企业管理人员应尽可能将标准化服务和定制化服务结合起来。企业利用高新科技成果，可使顾客或服务人员更有效地控制服务过程和服务结果，提高服务质量。

（1）利用高新科技成果，建立顾客数据库，深入了解每位顾客的需要和爱好。

服务性企业可利用计算机和互联网，建立顾客数据库，存储每位顾客的客史档案，记录顾客每次消费的情况，不断更新顾客数据库中的信息，以便深入了解每位顾客的需要和爱好，为顾客提供定制化服务。顾客数据库的作用包括：

①服务人员可以检索顾客数据库中常客的客史资料，了解常客的需要、习惯和爱好。例如，如果酒店的顾客数据库显示某个常客有洁癖，不喜欢客房部服务员动他的物品，曾经因为类似情况投诉，那么客房部服务员在为这位客人打扫房间时就应该特别注意。

②服务人员可根据顾客数据库存储的信息，及时发现顾客急需解决的问题。例如，施乐公司在复印机上安装传感器和调制解调器。在客户使用复印机的过程中，传感器可随时跟踪各部件的使用情况，若发现失灵部件，调制解调器可将有关信息传送到施乐公司维修中心的主机。如果维修中心认为某个客户的复印机必须维修，就会电话通知当地维修站，然后再由

维修站的维修人员与客户预约维修时间。在此之前，许多客户根本不知道自己的复印机即将发生故障。

③服务人员可根据顾客数据库存储的信息，在适当的时机向顾客营销。例如，蛋糕店的顾客数据库显示某位顾客的生日快到了，服务人员就可以通过电话、短信息或者邮件邀请这位顾客在本店预订蛋糕，并给予一定的优惠。

④服务人员可根据顾客数据库存储的信息，在服务差错发生时与顾客联系，做好补救性服务工作。例如，如果航班推迟起飞时间，民航公司服务人员可根据计算机存储的乘客地址或电话等信息，提前通知乘客，向乘客表示歉意，以便取得乘客的谅解。

⑤服务性企业的各个营业部门可利用互联网共享顾客数据库存储的信息，协调各个部门的工作。例如，顾客在某银行的某个营业点开立了账户，该银行把该顾客的个人信息存入顾客数据库后，该银行在全国的所有营业网点都可以共享这些信息。当该顾客到这个银行的其他营业点办理业务时，银行就不需要再要求客户提供自己的详细个人信息。

（2）利用高新技术成果，服务性企业能够更好地做好服务监控、检查工作。

服务性企业可利用高新技术成果，监控服务过程，提高服务质量。例如，一些汽车驾驶培训学校采用卫星通信技术，加强调度人员与教练之间的双向沟通。调度人员可从计算机显示屏的地图上确定驾驶培训学校汽车的位置，跟踪车辆的行程。司机可使用移动电话随时要求调度人员的帮助。而且，调度人员还可以通过安装在汽车车头的摄像头监控汽车内教练对学员的培训情况。这样，汽车驾驶培训学校一方面能够更好地做好车辆调度工作，提高服务工作效率，另一方面又能够监控培训服务工作过程，提高学员所感知的服务质量。

（3）利用高新技术成果，革新服务操作程序，方便顾客接受服务。

服务性企业可采用高新技术成果，革新服务操作体系，方便顾客接受服务。例如，凯悦酒店在客房门锁上安装信用卡阅读器，阅读器可将信息传送到计算机上。客人订房时，预订部服务人员将房号告诉客人。客人到达酒店后，不必到总服务台办理登记入住手续，只需将信用卡插入阅读器就可进入客房。酒店计算机操作人员立即知道客人已经到达，并开始记账工作。

4. 尽量防止服务差错，若发生差错，及时补救

每个员工都是质量检查员，应随时检查服务质量。一旦发现服务有差错，无论主客观原因，是自己还是别人引起的，都需要马上采取措施，挽回顾客的信心。

案例：强化服务标准化管理，努力提高服务质量

世外桃源景区位于广西桂林阳朔县，距桂林市39公里、阳朔县城15公里的桂阳公路之上，优美的田园风光曾吸引无数的中外游客在此驻足留影。该景区于1958年被列入县开发规划中，如今，在结合农业生产的基础上，它已被开发成为一个集吃、住、游、购为一体的综合性农业景区。近年来，景区荣获了阳朔县“优秀三资企业”的荣誉称号，又以优质的服务及高质量的管理多次被评为桂林市旅游企业“十佳单位”、“外商先进企业”及“文明旅游示范点”。如今，景区已于2000年12月通过ISO 14001国际环境管理体系认证，又于2001年8月通过ISO 9001国际质量管理体系认证，经过国家旅游局的评定，成为国家首批顶级AAAA级景区。

根据《中共桂林市委、市人民政府关于加强环境保护的决定》精神，景区日常尤其注重对环境的保护，对垃圾处理采取流动清扫的措施，并于2000年7月正式推行了ISO 14001环境管理体系，制定了“创造一个清新、和谐、自然的环境是我们的承诺；持续改进走绿色之路是我们行动的路标；遵守法律、法规和其他要求是我们生存的基础；实施污染预防以及资源的保护是我们永久的工作；还大自然一份宁静是我们每个人的心愿”的环境方针。环境方针和景区2年内的环境目标、指标及管理方案，健全了各项环境保护管理制度。目前该景区已完成26艘电瓶船的改造及新建，经环保部门监测，避免了船外机尾气排放及噪声的产生，有利于湖水的保护，亦保证了农民的正常农业生产，让游客在一饱湖光山色之余更能感受到当地村民朴实的乡土气息。

景区为进一步强化服务标准化管理，努力提高整个景区的服务水平和服务质量，做了以下几个方面的努力：

(1) 抓标准化服务的管理工作，不断提高景区的服务品质。景区于1999年10月正式推行ISO 9001国际标准化质量管理体系，制定了“不断完善服务系统，让顾客安全满意”的质量方针，开展了“细微之处见质量”、“让顾客满意在景区”的一系列活动，使全体员工注重礼节礼仪、文明礼貌，注重办事效率，一切皆为顾客着想，自觉抵制、纠正行业不正之风，促进了服务质量的显著提高，从而树立了良好的个人及景区整体形象。

(2) 健全管理制度，做好旅游教育培训工作，不断提高景区工作人员的整体素质。景区396名员工参加了岗前培训，经过严格考核后方能上岗参加工作。定期对特殊岗位的员工进行定期考核，如聘用村民为船工，由公司出资组织其参加了2001年4月桂林市港监在阳朔举办的乡镇船舶、挂机游艇驾驶员培训班学习；还聘用当地村民当保安，对其进行保安职责及各种安全、消防知识培训等。通过培训、磨炼，现已有部分村民在公司重要部门担任管理工作，如保安部门、工程部门、游船部门等。通过不断的努力，景区作业人员及管理人员的业务素质得到了进一步提高。

(3) 建立游客中心。内设休闲、小吃、咨询及邮政等服务，游客可在此得到免费的电话咨询、邮政咨询、旅游咨询等服务，还可购买到纪念邮票等礼品。游客中心内设置的触摸屏电脑可帮助游客了解桂林的旅游情况。

(4) 狠抓“厕所革命”，积极为游客及员工营造更加优良的旅游及工作环境。为响应市政府号召，结合景区厕所数量少、品质差、标志不明显等问题，景区于今年投入35万元资金新建特类公厕一个，公厕内部设施全部采用国外进口产品，还配有优美的音乐，给人以高雅及舒适之感。现世外桃源景区公厕共有蹲位50个，为阳朔规模最大及最好的公厕，公厕每日有专人负责清洁、打扫，全日免费为游客开放。自对外开放至今，得到大量中外游客的高度评价。

(5) 景区内还设有专门的旅客医疗室，配有基本急救药物及医疗设备。阳朔县医院负责每日派医生及护士到此执勤，以随时解决顾客遇到的困难。

思考：该景区认识到服务标准与服务质量的重要性，具体又是如何做到服务的标准化管理和服务质量水平的提高的？

（资料来源：www. 51766. com）

四、服务和消费的同时性给企业带来的挑战及其应对策略

（一）服务和消费的同时性给企业带来的挑战

1. 每个营业点主要为所在地区的消费者服务

在制造业中，产品可以被集中和大批量生产，然后送到很远的地方甚至是国外进行销售；而在服务业中，由于服务和消费的同时性，大多数服务性企业往往只能为本地消费者服务，即服务的范围受到地理区域的限制。享誉全球的外科医院可以吸引全世界的病人来求医，但一般的医院则主要为其所在地区的病人服务。一家银行或保险公司的营业点都有一个有限的服务区域。

2. 企业无法通过质量检查保证服务质量

工业企业可以通过质量检查保证产品具有较高的合格率，防止不合格产品流入市场。而服务交流是实时的，且消费者已经参与到服务生产场所之中，如果服务过程有什么差错的话，采取质量控制措施已为时太晚。服务差错发生之时，顾客已经消费到了企业的劣质服务。

3. 服务环境影响顾客的消费行为

在服务企业中，物理性环境指服务场所的布局、颜色、音乐、装饰等；社交性环境包括拥挤度、服务人员的仪表等。如酒店的装饰可以让客人变得彬彬有礼；医院以白色为主调的布置和安静的氛围也会让病人及家属自觉安静下来；餐厅悠扬的音乐可以让客人忘记时间，乐而忘返。拥挤度在不同类型的企业，对不同的客人影响不同。如一对恋人去餐厅约会，拥挤的餐厅环境会破坏舒适、浪漫的氛围；而一群朋友去酒吧聚会时，酒吧里拥挤的环境则会增添几分热闹的气息。

4. 服务人员的行为影响顾客的消费行为

服务人员对服务性企业的重要性不言而喻，特别是那些以人员服务为主的服务性企业，如银行、传统商店、医院、美容院。这类企业，服务人员与顾客面对面接触，他们的一举一动都会影响顾客对服务的评估，影响顾客的购买决策。顾客可能因为某个服务人员而与企业保持长久稳定的关系，也可能因为某个服务人员而与企业断绝关系。

5. 其他顾客的行为影响顾客的消费行为

当某位顾客走进餐馆时，若映入其眼帘的是几个衣着随便、行为不端的用餐者，这位顾客就很有可能会掉头离开这家餐馆。可见在服务消费过程中，其他顾客的行为或多或少会对顾客的消费行为产生影响。

（二）企业的应对策略

1. 做好服务场所的选址工作

工业企业的工厂通常设在生产资料（如原材料、劳动力等）容易获取之处；作为服务企业，销售点则应设在便于顾客获取服务之处。服务性企业应尽可能使自己的服务领域覆盖有服务需求的地区，在资金允许的情况下，可开办若干地区分店，以一种直接的方式与客户接触——面对面，或者远距离“面对面”通信。电信业的发展极大地扩大了服务性企业与客户直接接触的服务经营范围。此外，服务性企业还应做好服务地点的选址工作，如麦当劳、家乐福等大型国际连锁企业都非常重视分店的选址。

行业透视：家乐福的选址

家乐福（Carrefour），法文的意思是十字路口。家乐福1995年进入中国，在全国拥有2万多名员工，分店遍布20多个城市，经营商品20多万种。每家分店都接受严格的选址要求。

家乐福的顾客群：60%的顾客34岁以下，70%是女性，54%已婚。

家乐福的主要理念：低价、一次购足、免费停车、高周转、新鲜程度、品质。

◆地理位置要求：

❖交通方便（私家车、公交车、地铁、轻轨），人口密度相对集中

❖两条马路交叉口，其一为主干道

❖具备相当面积的停车场，比如在北京要求至少600个以上的停车位

◆建筑物要求：

❖建筑占地面积15 000平方米以上

❖最多不超过两层

❖总建筑面积2万~4万平方米

❖转租租户由家乐福负责管理

❖建筑物长宽比例为10∶7或10∶6

◆停车场要求：

❖至少600个机动车停车位，非机动车停车场地2 000平方米以上，免费提供给家乐福公司及顾客使用

2. 做好服务环境管理工作

服务性企业管理人员应注意服务场所的环境布置，医院的墙壁应刷成白色，营造一种安静的氛围；商店在平常应播放轻松明快的音乐，过年时则可播放一些热闹喜庆的音乐；在酒店的房间布置上，新婚客房的布置应体现温馨、浪漫的特点，而对老夫老妻的客人，房间布置则以古色古香为宜。

3. 做好服务人员服务行为管理工作

服务性企业管理人员应采取措施鼓励一线服务人员与顾客建立良好的关系，可以采用情感营销等营销手段，与顾客建立长期稳定的友好关系，留住顾客。如果顾客需要某种服务时，某服务性企业的名称能马上在顾客的脑海中浮现，这说明该企业是成功的，也说明该企业服务的重购率较高。

4. 做好消费者行为管理的工作

服务和消费的同时性迫使企业不得不将参与服务过程的顾客的消费行为纳入管理范围，而不只是局限于对员工的管理。因此对顾客宣传服务知识、提高顾客参与服务的水平显得十分重要，如医院会在墙上标明“请安静”的字样，酒店会在醒目的位置上放着“衣冠不整不得入内”的牌子。

表 1－3　服务的四个主要特征给服务性企业带来的挑战及其应对策略

服务的特征	给服务性企业带来的挑战	应对策略
无形性	• 销售人员不易向顾客展示、说明或宣传服务 • 销售人员很难将本企业的服务与竞争对手的服务区分开	❖ 在市场沟通中强调有形证据 ❖ 向消费者作出合理承诺 ❖ 善于预见消费者的需要和愿望 ❖ 重视服务过程，提供难忘的服务体验 ❖ 促使客人做有利的口头宣传
不可储存性	• 企业无须支付服务的储存、运输费用 • 服务供给和需求不平衡	❖ 服务需求管理 ❖ 服务能力管理
差异性	• 服务质量控制困难，很难避免服务差错的发生 • 很难保证同一服务能够满足所有顾客的需要	❖ 提供标准化服务 ❖ 提供定制化服务 ❖ 将标准化服务措施和定制化措施结合起来 ❖ 尽量防止差错，若发生差错，及时补救
服务和消费的同时性	• 每个营业点主要为所在地区的消费者服务 • 企业无法通过质量检查保证服务质量 • 服务环境影响顾客的消费行为 • 服务人员的行为影响顾客的消费行为 • 其他顾客的行为影响顾客的消费行为	❖ 做好服务场所的选址工作 ❖ 做好服务环境管理工作 ❖ 做好服务人员服务行为管理工作 ❖ 做好消费者行为管理工作

【本章小结】

1. 现有文献中，国内外学者对服务的各种定义和探讨可归纳为以下几个要点：

- 服务是由活动或一系列活动所构成的过程。
- 服务可以出售以获利。
- 服务能为服务接受者带来利益或满足感。
- 服务的提供和消费在服务提供者与顾客的互动过程中同时发生。
- 服务可能与实体产品相联系，也可能没有联系。

2. 服务的四大特征：无形性、不可储存性、差异性、服务与消费的同时性。
3. 服务的四大特征对顾客消费行为的影响。
4. 服务的四大特征给企业带来的挑战及其应对策略。

【拓展阅读】

1. 关于服务的过程性的两种不同观点

观点一：过程性是服务的最主要特性

很多教科书认为无形性是服务的最重要特征。但实际上，即使是有形产品，在顾客的头脑中也不一定总是有形的。顾客也可以从主观和无形的角度来感知一个西红柿或者一辆汽车。因此，无形性并不是界定有形产品和服务的有效“标尺”。最准确的表述应当是：不同的服务，其无形的程度是不同的。但有一点是肯定的，服务是无法尝试的。一条旅行线路，如果不掏钱，你是得不到任何体验的；一架新型的飞机，你必须花钱才有资格登机。还有，旅行体验的美妙之处，完全是一种主观的东西，难以言表。

顾客通常以主观的方式来感知服务，在对服务进行描述时，顾客使用最多的词汇是诸如“体验”、“信任”、“感受”和“安全”之类的抽象词。服务确实是一种异常抽象的东西，这源于服务的无形性。但是，很多服务必须包含高度有形的要素，如酒店必须有床和其他设施，饭店要有食物，修理厂必须有看得见的零部件，等等。尽管如此，服务依然具有无形性，也正因为这一特征，顾客对服务的衡量非常困难。实际上，他们对经常使用的一些描述服务质量的词汇并不一定非常清楚，如究竟什么是“信任”，什么是“感觉”，我们不一定了解其真正含义。因此，许多服务营销著作都认为，企业必须努力利用有形证据，将无形的服务有形化。如在银行业中使用的信用卡、旅游业中使用的各种文件，等等。但是，我们必须牢记，尽管无形性是服务非常重要的特性，但我们不应当将其作为区分有形产品和服务的“标尺”，有些有形产品，如运动型轿车和奢华手机，顾客对其感知也是以一种主观的方式来进行的，其无形程度也很高。

（资料来源：［芬兰］克里斯廷·格鲁努斯．服务管理与营销——服务竞争中的顾客管理．韦福祥等译．北京：电子工业出版社，2008. 39～40）

观点二：过程性并非服务生产独有的特性

格鲁努斯在《服务管理与营销》（第2版，2000）中提出服务最重要的特性首先是过程性，服务过程由一系列活动组成，这些活动消耗各种资源，包括人力资源和其他资源，服务的其他特性都源自这种过程特性。本书对此有不同看法。过程性并非服务生产独有的特性，也不是最重要的特性，更不能认为由过程性导致服务的其他特性。理由很简单，因为有形产品的生产制造也是一个过程，在这个过程中也要消耗包括人力资源在内的各种资源。服务过程与生产过程的主要区别应该是前者常常由顾客参与其中的一系列活动构成，通常为无形态，不可触摸，活动本身不可储存；而后者是由生产者控制进行的，通常是标准化的制造过程，产品在检验合格之后才能提供给顾客享用，产品是有形物品，可以储存。

（资料来源：张宁俊．服务管理——基于质量与能力的竞争研究．北京：经济管理出版社，2006. 41～43）

2. 关于服务所有权问题的一些看法

看法一：有些情况下，服务会牵涉所有权的转移问题

服务通常不牵涉所有权的转移，这个说法一般情况下是正确的。我们乘坐飞机从一个地方到另外一个地方，当我们到达目的地后，我们所拥有的只是手中的机票和登机卡。当我们从银行取一笔钱，交易完成后，我们手中拥有了一定数目的货币，这好像是产生了所有权转移的问题，但事实上，银行是无法创造所有权的，这个所有权一直为我们所有，银行所做的不过是在一定的时间里帮助我们照看这笔钱，并利用它为自己赚取一定的利息。然而在另一些情况下，如零售业是服务业的一种，当顾客使用了其服务，如从食品杂货店购买了某些食品，顾客就理所当然地拥有了这些食品，而这些食品是整个服务的有机组成部分，在这种情

况下，无疑会牵涉所有权的转移问题。

（资料来源：［芬兰］克里斯廷·格鲁努斯．服务管理与营销——服务竞争中的顾客管理．韦福祥等译．北京：电子工业出版社，2008. 39 ~ 40）

看法二：服务不涉及所有权转移的说法是针对服务整体而言的

服务定义研究对象不涉及所有权问题早已有论述，近年来有学者认为这是服务的鲜明特征之一。的确，与有形物品交易相比，这一特性显得非常突出。因为许多服务是人的一种活动，而人的活动只能够被他人享受，不能被他人占有，服务生产与服务消费的过程不涉及任何所有权的转移。教育、护理、法律服务等纯服务尤其如此。即使是租赁服务，顾客付费之后也仅是拥有对有形物品的使用权，而非所有权。一些服务在交易完成后便消失了，顾客付费后拥有对服务消费的权利，并因服务结束而产生像商品交换那样拥有物品的结果。

但是，由于服务本身的复杂性和服务产品的多样性，不能简单地断言所有权是否发生转移。对某些服务，诸如餐饮服务，如果将其定义为享受佳肴的满足感，那么，可以认为与所有权无关。但由于餐饮服务中包括了为顾客提供食物的内容，因此顾客在付费之后实际上就获得了对所购买食品的所有权。对零售服务而言，情况又有所不同。顾客为零售服务付出的费用实际上包括在商品价格之中，即高于批发价格的那一部分。顾客获得服务的同时，也获得了所购买商品的所有权。当然，应该指出的是，顾客并没有获得零售服务的所有权，零售服务应该只是提供商品过程中的各种活动，没有包括商品本身。所以，服务不涉及所有权转移的说法，主要是依据服务定义中的时间、空间、形式效用和各种活动、行为、过程带来的愉悦感觉等来描述的，是对整体服务产品而言的。

（资料来源：张宁俊．服务管理——基于质量与能力的竞争研究．北京：经济管理出版社，2006. 41 ~ 43）

3. 关于服务与消费的同时性特征的一些补充

随着服务贸易的发展趋势需要，服务部门内部已将服务生产与服务消费分离。如电脑化的医疗检查可以使病人在一个地方接受检查，而在另外一个地方由医生对检查结果进行诊断，然后对病人进行治疗。银行业中，人们使用事先将程序和现金准备妥当的自动柜员机也是服务生产与服务消费分离的例子。服务生产与服务消费的适当分离，最直接的好处是能够扩大服务生产的规模，促进生产效率的提高，有利于实现规模效益。此外，服务生产与服务消费的适当分离也有利于服务质量控制。

由此我们必须考虑这样一个问题：如果服务生产与服务消费可以在一定程度上分离，那么，在服务是同时生产、同时消费的假定下推导的服务存在的时间短暂，即服务的易逝性也就失去或部分失去了依据。实际上，对服务可存在时间的讨论是和服务过程的特点相关的，而不是同服务产品的特点相关。用一旦飞机起飞，飞机上的空座位就不会再有人坐来解释服务的易逝性，这实际上说明的是闲置的生产能力可能是因为需求和供给不平衡造成的。此外，服务的易逝性即不可存储性也不能涵盖所有服务，咨询服务就有储存信息的特征。

（资料来源：张宁俊．服务管理——基于质量与能力的竞争研究．北京：经济管理出版社，2006. 41 ~ 43）

【思考与练习】

1. 谈一下自己对服务概念的理解。

2. 简述产品与服务的区别。

3. 简述服务的四大特征及其对顾客的服务消费行为的影响。

4. 什么是标准化服务和定制化服务？在服务性企业中应如何把标准化服务和定制化服务结合起来？

5. 服务的四大特征分别给服务性企业带来了什么难题？企业可以分别采取哪些策略解决？

第二章　服务业与服务的分类

【学习目的】

通过本章的学习，要了解产品的分类；熟悉服务的分类，重点掌握不同类别的服务对经营管理者的影响；了解服务业的分类；了解现代服务业的概念；理解隐性服务。

【学习要点】

1. 产品的分类
2. 服务的分类
3. 不同类别的服务对经营管理者的影响
4. 服务业的分类
5. 现代服务业的概念
6. 隐性服务

【关键词】

服务的分类　服务业　现代服务业　隐性服务

第一节　服务的分类

认识事物往往要分类，对同一事物可能有许多不同的分类方法。服务的分类方法也很多，在过去的很长一段时间里，学者对服务的分类是以行业为依据的。而且，许多管理人员认为不同类型服务的营销和管理工作并没有太大差别。过去的二三十年间，学术界对服务的分类进行了大量的研究，并提出了不同的分类方法。这里介绍五种分类方法，这五种分类方法大多是根据服务的特征对服务进行分类的。

一、托马斯分类法

（一）分类标准

在传统观念中，大家认为服务是由人提供的。随着科技的发展，出现了许多由自动化设备提供的服务。美国哈佛大学托马斯（Dan R. E. Thomas）根据服务的自动化程度将服务划分为设备提供的服务和人工提供的服务两种，图 2－1 比较直观地表明了托马斯的分类法。

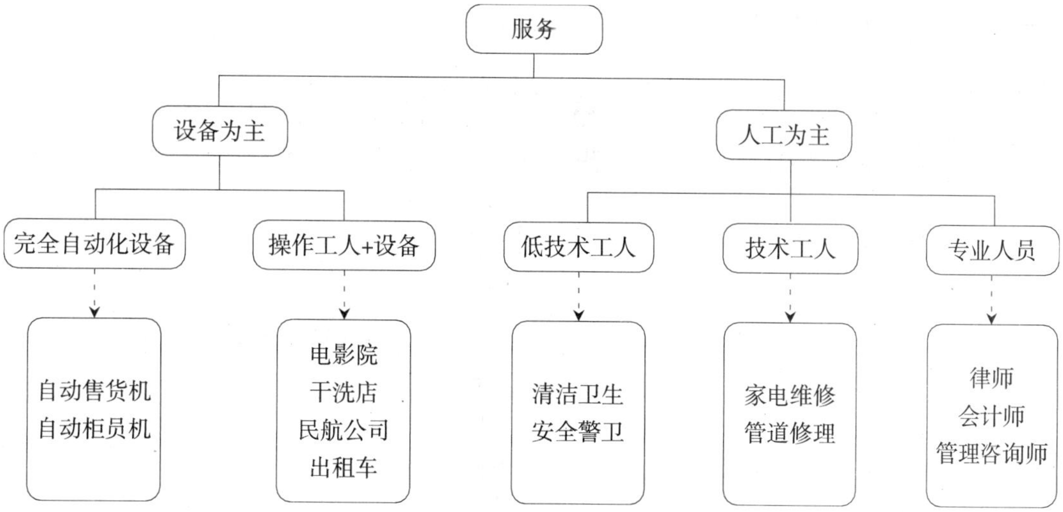

图2－1　托马斯服务分类图

（二）分类结果

1. 设备提供的服务

托马斯把主要用设备为顾客提供服务的服务性组织称为资本密集型服务组织。但必须注意到，在依靠设备和技术提供的服务中，人的因素也是不可或缺的。因此，根据资本密集型服务组织中人工服务所占的比重，可将以设备为主的服务进一步细分为“完全自动化设备”和“操作工人＋设备”两类，前者如自动售货机和自动柜员机，后者如电影院、干洗店等。

对于以设备为主的服务来说，设备的可靠性十分重要。顾客对柜员机总是出现故障、电影院播放的电影有影无声等情况会感到失望，并产生抱怨。而机器设备的故障对民航公司、出租车公司等企业则意味着更大的危害性。

2. 人工提供的服务

托马斯把以人工为主为顾客提供服务的服务性组织称为劳动密集型服务组织。根据劳动密集型服务组织中员工技能的专业化程度，可将以人工为主的服务进一步细分为低技术工人提供的服务、技术工人提供的服务和专业人员提供的服务。

对于以人工为主的服务来说，员工的技术和服务态度尤其重要，特别是其中的专业服务，如医生、律师、管理咨询师等。由于顾客对这类服务的投入通常比较大，服务结果对顾客的影响也比较大，因此，顾客对这类服务的要求比较高。

在实际工作中，设备提供的服务和人工提供的服务是可以相互转化的。企业也可能分别采用人工和设备为顾客提供相同的服务，例如：银行雇用营业员，同时也使用自动柜员机为储户提供储蓄服务。

二、肖丝丹克分类法

（一）分类标准

美国著名营销学家、花旗银行前副总裁肖丝丹克（Shostack G. Lynn）对服务的分类视角与其他学者不同，她从实体产品与服务相结合的角度对服务进行分类，提出产品/服务谱系图（见图2-2）。

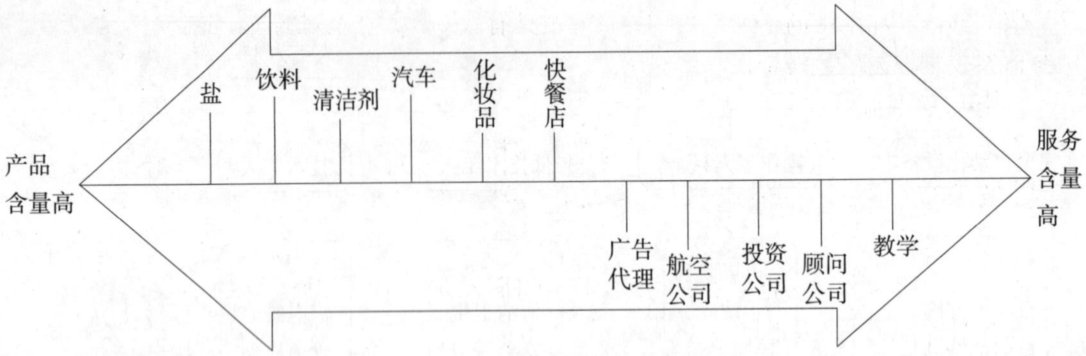

图2-2　产品/服务谱系图

肖丝丹克认为在现实生活中，企业向市场推出的供应品很少是纯粹的有形产品（实体性）或纯粹的无形服务（非实体性），而绝大多数是由有形要素和无形要素组合而成的统一体。她根据企业向市场提供的供应品中有形成分和无形成分所占的比重，把企业向市场提供的产品和服务组合分为四大类：纯粹的实体物品、附带服务的实体物品、伴有产品的服务和纯粹的服务。

（二）分类结果

（1）纯粹的实体物品（如食盐）。指企业销售的标的物是实体物品，不附带明显的服务。

（2）附带服务的实体物品（如汽车、电视机）。指企业所提供的是附带服务的一些产品，但销售的标的物仍然是实体物品。

（3）伴有产品的服务（如航空旅行、高级餐厅）。指企业所提供的服务附带有有形的产品，但销售的标的物主要是一种非实体性的东西。

（4）纯粹的服务（如信息）。指企业所提供的是服务，销售的标的物是完全非实体性项目。

在现实生活中，绝大多数的企业向市场提供的供应品是不同要素的结合体，极少有纯粹的产品或纯粹的服务。

三、蔡斯分类法

（一）分类标准

美国亚列桑那大学蔡斯（Richard B. Chase）教授根据顾客与服务体系的接触程度划分服务体系。

接触程度是指服务体系为顾客服务的时间与顾客必须留在服务现场的时间之比。这个比率越高，在服务过程中，顾客与服务体系之间的接触程度也就越高。

1. 接触程度高

在高度接触的服务中，由于顾客参与服务过程，因此需求的时机、服务的性质和服务质量在很大程度上是由顾客的感知决定的，同时，顾客也影响着服务的性质和服务的质量。此外，服务的任务和水平的不确定性，要求雇员具有较高的人际交往技能。这类接触程度高的服务体系较难控制，也较难提高生产率。

2. 接触程度低

在低接触的服务中，顾客与服务体系之间的相互交往很少发生或交往时间很短暂。顾客对服务体系几乎没有什么影响，所以可实现与工业企业类似的生产效率，如电话送餐。

（二）分类结果

按顾客与服务体系接触程度的高低，可以将服务体系分为纯服务体系、混合服务体系和准制造体系三种类型（见图 2－3）。

接触程度高	纯服务体系	保健中心	
		旅馆	生产程序设计
		餐馆	灵活性增大
		公交公司	
	混合服务体系	银行储蓄所	
		计算机公司办事处	
		房地产公司办事处	
		邮政所	
	准制造体系	银行总行	
		计算机公司总部	
		批发公司总部	
		邮电总局	
		耐用品生产厂家	
		食品加工厂	
		矿业公司	
接触程度低		化工厂	

图 2－3　蔡斯服务体系分类法

纯服务体系与顾客直接接触，其主要业务需要顾客直接参与；混合服务体系的面对面服务工作与后台辅助工作松散地结合在一起；准制造体系与顾客几乎没有面对面接触。

某些企业的服务其实由不同的服务体系构成。例如，民航客舱服务表现出纯服务特点，机场服务具有混合服务特点，客机检修工作则表现出准制造特点。

（三）接触程度高对提高服务质量的影响

（1）接触程度高的服务行为面临更多不确定的因素。顾客随时会有新要求，随时可能引起服务的中断，影响服务质量的实现。如：民航客机等待迟到的乘客，医院为抢救病人临时修改手术日程表。

（2）接触程度高的服务行为很难做到供需一致。接触程度高的服务只能采用统计方法，预测某一时刻的顾客人数，进而安排员工和设备。一旦发生实际需求超过预计需求的情况，顾客就必须等待，这样就延长了顾客获得服务的时间，从而导致顾客感知服务质量下降。相反，接触程度低的服务行为可能做到需求一致。企业可以根据工作量制定工作进度表，安排人员和设施，这样比较容易控制服务质量。

（3）对接触程度高的服务体系而言，服务人员与顾客之间的相互交往是服务工作的重要组成部分，服务人员的态度将影响服务质量。因此，服务人员的公关技能很重要。

（4）对接触程度高的服务体系而言，服务时间很重要。服务人员稍微耽搁几分钟，或先为后到的客人服务，都可能会导致顾客感知服务质量和顾客满意度的下降。因此，这类服务体系可以采用以下两种方法提高服务人员的工作效率和顾客感知的服务质量。一是采用并行作业，如银行多开服务窗口；二是降低接触程度，如车票代购处可以为后来的订票者优先买票，由于先订票者不知道，自然不会引起反感，也就不会导致顾客感知服务质量下降了。

（四）结论

根据上述对蔡斯分类法的分析，我们可以得到以下三点结论：

（1）在高接触程度的服务行为中，虽然技术和设备等可以代替服务人员完成某些部分的工作任务，但服务经历最终仍然是由服务人员的服务态度、服务环境和顾客的感知决定的。

（2）企业的管理人员应区分接触程度高的服务工作和接触程度低的服务工作，安排不同的员工从事两类不同的服务工作，以减少顾客对服务过程的影响，提高服务工作效率。

（3）合理的分工将有助于提高员工的服务技能。两类服务体系对员工的技能有不同的要求。高接触程度服务体系的员工应注重提高公关能力和交际能力；而低接触程度服务体系的员工应提高技术水平和数据分析能力。

四、施曼纳分类法

美国印第安纳大学商学院教授施曼纳（Roger W. Schmenner）根据服务性企业劳动密集程度、顾客与服务人员相互交往程度和服务定制化程度对服务进行分类。

（一）分类标准

1. 劳动密集程度

指服务过程中发生的人工成本与固定资产价值之比。劳动密集程度高的企业使用较少固定资产，而使用大量的人力，员工需花费大量的时间和精力才能完成服务工作任务，因此人工成本相对较高。例如法律咨询就是典型的劳动密集型服务。

2. 相互交往程度

指顾客是否参与服务，是否经常要求服务人员增减服务工作。

3. 定制化程度

指服务人员根据顾客具体情况和具体要求提供服务。定制化服务是与标准化服务相对应的一个概念。

服务人员与顾客的相互交往程度和服务的定制化程度是两个既有联系又有区别的概念。施曼纳根据服务性企业顾客与服务人员的相互交往程度和服务定制化程度，计算两者的综合评分值，归纳出以下三种情况：

（1）服务人员与顾客的相互交往程度和服务定制化程度都很高，两者的综合评估值也高。许多服务性企业的相互交往程度和定制化程度是相当一致的。例如，在餐饮业中高级餐馆的服务人员与顾客的相互交往程度很高，服务的定制化程度也很高。顾客自己点菜，并且可以随时要求服务人员满足自己的各种需求。因此，这类企业的相互交往程度和定制化程度的综合评估值很高。类似的企业，如广告公司，其定制化程度和相互交往程度也比较高。

（2）服务人员与顾客的相互交往程度与服务定制化程度都很低，两者的综合评估值也低。例如，快餐馆的服务人员与顾客相互交往程度与服务的定制化程度都非常低。顾客只需明确告诉服务人员订餐品种和数量、付款、领取快餐，顾客与服务人员之间相互交往很少，交往时间也很短暂。同时，快餐店为顾客提供的是标准化的服务结果（有限的几款快餐菜式）、程序化的服务过程、规范化的服务行为。因此，快餐馆的服务定制化程度很低。这类企业的相互交往程度和定制化程度的综合评估值也很低。类似的企业还有快递公司、邮政所等。

（3）服务人员与顾客的相互交往程度高，服务的定制化程度低，或者服务人员与顾客的相互交往程度低，服务的定制化程度高，两者的综合评估值中等。例如，自助餐馆为顾客提供较多的定制化服务（顾客可从餐馆提供的多种食品中选择自己喜欢的食品），但其顾客与服务人员的相互交往程度较低。

（二）分类结果

根据服务性企业劳动密集程度和相互交往程度与定制化程度的综合评估值这两个标准，可以将服务性企业划分为四种类型：服务工厂、服务车间、大众服务和专业服务（见图 2－4）。

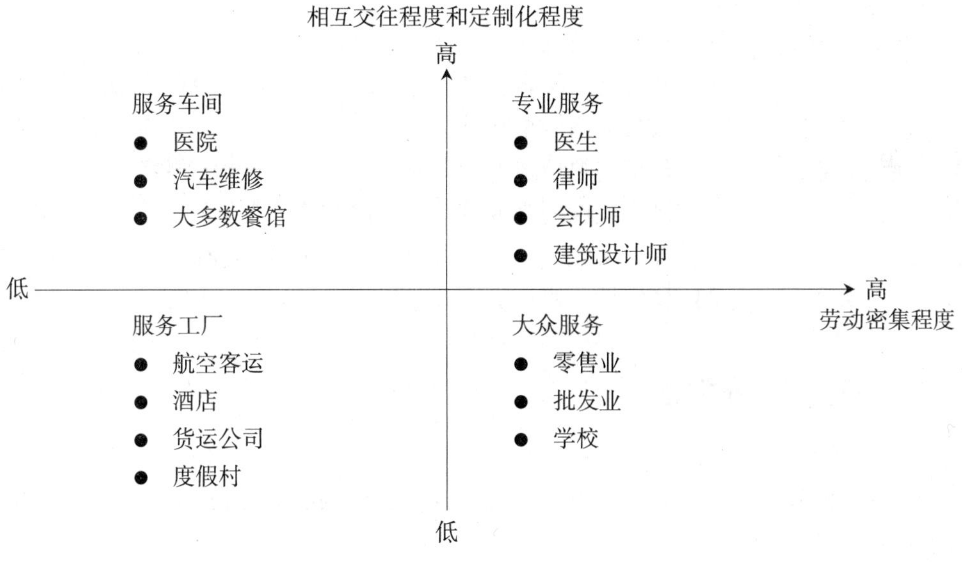

图 2－4　服务过程矩阵

（1）服务工厂。劳动密集程度、相互交往程度和定制化程度都较低的服务性企业可称为“服务工厂”。这类企业的固定资产投资比较高，更像是一家流水线生产厂，如航空客运、货运公司、酒店、度假村等。

（2）服务车间。劳动密集程度低，但相互交往程度和定制化程度的综合评估值较高的服务性企业，称为“服务车间”。与服务工厂相似，服务车间的固定资产价值与人工成本之比也很高，但与服务工厂不同的是，服务车间服务人员与顾客的相互交往程度和服务定制化程度较高。服务车间就像制造企业中进行多品种小批量生产，并采用专业化的车间或作坊。典型的服务车间有医院、汽车维修企业和大多数餐馆。

（3）大众服务。“大众服务”的劳动密集程度较高，但服务人员与顾客的相互交往程度和服务的定制化程度都较低。许多传统服务性企业，如批发、零售企业都属于大众服务。

（4）专业服务。服务人员与顾客的相互交往程度、服务定制化程度和劳动密集程度都比较高的服务性企业属于“专业服务”。这类企业的顾客会得到经过特殊训练的专家为其提供的个性化服务。如医生、律师、会计师、建筑设计师、投资顾问等专业人员提供的都是专业服务。

（三）劳动密集程度、相互交往程度和定制化程度对经营决策的影响

1. 劳动密集程度

对于劳动密集程度低的服务性企业来说，经营者必须仔细选择服务设施和服务设备，并及时应用技术革新成果。由于此类企业很难扩大接待量，因此，管理人员应做好需求管理工作，促进淡季销售，并尽力将需求高峰期的一部分需求量转至非高峰期。

在劳动密集程度高的服务性企业里，管理人员必须做好人力资源管理工作。员工的招聘、选用、分工、培训、服务程序设计、工作时间安排、工作行为监督等都是这类企业非常重要的管理工作。

2. 相互交往程度和定制化程度

在相互交往程度和定制化程度比较低的服务性企业里，管理人员应制定标准化的服务程序，要求服务人员严格按照服务程序为顾客提供标准化的服务。由于这类企业的顾客与服务人员的接触较少，因此，管理人员应高度重视有形证据。此外，尽管这类企业无法为所有顾客提供个性化服务，但服务人员仍需热情地为顾客服务。

对于高相互交往程度和定制化程度的服务性企业来说，管理人员所面临的主要挑战是成本控制和高技能专业人员的管理。因此，这类企业应重视降低成本和提高员工的服务技能。同时，要尽力保证专业人员的稳定性，避免优秀人才流失。

五、洛伍劳克分类法

（一）分类标准

瑞士洛桑国际管理发展学院访问教授洛伍劳克（Christopher H. Lovelock）从以下几个方面对服务进行分类：

（1）服务行动的性质与对象。

（2）服务性企业与顾客的关系。

（3）服务定制化程度和服务人员主观判断程度。

（4）服务需求和供给性质。

（5）服务传递方式。

（二）分类结果

1. 根据服务行动的性质与对象进行分类

根据服务行动的性质与对象，可将服务性企业划分为以下四种类型（见表2－1）。

表2－1　根据服务行动的性质和对象进行分类

服务行动的性质	服务行动的对象	
	人	物
有形行动	**针对顾客的人身** 医院 民航客运服务 美容院 减肥中心 餐馆 理发室	**针对顾客的物品或其他有形财产** 货运服务 工业设备维修服务 物业管理服务 洗衣和干洗服务 环境美化和草坪养护服务 兽医服务
无形行动	**针对顾客的思想** 教育 广播 信息中心 剧院 博物馆	**针对顾客的无形财产** 银行 法律服务 会计 证券公司 保险公司

（1）针对顾客人身的有形服务行动，如民航客运服务、美容服务。在接受这类服务的整个过程中，顾客必须始终在服务现场接受这种服务所带来的预期利益。

（2）针对顾客的物品或其他有形财产的有形服务行动，如航空货运服务、洗衣服务。在接受这类服务的过程中，被处理的物体必须始终在场，而顾客本人一般只需在服务开始和结束时到服务现场，而不必全程留在服务现场。

（3）针对顾客思想的无形服务行动。这里的无形是指行动的对象是无形的，如教育和广播服务。在这种情况下，顾客本人必须在服务现场或者在某个服务能够影响到的范围之内，如在一个通过广播信号或电子通信方式相连的遥远的地方。

（4）针对顾客无形财产的无形服务行动。这里的无形是指行动本身是顾客看不到的，如银行和法律服务。

值得注意的是，某些服务性企业提供的服务似乎可同时列入以上几个类别的服务中。例如，美容美发服务是针对顾客人身的服务，可使顾客的外表更美观，属于为顾客人身服务的有形服务行为，但同时美容美发服务也会影响顾客的心情，因此也可把它视为针对顾客思想的无形服务行动。但大多情况下，某一种服务的主要行动都只能列入某一个类别，次要行动列入另一个类别。

这类服务分类方法有助于企业管理人员深刻理解本企业服务行为的对象和本质，提高服务质量。

①服务行动的对象。通过确定服务的对象，分析服务行为的对象在服务前后的变化，能

使管理人员更深刻地理解服务行为的性质，并明确本企业的服务可为顾客提供哪些核心利益。例如，理发店针对人身，把发型做得美观；民航货运针对有形财产，把货物安全送达目的地；剧院针对思想，使人舒畅、受到教育；保险公司针对无形财产，保护投资者财产。

②服务行动的性质。即确定是有形行动还是无形行动。对于有形行动而言，顾客必须到现场接受服务，服务人员和顾客之间的交往、服务设施的外观和内外部特色、各类服务设施的相互配合程度等都会影响顾客的满意程度。由于顾客必须到服务现场，或者在服务开始和结束时到服务现场，因此服务地点和时间是否方便也非常重要。相反，如果是无形行动，顾客在遥远的地方接受服务，与服务人员、设施无接触或者接触程度非常低，如顾客通过邮件、电话接受信用卡公司服务，那么对这类服务来说，服务结果很重要，服务过程可能无关紧要。

从经营管理的角度出发，服务性企业可把有形行动变成无形行动，以减少顾客与服务性企业之间的接触程度，为任何地点的顾客提供方便的服务，如银行采用计算机网络，使储户不仅可在任何一个储蓄所、任何一台 ATM 办理业务，而且可以通过电话、函件随时办理，移动公司也如此。又如学校通过函授、广播电视等为学生提供远程教育服务。

2. 根据服务性企业与顾客之间的关系进行分类

根据服务性企业与顾客之间的关系可以将服务性企业分为以下四种类型（见表 2－2）。

表 2－2　根据服务性企业与顾客之间的关系分类

服务传递性质	“会员”关系	非正式关系
持续性服务	保险、学校、定期收费电话	广播电视、公路、警察
间隔性交易	美容院、健身俱乐部、长途电话卡	出租汽车、投币电话、电影院、餐馆、酒店、民航公司

（1）“会员”关系的持续性服务。这类企业同顾客建立长期正式关系，定期收费，会员随时可享受服务。

（2）间隔性交易的“会员”关系。这类企业向顾客一次性收取一定的费用，允许顾客使用一段时间，关系也持续一定时间。如美容院的美容卡。

（3）非正式关系持续服务。广播电台、警察、公路等公共服务即属于非正式关系持续服务，这类企业一般不直接向使用者收费，而由第三方（如广告商）或政府从税收中支付。

（4）非正式关系间隔性服务。这类企业逐次向顾客收费，顾客偶尔光临，且大多为过客。大多数服务性企业都属于这种类型。

服务性企业与顾客建立会员关系的好处在于：①企业知道谁是自己目前的顾客，通过客户的资料，企业能更有效地做好直邮广告、电话推销和人员推销等促销工作；②企业可以了解顾客是如何消费自己的服务的，能够更好地为顾客提供个性化服务；③这类企业通常采用定期收取服务费的方式，对企业而言，这种收费方式简便而有保障，对会员顾客来说，通常可以享受价格优惠等好处；④企业与会员顾客能因此建立长期稳定的关系，有助于培育顾客忠诚度，保证企业的客源，这也是建立会员关系的最大好处。

基于会员关系的这些好处，许多企业，包括许多提供非正式关系持续服务的企业，都设法与顾客建立正式、持久的联系，以利用顾客的“会员”资格，增加营业收入，如公交公司发行月票、民航公司的常客计划和商店的会员积分计划。

3. 根据服务定制化程度和服务人员主观判断强度进行分类

从服务系统是否有能力提供定制化服务及服务人员需对顾客的具体需要作出主观判断的程度两个方面，可将服务性企业分为下述四种类型（见图2－5）。

服务人员主观判断程度 ＼ 服务定制化程度	低	高
低	第一类： ● 大众运输 ● 例行设备维修 ● 快餐店 ● 电影院 ● 职业运动	第二类： ● 电话服务 ● 饭店服务 ● 零售银行服务 ● 高级餐厅
高	第三类： ● 教育（大班制） ● 预防医学计划	第四类： ● 法律服务 ● 医疗保健 ● 建筑设计 ● 美容院 ● 家庭教师

图2－5　按服务定制化程度和服务人员的主观判断程度分类

（1）低定制化和低判断。

第一类服务属于低定制化和低判断的服务。这类服务是相当标准化的。公共交通就是根据事先制定的行车时刻表在固定的路线上营运的。快餐店只提供有限的几种快餐食品，顾客对菜式的选择余地很小，对菜肴的烹调方法也几乎没有发言权。电影院、剧院和体育馆等有大量观众同时观看演出和比赛的服务场所，观众往往消极地接受标准化的服务，尽管有时观众会表现得相当吵闹。

（2）高定制化和低判断。

第二类服务属于高定制化和低判断的服务。这类服务给顾客很大的选择余地。例如，每个电话用户都可以挑选一个属于自己的号码，还能得到电信公司其他许多不同的服务，如接听朋友打来的聊天电话，打电话给异国他乡的业务合作伙伴，上网接收或发送邮件等。商业银行的账户也是定制的，每个存折或信用卡上都有顾客的姓名和个人账号，在银行规定的范围内，顾客可以随时随地地使用该账户，每个月会收到一张个人对账单。

在第一类和第二类服务中，服务人员的作用会受到限制，他们只是扮演操作人员、订单接受者或执行命令的角色。服务人员只需回答顾客简单的问题，同时，服务行为需符合顾客的要求。除此之外，他们几乎无法改变服务的特点。判断顾客的需要和处理服务工作中的问题的通常是企业的中高层管理人员，如领班或经理。然而，这些人一般不参与服务的传递过程，除非出现如顾客投诉等非常规情况。

（3）低定制化和高判断。

第三类服务属于低定制化和高判断的服务。在这类服务中，服务人员需灵活判断和决定服务方法，但他们为不同的顾客提供几乎相同的服务。例如，两位中学化学老师为学生讲授相同的课程，但他们会根据学生的特点和自身的特长自行决定各自的教学方法。

（4）高定制化和高判断。

第四类服务属于高定制化和高判断的服务。这类企业的服务人员在与顾客的互动交往中，需要积极地引导顾客的消费。顾客希望听取服务人员的意见和建议，并要求他们提供定制化的服务，因此服务人员必须非常专业。例如，接受外科手术的患者几乎把他们的生命交给了外科医生。法律、医疗、会计、建筑设计等专业化服务都属于这一范畴，他们都是由“专家”们从事的“知识型”行业。这一行业要求服务人员必须经过专业的培训，掌握必要的技能和具有专业判断能力，以便为顾客提供优质服务。

4. 根据服务需求和供给的性质进行分类

服务性企业和工业企业都面临着供求不平衡问题，但服务的不可储存性使服务性企业无法像工业企业那样，通过储存产成品平衡供应和需求，降低供需不平衡带来的不利影响。因此，服务性企业管理人员应更仔细地分析本企业的供求性质，根据本企业需求与供应关系的特点来确定适合本企业的经营管理策略，做好生产能力管理工作和需求管理工作。

不同的服务行业，需求和供给的性质不同，供需失衡的程度也存在很大差异，如图2－6所示。

供应能力受限制程度 ＼ 需求随时间波动的程度	大	小
高峰时期需求通常可以在没有太大延误情况下获得满足	**第一类：** ● 电力 ● 天然气 ● 警察 ● 消防 ● 电话	**第二类：** ● 保险 ● 法律服务 ● 银行业 ● 洗衣
高峰期需求经常超过服务供应能力	**第三类：** ● 会计和税收 ● 旅客运输 ● 饭店和旅馆 ● 剧院	**第四类：** 类似第二类服务，但服务能力不足以满足基本的需求

图2－6　根据服务需求和供给性质分类

图2－6中，不同的服务组织应采用不同的策略来应对供求不平衡的情况，第一类组织应尽力增大高峰期以外的需求量；第二类组织必须决定是要寻求需求和生产能力的继续增长还是保持现状；第三类组织是增长型企业，在生产能力尚未满足市场需求水平之前，可能需要暂时逆营销；第四类组织面临的问题是努力平缓需求来适应生产能力，这既包括刺激需求也包括抑制需求。

服务性企业可采用第一章第三节的方法进行服务需求管理和服务能力管理，以降低服务供给与需求不平衡所带来的影响。

5. 根据服务传递方式进行分类

服务传递方式可以从地理因素（服务在哪里传递）和与顾客相互作用的性质（服务如何传递）两个方面进行分析，并划分出图 2－7 所示的六种类型。

顾客与服务组织互动的性质 \ 服务点的便利性	单一服务点	多个服务点
顾客光临服务组织	**第一类：** ● 剧院 ● 理发店	**第二类：** ● 公共汽车 ● 连锁快餐店
服务组织造访顾客	**第三类：** ● 草坪保养 ● 虫害控制 ● 出租车	**第四类：** ● 邮政服务 ● 汽车紧急维修
顾客与服务组织远距离沟通（信件、电邮）	**第五类：** ● 信用卡公司 ● 地方电视台	**第六类：** ● 广播网 ● 电话公司

图 2－7　根据服务传递方式分类

服务性企业在多个服务网点为顾客服务，可方便顾客就近购买，但也会产生服务质量难以控制的问题。因此，在多场所服务中保证服务的质量和一致性非常重要。随着信息技术的发展，远距离交易变得越来越普遍，因为这种服务方式可向顾客提供方便和高效的服务传递。例如，个人电脑和调制解调器的使用使得组织可以将它们的服务定制化，同时也降低了顾客与服务人员面对面交流的次数。

第二节　服务业与现代服务业

一、服务业

（一）服务业的概念

对于什么是服务业，学术界至今还没有一个统一的认识。但国内外学者普遍认同，服务业即第三产业，它是国民经济中第一产业（如农业、林业、渔业）、第二产业（如采掘业、建筑业、制造业）之外的其他产业。

（二）服务业的分类

服务业涉及的范围广、领域多，根据不同的侧重点，对服务业的分类方法也不尽相同。

1. 国内分类

根据1985年5月国务院办公厅转发国家统计局的报告，将服务业分为两大部门、四个层次（见表2－3）。

表2－3　服务业分类简表

<table>
<tr><td>流通部门</td><td colspan="2">第一层次</td><td>交通运输业、邮电通信业、商业饮食业、物资供销与仓储业</td></tr>
<tr><td rowspan="3">服务部门</td><td>第二层次</td><td>为生产、生活服务的部门</td><td>金融业、保险业、地质普查业、房地产业、公用实业、居民服务、旅游业、咨询信息服务业、各类技术服务业</td></tr>
<tr><td>第三层次</td><td>为提高科学文化素质服务的部门</td><td>教育、文化、电视、科研、卫生、体育、社会福利</td></tr>
<tr><td>第四层次</td><td>为社会公众需要服务的部门</td><td>国家机关、政党机关、社会团体、军队、警察</td></tr>
</table>

（资料来源：王守法．现代服务产业基础研究．北京：中国经济出版社，2007.2、9）

由于社会经济活动是不断变化的，服务业中有的行业会消亡，有的行业会逐渐产生，所以服务业是一个动态的、相对的概念。在经济交往活动中，常依据服务业的经济性质，把服务业划分为五类，即生产服务业、生活性服务业、流通服务业、知识服务业和社会综合服务业。

2. 国际分类

国际标准化组织制定的ISO 9000中对服务业的分类：

①接待服务：餐馆、饭店、旅行社、娱乐场所、广播、电视和度假村；

②交通与通信：机场、空运、公路、铁路和海上运输、电信、邮政和数据通信；

③健康服务：医师、医院、救护队、医疗实验室、牙医和眼镜商；

④维修服务：电器、机械、车辆、电力系统、空调、建筑和计算机；

⑤公用事业：清洁、垃圾管理、贡税、场地维护、供电、煤气和能源供应、消防、治安和公共服务；

⑥贸易：批发、零售、仓储、配送、营销和包装；

⑦金融：银行、保险、生活津贴、地产服务和会计；

⑧专业服务：建筑设计、勘探、法律、执法、安全、工程、项目管理、质量管理、咨询和培训与教育；

⑨行政管理：人事、计算机处理和办公服务；

⑩技术服务：咨询、摄影和实验室；

⑪采购服务：签订合同、库存管理与分发；

⑫科学服务：探索、开发、研究和决策支持。

二、现代服务业

（一）现代服务业的概念

伴随着知识经济的兴起和经济全球化的发展，服务业的现代性特征日益明显。

“现代服务业”的概念是我国的提法。1997年9月，党的十五大报告中首次提出了现代服务业的概念，十五大报告指出："社会主义初级阶段，是逐步摆脱不发达状态，基本实现社会主义现代化的历史阶段；是由农业人口占很大比重、主要依靠手工劳动的农业国，逐步转变为非农业人口占多数、包含现代农业和现代服务业的工业化国家的历史阶段。"而中国共产党十五届五中全会《中共中央关于制定"十五"计划的建议》中则明确指出，在"十五"期间，"要发展现代服务业，改组改造传统服务业，明显提高服务业增加值占国内生产总值的比重和从业人员占全社会从业人员的比重"。并进一步说明，"现代服务业要提高服务水平和技术含量，大力发展信息、金融、会计、咨询、法律服务等行业，带动服务业整体水平提高。传统服务业要运用现代经营方式和服务技术进行改造，着重发展商贸流通、交通运输、市政服务等行业，推行连锁经营、物流配送、多式联运、网上销售等组织形式和服务方式，提高服务质量和经营效益"。《建议》中所描述的"信息、金融、会计、咨询、法律服务"等行业则成为大多数研究所依据的标准，并在此基础上增加了房地产、电信、物流等行业。但是，仅仅依据分类来判断服务业中何种产业应归入"现代服务业"，显然不太科学。

目前，国内最为广泛接受的"现代服务业"概念是在"十五"报告的基础上提出的，认为"现代服务业是在工业化较发达的阶段产生的，主要依托信息技术和现代管理理念发展起来的，信息和知识相对密集的服务部门"。

此外，其他比较有代表性的"现代服务业"概念主要有以下几种：

（1）真正意义上的现代服务业是指与现代技术密集、产业分工深化和经济社会发展相伴的信息服务、研发服务、人力资源服务、现代物流市场营销服务等，但主要是为生产者服务的商业服务业。

（2）现代服务业是与传统服务业相区别且内涵极广的概念。它主要是指依托现代信息技术和现代管理理念而发展起来的，为社会提供高质量生活服务和生产服务的国民经济新兴领域。

（3）现代服务业是指依托电子信息和其他新兴高技术，以及现代经营方式和组织形式而发展起来的服务业，既包括新兴服务业，也包括对传统服务业的技术改造和升级，其本质是实现服务业的现代化。

纵观这些研究成果，我们可以发现，目前比较常见的有关现代服务业的定义都具有相当大的共性，即都强调现代服务业与信息技术和其他高新技术密不可分，是与"现代农业"和"现代工业"相提并论的一个概念。现代服务业伴随着工业化的高度发展而产生，是第三产业中最具有"现代"特征的一个子集。

三、隐性服务

如今，制造业业务逐渐服务化，除第三产业、服务业内企业通过服务为社会创造价值外，第一、第二产业的企业也在为内部和外部顾客提供服务。在这里，隐性的含义是指这部分服务所创造的价值被计算到第一、第二产业的产值中去了。

（一）隐性服务的概念

现在，制造业所提供的所有产品中都或多或少地包括了一些服务，服务和有形产品生产之间存在密不可分的互动关系。制造业中的一些活动无论是作为独立的服务，还是作为包括有形产品在内的整体解决方案的一部分，大部分制造商都将其计入产品的总成本中。这些服务都增加了产品的价值，为制造商提供了竞争优势，我们称之为“隐性服务”。

因此，在一个组织内就会出现“内部顾客”的说法。所谓内部顾客是指在一个集团、公司内，其他部门或其他部门员工相对于本部门来说就是内部顾客。例如，集团公司内部，汽车配件厂为汽车装配厂提供了配件，汽车装配车间就成为汽车配件厂的内部顾客；在企业内部，财务部门为研发部门和营销部门筹措资金，研发部门和营销部门就是财务部门的内部顾客等。

（二）隐性服务的内容

1. 作为产品成本一部分的服务成本

在日常生活中，也许一件物品的原料和人工成本加起来仅60元，但其售价却为120元。这是因为中间包括了研发设计、质量控制、广告、推销、运输、仓储等环节，虽然这些环节没有直接参与生产成本，但为生产的销售提供了服务，因此，这部分成本也应计入产品成本之中。服务成本是指为实现顾客价值企业所需要消耗的所有成本与费用，它包括从寻求顾客需求到提供产品来满足顾客需求、建立与顾客的关系，直至维持和发展顾客关系的整个顾客生命周期内所投入的成本。根据格鲁努斯的观点，服务成本包括：产前成本（如市场研究与开发、设计与融资）；制造过程的成本（如融资、质量控制、安全控制和设备的维护）；销售阶段的成本（如物流、销售网络、信息传播）；使用和消费阶段的成本（如维修、信息服务、培训、软件升级、投诉处理、票据签发）；使用和消费后的成本（如报废产品的回收与重新利用）。

案例：牙膏售价10元，成本不到5毛

据《经济参考报》报道，因涉嫌不具有认证资格却频频在某些品牌的牙膏、口香糖广告中露脸，“全国牙防组”日前在京沪两地同时遭遇诉讼，此案被网络媒体称为“13亿人被忽悠案”。

“全国牙防组”京沪成被告

“全国牙防组”副组长、北京大学口腔医院预防科教研室主任张博学日前承认并非法定权威认证，但记者23日拨通“全国牙防组”电话，被告知张博学拒绝接受采访。2月17日，上海某律师事务所律师陈江以消费者的身份向上海市闵行区法院提交了民事诉讼状；此前，中国公益网主编李刚曾于2005年7月在北京对“全国牙防组”提起诉讼，两人的理由均是认为其不具备认证口腔保健品的资格。“根据条例，认证机构从事认证活动的基本规则、收费标准应该公开。认证机构不得接受可能影响其认证活动公正性的企业资助，‘全国牙防组’并没有做到这一点。”

据了解，“全国牙防组”曾先后对乐天木糖醇口香糖、佳洁士含氟牙膏和牙刷等多个产品作出过认证。有关数据显示，一支120克装牙膏的成本大概在0.48元左右，而售价却达到几元甚至十几元。“口香糖的生产成本也并不高，成本大部分在和广告有关的企业活动上，这意味着我们每天都在嚼电视、报纸广告和认证标志，或者在用它们刷牙。”业内人士开玩笑说。

消费者并未体会到“神奇效果”

口香糖、牙膏真的能防龋、防蛀、防上火、防牙石吗？专家的回答也含糊不清。“刷牙、嚼口香糖确实有健齿的作用。但要说到什么品牌的牙膏具体有什么作用，这很难说。如果添加了药品，那要看是什么药品了。”上海协和医院的一位医生对记者说。面对市面上诸多“功能强大”的牙膏，消费者会根据什么来选择呢？上海市莲花南路居民王一敏对记者说，一般会找熟悉点的牌子，“比如佳洁士什么的，它的广告很多，还有专家证明，这说明厂家有实力。”

“一群也不知道是演员还是专家的人上电视讲讲话，一些消费者还是会有印象的。这么多牙膏，可替代性这么强，专家的作用这时就出来了。”上海农工商超市的销售员对记者说。根据他的印象，确实存在有认证的牙膏比没认证的牙膏好卖的情况。

但是，不少使用经过认证、具有“特殊”功效牙膏的消费者，却并没有体会到它们的“神奇效果”。华东师范大学学生小黄指着某品牌牙膏对记者说：“我是看功效买的，又有专家认证，不过好像没什么效果。”

2. 为外部顾客提供单独计价的服务

有些企业，如 IBM、海尔，它们生产电脑，同时也提供维修服务，还有一些企业利用自己的物流系统，提供货运服务。

案例：客户为先　联想笔记本发布最新客服计划

一直以来都将“以客户为先”作为自己服务理念的联想笔记本近日公布了其最新的售后服务计划，该计划分别针对上门服务、意外保障服务和液晶屏三年延保服务作出了最新的解释，使联想笔记本和整机的售后服务显得更为规范，也更为合理。

联想笔记本一年上门服务

该产品指对笔记本产品在没有上门服务的标准服务基础上，升级为第一年笔记本上门服务。

服务特点：

适用范围广：适用于天逸、旭日等标准服务为送修的联想笔记本机型。

上门服务覆盖范围广：上门范围包括全国 146 个城市，基本覆盖全国 1～4 级城市。

首年全面保护：基础保修服务＋本服务，可以使得用户在机器使用的第一年享受联想全面服务。

笔记本在一年内出故障的，由工程师上门服务，提供给客户：

方便：省去客户携带笔记本到维修站的麻烦。

省时：省去用户送维修站维修、排队等候维修的时间。

省钱：节约由于送修对客户产生的误工费、交通费。

联想阳光服务优势：

范围覆盖全国：全国任何地点均可实现上门维修服务。

品质用户放心：联想认证工程师上门服务，专业操作。

服务全国联保：联想实现了全国范围内异地故障修复，联想服务站覆盖范围在所有电脑厂商中最广。

联想笔记本液晶屏三年延保服务

该产品针对笔记本电脑液晶屏，在两年保修标准服务基础上，升级为三年保修。

服务特点：

液晶屏保护：针对笔记本故障率高、易损坏的部件——液晶屏，提供三年的免费保修服务。

全系列保护：本产品适用于联想消费全系列笔记本产品（天逸、旭日）的液晶屏保修。

价格统一：针对不同型号笔记本，本产品价格一致。

服务通用性强：任何联想笔记本都能购买本卡，享受液晶屏免费延保服务。

显示屏超值保护：液晶屏是笔记本最易损坏的部件，也是故障率较高的部件，针对液晶屏提供延长至三年的保修，给客户更久的保障。

原厂保修更专业：对于LCD产品的损坏，由联想认证的工程师为您提供解决建议和专业修复服务。

延长电脑使用寿命：液晶屏作为输出部件，如果其无法工作会直接导致客户的笔记本无法使用，而本产品可以提升系统整体的使用寿命。

专项保护：液晶屏作为笔记本的必备外设产品，其价格昂贵，维修/更换成本高，本产品仅用很少的投资（每天不到1元钱），您就可以在其有故障的时候获得联想的上门维修服务。

联想阳光服务优势：

范围覆盖全国：全国任何地点均可实现维修服务。

品质用户放心：联想认证工程师全程服务，专业操作。

服务全国联保：联想实现了全国范围内异地故障修复，联想服务站覆盖范围在所有电脑厂商中最广。

思考：1. **联想电脑公司要做到上述这些，必须具备哪些条件？**

2. **公司这样做能为其带来什么好处？**

【本章小结】

1. 国外服务的主要分类方法：托马斯分类法、肖丝丹克分类法、蔡斯分类法、施曼纳分类法、洛伍劳克分类法。

2. 我国官方组织把服务业分为两大部门，四个层次；国际标准化组织制定的ISO 9000中对服务业的分类。

4. 现代服务业是在工业化较发达的阶段产生的，主要依托信息技术和现代管理理念发展起来的，信息和知识相对密集的服务部门。

5. 隐性服务的内容：作为产品成本一部分的服务成本；为外部顾客提供单独计价的服务。

【拓展阅读】

服务业即第三产业在国民经济中比重的上升标志着现代经济的发展。今天，服务业是经济先导地位的发展源泉。关于服务的分类和服务业的更多知识可参考以下文献：

1. 叶万春．服务营销学．北京：高等教育出版社，2001

2. 梁彦明．服务营销管理．广州：暨南大学出版社，2004

3. ［美］詹姆斯·A. 菲茨西蒙斯，莫娜·J. 菲茨西蒙斯．服务管理：运作、战略与信息技术．张金成，范秀成等译．北京：机械工业出版社，2007

4. 丁宁，王馨，郑予捷．服务管理．北京：清华大学出版社，北京交通大学出版社，2007

【思考与练习】

1. 本章所学的五种对服务的分类方法的分类标准是什么？各自产生了怎样的分类结果？
2. 简述不同类别的服务对经营管理的影响。
3. 讨论文中所提到的两种对服务业的分类方法。
4. 什么是现代服务业？
5. 什么是隐性服务？隐性服务包括哪些内容？请举出一到两个例子，并作简要说明。

第三章　质量和服务质量

【学习目的】

通过本章的学习，要系统地了解质量的定义；了解顾客感知服务质量的提出，把握顾客感知服务质量的内涵和实质；尤其要深入理解并重点掌握服务质量维度与特征，为服务质量管理奠定坚实的基本概念与理论基础。

【学习要点】

1. 质量和服务质量的定义
2. 服务质量的维度与特征

【关键词】

质量　顾客感知服务质量　服务质量的维度　北欧学派　北美学派　服务质量的特征

第一节　质量的定义

质量是服务质量管理理论的一个核心概念，也是最难以定义的概念之一。长期以来，随着社会生产力的提高和人类社会进步，在供给—需求交互互动的结构变迁过程中，质量的概念并不是凝固不变的，而是随着时代进步而不断地丰富内涵、扩展外延进而永葆时代气息的，即质量的概念具有与时俱进的特性。

一、五花八门的质量定义

质量是什么？对这个问题，不同的人从不同的角度出发，就会有不同的答案。例如：企业家认为质量是企业之生命；科学家会说质量是科学技术的结晶；教育家则认为质量是知识之结果；文学家说质量是文学之根基；经济学家坚称质量是效益的前提，效益是质量的结果；心理学家会说质量是意识、行为的产物；社会学家认为质量是人类社会进步的阶梯；老百姓则会说质量是人类生活之保障；销售人员描述道质量是美妙非凡的广告；市场学研究者说质量是通向世界的护照；管理学专家说质量是综合管理之结果……

可见，“质量是什么”是一个仁者见仁，智者见智的问题。实际上，在学术研究领域，这也曾是一个悬而未决的问题。尽管“质量”这个概念已经被用得有点泛滥，学者们也试着提出了各种各样的定义。表 3 – 1 是世界八位著名的质量管理专家关于质量的定义，这些概念形成了服务质量管理理论的基础。

表 3－1　世界八位质量管理专家关于质量的定义

学者	出发点	概念	质量的判断者
休哈特（1931）	从主、客观两方面定义质量	质量可分成客观方面的质量（产品特性，独立于客户的希望存在）和主观方面的质量（客户想要的质量）	顾客
克罗斯比（1979）	从技术上的可操作性出发	质量即“符合规格”（Conformance Requirement）	设定符合标准
田口玄一（1979）	从产品给社会带来的损失定义质量	质量是指产品内在功能造成的任何损失以外……在装运后它给社会造成的损失，即质量是社会的损失大小	社会损失大小
费根堡姆（1991）	从满足顾客期望出发	产品或服务的质量是指营销、设计、制造和维护中各种特性的综合体，借助这一综合体，产品和服务在使用中就能满足顾客的期望	顾客
朱兰（1988）	从顾客的角度出发	质量即产品的“适用性（Fitness for Use）	使用者
戴明（1988）	从多个评判元出发	质量必须用客户满意度界定，质量是多维的，不能用单一的特点来界定产品或服务的质量。不同的质量可以由多种尺度来衡量	使用者
石川馨	从狭义和广义定义质量	从狭义解释，质量意指产品质量。从广义解释，质量意指工作质量、服务质量、信息质量、工艺流程质量、部门质量、包括工人、工程师、管理人员和行政人员在内的人员素质、系统质量、公司质量和目标质量等	顾客
比特斯（1987）	从抽象的高度概括的视角出发	将质量定义为“顾客对于卓越的感知”	顾客

［资料来源：R. W. 霍耶等．何谓质量——世界八位著名质量专家给质量定义．中国质量技术监督，2002（1）］

（一）不同角度的五种质量定义

从表 3－1 可以看出，在现有的质量管理文献中，不同的学者从不同的角度定义质量。有些学者从企业的角度解释质量的含义，另一些学者则从顾客的角度解释质量的含义。丹麦哥本哈根商学院助理教授汉森（Torben Hansen）认为，文献中众多的质量定义大致可以划分为如图 3－1 所示的五类含义。

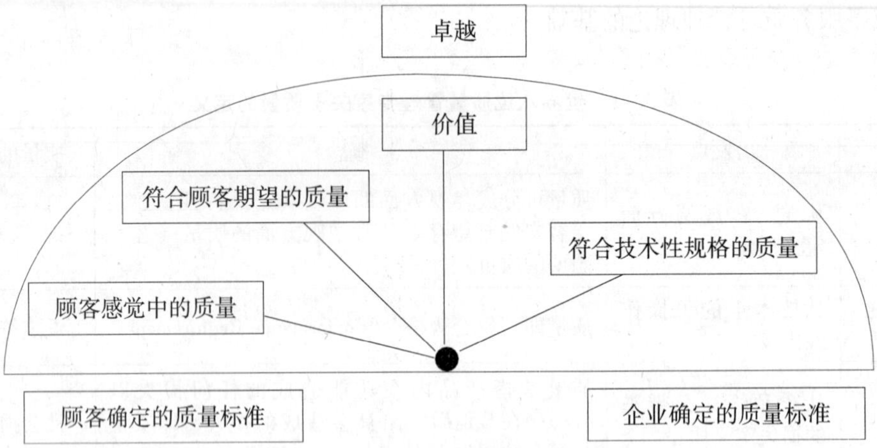

图 3－1　汉森总结的五类质量含义

1. 顾客感觉中的质量

持这种质量观点的学者认为，质量是顾客的主观感觉。美国著名营销学者盘拉索拉曼（A. Parasuraman）、隋塞莫尔（Valarie A. Zeithmal）和贝里（Leonard L. Berry）指出，顾客是质量的唯一评委。芬兰营销学家格鲁努斯也强调，只有顾客感觉中的质量才是重要的。顾客感觉中的质量是顾客对某种产品的质量满足其要求的主观评估。

顾客感觉中的质量会受顾客以往的消费经历、消费目的、质量意识等一系列因素的影响，而对不同的产品来说，影响顾客感觉中的质量的产品属性也不完全相同。换而言之，顾客感觉中的质量可看成各位顾客对质量含义的理解，因此，这类质量定义位于图 3－1 的最左方。

2. 符合顾客期望的质量

在质量管理文献中，国内外许多学者认为，产品质量是指“产品满足顾客期望和需要的能力”。但顾客能够判断产品是否符合自己的期望，却无法判断产品是否符合企业的规格。因此，这些学者认为企业应根据产品能否符合顾客的期望或产品满足顾客期望的程度，计量产品的质量。

“符合顾客期望的质量”定义可促使企业密切关注顾客期望的变化，研究顾客的期望受哪些因素的影响，分析不易量化的主观因素，并根据顾客重视的质量属性，做好质量管理工作。然而，企业确定的质量标准也可能会影响顾客的期望。例如，餐馆向客人承诺点菜 15 分钟后上菜，客人对餐馆上菜速度的期望可能就会定在 15 分钟之内。因此，在图 3－1 中，“符合顾客期望的质量”定义位于“顾客感觉中的质量”定义的右方。

3. 质量就是价值

价值是微观经济学中一个重要的概念。价值是指顾客获得的利益与顾客支付的总费用之比。价值不仅与产品的品质有关，而且与产品的价格有关。声称“质量就是价值”的学者认为，企业要在激烈的市场竞争中生存和发展，就必须同时重视产品能够为顾客带来的利益和产品的价格。在利益完全相同的情况下，价格最低廉的产品才是最好的产品。

“质量就是价值”的质量定义可促使企业既关注内部效率（降低成本），又关注外部效率（满足顾客的需要和愿望）。但这种质量定义也可能使企业得出错误的结论。例如，顾客可能会认为价格较高的产品其质量也较高。尽管产品的实际价值下降（质量不变，价格上涨），顾客感觉中的价值却可能保持不变。

由于“质量就是价值”的质量定义既考虑了顾客对产品质量的影响（如顾客在产品消费中获得的利益），又考虑了企业对质量的影响（如企业指定的产品价格），因此，这类质量定义位于图3－1的正中。

4. 符合技术性规格的质量

根据“符合技术性规格”的质量定义，质量是客观的，可用技术性规格衡量。国内外不少学者认为，企业只能根据客观的质量标准测量产品的质量。产品越符合规格，质量就越高。产品中的任何偏差都会降低产品的质量。这类质量定义反映企业对质量含义的理解，因此，“符合技术性规格”的质量定义位于图3－1的右方。

5. 质量指卓越性

一些学者认为质量指产品卓越性。不少企业也在广告中强调“卓越”的概念。例如，克莱斯勒（Chrysler）汽车公司在广告中声称“克莱斯勒只有一个抱负，就是追求卓越”。持这种质量定义的学者认为，优质产品就是最好的产品，是符合最高标准的产品。

在以上五类质量定义中，“卓越性”质量定义可能是最抽象的一种定义，它包含了其他四类质量定义。无论企业采用何种质量定义，追求卓越都可能是企业追求的目标。因此，在图3－1中，“卓越性”质量定义是概括性定义，涵盖了其他四类定义。

（二）国际标准化组织的质量定义

1. 国际标准化组织ISO 9000族标准的形成和变化过程

20世纪70年代后期，全球经济的发展和激烈的市场竞争促使广大企业更关注产品的质量。许多企业纷纷开展质量保证活动，以取得顾客的信任。而质量保证要求对企业的质量管理体系实施评价，评价就要有标准，于是在1980年，国际标准化组织（ISO）成立了质量管理和质量保证技术委员会（TC176），负责制定有关质量管理和质量保证的国际标准。

经过7年的努力，国际标准化组织质量管理和质量保证技术委员会（ISO/TC176）发布了质量术语国际标准，接着在1987年正式发布了ISO 9000标准系列，简称1987年版ISO 9000系列标准。

ISO 9000系列标准发布和实施后，得到了广泛的采用，取得了明显的效果。但是ISO也认识到，1987年版标准仍存在许多问题。于是，1990年TC176会议作出了对ISO 9000系列标准修改的决定，将标准的修改分为两个阶段进行：第一阶段要求在1994年完成，该阶段主要工作是针对1987年版标准的不足，在保持原有结构的前提下，作一些局部的内容补充和修改；第二阶段预定在2000年完成，主要工作是对标准的结构和内容作重大的修改。

1994年，第一阶段任务如期完成。ISO 9000国际标准实现了第一次改版，简称为1994年版ISO 9000族标准。1994年版标准提出了“ISO 9000族”的概念，并将其定义为“由ISO/TC176技术委员会制定的所有国际标准”，也就是说，ISO 9000族标准是一个动态的概念，其包括的标准可以根据需要增加和调整。

2000年12月，国际标准化组织质量管理和质量保证技术委员会完成了对标准的第二阶段修改，并对外公布了2000年版ISO 9000族标准，替代了1994年版族标准。

新世纪以来，国际标准化组织质量管理和质量保证技术委员会继续不断对ISO 9000标准进行修订，并陆续发布了2005年版和2008年版ISO 9000族标准。

行业透视

国际标准化组织（ISO）是由各国标准化团体（ISO 成员团体）组成的世界性联合会，是世界上最大的国际标准化组织。它成立于1947 年2 月23 日，前身是1928 年成立的“国际标准化协会国际联合会”（简称 ISA）。代表中国参加 ISO 的国家机构是中国国家技术监督局（CSBTS）。

ISO 成立了2 856 个技术机构开展技术活动，其中技术委员会（简称 TC）共185 个，分技术委员会（简称 SC）共611 个，工作组（WG）2 022 个，特别工作组38 个。制定国际标准的工作通常由这些技术机构完成。各成员团体若对某技术机构确立的项目感兴趣，均有权参与该技术机构的工作。与 ISO 保持联系的各国际组织（官方的或非官方的）也可参与有关工作。由技术委员会通过的国际标准草案提交各成员团体表决，须取得至少75%参加表决的成员团体的同意，才能作为国际标准正式发布。

ISO 现已制定出国际标准共10 300 多个，主要涉及各行各业各种产品（包括服务产品、知识产品等）的技术规范。ISO 制定出来的国际标准除了有规范的名称之外，还有编号。编号的格式是：ISO + 标准号 + ［杠 + 分标准号］ + 冒号 + 发布年号（方括号中的内容可有可无），例如，ISO 8402：1987、ISO 9000 - 1：1994 等，分别是某一个标准的编号。

TC176 即 ISO 中第176 个技术委员会，它成立于1980 年，全称是“质量保证技术委员会”，1987 年又更名为“质量管理和质量保证技术委员会”。TC176 专门负责制定质量管理和质量保证技术的标准。

2. ISO 9000 族标准的质量定义

在1987、1994 和2000 年版的 ISO 9000 标准中，国际标准化组织质量管理和质量保证技术委员会都对质量给予了专业性的定义，反映出随着时代的发展，质量概念内涵也在不断地演变。

（1）1987 年版 ISO 9000 国际标准的质量定义。

ISO 8402：1986《质量术语》是1987 年版 ISO 9000 系列标准的第一个标准，也是国际标准化组织质量管理和质量保证技术委员会最早发布的一个标准。在此标准中，质量管理和质量保证技术委员会将质量定义为“反映产品或服务满足明确和隐含需要的能力的特征和特性的总和”。

（2）1994 年版 ISO 9000 国际标准的质量定义。

在1994 年版 ISO 9000 族标准中，国际标准化组织质量管理和质量保证技术委员会把质量定义为“反映实体满足明确和隐含需要的能力的特性总和”。与1987 年版的 ISO 9000 质量定义相比较，1994 年版的 ISO 9000 质量定义作了两点修改：①对前一定义中的“产品或服务”用“实体”予以替代，而这里的“实体”指“可单独描述和研究的事物”，可以是活动或过程、产品、组织、体系或人，或上述各项的任何组合，只要这一事物能和其他事物区分而单独存在，并且可以被进一步加以描述和研究；②对原有定义中的“特征和特性”改用“特性”一词，并把“特性”定义为“可区分的特征”，包括物理特性（如机械的、化学的或生物的特性）、感官特性（如对嗅觉产生刺激的气味、对听觉产生刺激的噪音、对视觉产生刺激的色彩)、行为特性(如礼貌、谦虚、诚实)、时间特性(如准时性、可靠性)和功能特性(如电视机的清晰度、飞机的最高速度)等。这些修改使质量定义的领域有了很大的拓展。

(3)2000年版ISO 9000国际标准的质量定义。

在ISO 9000：2000《质量管理体系 基础和术语》中，国际标准化组织质量管理和质量保证技术委员会将质量定义为“一组固有特性满足要求的程度”。这一定义高度概括、简洁，意义十分明确。根据这一定义，质量的核心在于“一组固有特性”，而质量的评价在于“满足要求的程度”。这反映了人们对质量的认识和理解又达到了一个新的高度。

3. 对ISO 9000族标准质量定义的理解

理解ISO 9000族标准的质量定义，要注意以下三个要点。

(1)质量可存在于各个领域或任何事物中。

质量概念所描述的对象早期大多仅仅局限于有形产品，随后又延伸到了无形的服务领域，如今又扩展到了过程、活动、组织、体系和人，乃至它们的组合。ISO 9000族标准的质量定义中对质量的载体并未作界定，而是泛指一切可单独描述和研究的事物。这个定义突出反映了质量概念的广泛包容性。

(2)特性可以是固有的或赋予的。

“固有的”就是指某事或某物中本来就有的，尤其是那种永久的特性，如螺栓的直径、机器的生产率等技术特性。固有特性的要求大多是可测量的，它们满足要求的程度反映为质量的好坏。相反，赋予的特性不是某事物中本来就有的，而是完成产品后因不同的要求而对产品所增加的特性，如产品的价格、供货时间和保修时间等特性。ISO 9000族标准明确指出，赋予的特性不反映在质量范畴中。

产品的固有特性和赋予特性是相对的。某些产品的赋予特性对另一些产品来说可能就是固有特性。如运输方式和送货时间对有形产品而言属于赋予特性，但对运输服务而言则属于固有特性。

(3)“要求”包括明示的、通常隐含的和必须履行的需要或期望。

“明示的”可以理解为规定的要求，即在文件中予以阐明的要求或顾客明确提出的要求，如酒店为顾客提供的标准客房必须有两张床；“通常隐含的”则是指组织、顾客或其他相关方(如所有者、员工、供应方、合作伙伴等)的惯例或一般做法，所考虑的需求或期望是不言而喻的，例如，酒店必须为住店客人提供安静的睡眠环境；“必须履行的”是指法律法规要求的或有强制性标准要求的，如五星级酒店必须有游泳池。“要求”可由不同的相关方提出，不同的相关方对同一产品的要求可能不同。例如，就旅游景区的开发和建设来说，顾客的要求是新奇、环境优美、具有娱乐性，但环保团体的要求则是保持原生态、对环境不产生污染。企业在确定质量要求时，应兼顾各相关方的要求。

图3－2　国际标准化组织的质量定义

图3－2列出了国际标准化组织的质量定义，可帮助理解国际标准化组织ISO 9000族标准的形成、变化与发展。

二、目前使用最广泛的两类质量定义及其优缺点

在企业管理学文献中有许多的质量定义，“符合规格”和“符合期望”是其中使用最为广泛的两类。

（一）“符合规格”质量定义

1. “符合规格”质量定义概述

18世纪末19世纪初，工业企业为了适应大规模生产的需要，按规格生产通用零件和组装标准化产品，以达到提高生产效率和降低生产成本的目的。此时工业企业开始使用“符合规格”的质量定义。这是最早的质量定义，并在整个20世纪里得到了最广泛的使用。主要代表人物是美国著名质量管理学家克罗斯比（P. B. Crosby），他提出了“符合性质量”概念，并指出质量并不意味着好、卓越、优秀等，质量就意味着对于规格或要求的符合（Conformance to Requirement）。谈论质量只有相对于特定的规格或要求才有意义，合乎规格即意味着具有质量，而不合格自然就是缺乏质量。一辆符合设计规格的小汽车就是一辆“有质量”的小汽车。

2. “符合规格”质量定义的优缺点

美国阿肯色大学的丽伍斯（Carol A. Reeves）和贝德纳（David A. Bedner）辩证地看待“符合规格”质量定义，认为该定义有以下优缺点。

（1）优点：按照规格来衡量质量，可操作性强，利于实现标准化管理。具体到在一个工业企业的产品生产中，生产一线的工人必须严格遵循操作程序，生产出符合管理人员要求的产品，产品的合格率与工人工资直接挂钩，以此保障企业有效地提高生产效率，降低成本；质检人员必须严格依照产品规格要求进行产品出售前的质量检查和合格率统计工作，以确保产品质量的一致性；管理人员可以根据产品符合规格程度，考核质量管理工作实绩；研究人员可以采用客观的规格，分析不同的质量标准对不同行业、不同企业、同一企业在不同时期的经营实绩的影响。

可见，“符合规格”质量定义在广大的工业企业、制造性企业、建筑企业是适用的，无论是对一线工人还是对管理人员来说都具有很强的可操作性。但前提是要对顾客需求有明确的理解，而且顾客要求也得是明确的。

（2）缺点："符合规格"质量定义是狭义的，忽视了顾客才是质量的最终评判者。首先，顾客并不是根据产品的规格来评价众多消费品的质量的，有时顾客甚至连产品的"规格"是什么都不知道，事实上，许多顾客也不会关心产品的具体"规格"。其次，企业管理人员认为好的，顾客不一定认为好，例如，某餐厅严格规定五分钟上菜，有的人说快了，而有的人则说慢了。再次，产品可以有严格的规格（如某零件的长、宽、高、半径等），但服务是无形的，服务性企业的管理人员很难确定某些服务属性的量化标准，也就无法根据规格衡量服务质量，例如微笑、鞠躬等服务很难量化。此外，服务的效率通常是可测量的，但是服务的效果却很难准确测量（见表3－2）。

表3－2　服务的测量方法

服务生产率（容易测量）	服务质量（很难或无法测量）
医生每小时可治疗的病人数	多少人康复了？
	医生消耗了多少能力？
一位老师可以同时教导的学生人数	学生学到了多少知识？
	老师消耗了多少精力？
一位垃圾收集工人每小时可收集多少户人家的垃圾	收集工作做得怎么样？
	有投诉吗？
	工人有没有受伤或患其他影响健康的疾病？
一位店员每个月的销售业绩	员工和顾客建立持续关系的能力如何？

总的来说，"符合规格"的质量定义是从企业的角度出发来对质量进行定义的，以便于企业进行质量管理工作。如果说"符合规格"质量定义对工业企业等来说具有高度的可操作性，那么它对服务性企业来说就不见得是这样了。正因为"符合规格"定义存在这一缺陷，学者们提出了"符合期望"的质量定义。

（二）"符合期望"质量定义

1. "符合期望"质量定义概述

随着时代的不断发展，质量的概念逐渐从制造业渗透到服务业中，企业管理学家们开始就工业企业质量管理措施是否适用于服务性企业展开了激烈的争论。一些学者坚持认为工业企业的质量管理措施同样适用于服务性企业。美国著名企业管理学家莱维特（Theodore Levitt）在20世纪70年代提出了"服务工业化"观点。他认为，服务性企业要提高服务质量和生产效率，就必须采取服务工业化措施，从工业企业引进流水作业法，进行大规模生产，为顾客提供标准化的服务。

另一些学者则认为，服务有一系列不同于产品的特点，服务性企业不应完全按照"符合规格"的质量定义开展服务质量管理工作。美国著名服务营销学家肖丝丹克（G. Lynn Shostack）提出了与莱维特相反的观点。肖丝丹克认为，服务有一系列不同于产品的特点，服务性企业不应完全按照"符合规格"的产品质量定义开展服务质量管理工作。她指出，服务性企业盲目照搬工业企业的管理原则是一种"营销近视症"。此后，许多学者对服务质量的定义进行了大量新的探索，“符合期望”质量定义应运而生。

美国著名营销学家潘拉索拉曼（A. Parasuraman）、隋塞莫尔（Valarie A. Zathamal）和贝里（Leonard L. Berry）指出，顾客是质量的唯一评委。芬兰著名营销学家格鲁努斯（Christian Gronroos）也强调，只有顾客感觉中的服务质量才是最重要的。他们都认为，服务质量指服务实绩是否满足顾客的期望。

不仅在服务质量管理领域，而且在有形产品质量管理领域，“符合期望”的质量定义也得到了广泛的支持。其中，朱兰提出的“适用性质量”（Fitness for Use）概念最广为流传。朱兰博士认为产品质量就是指产品的适用性即适合使用的特性，换言之，就是指产品使用过程中成功地满足顾客需求的程度。它普遍适用于一切产品或服务。其质量管理学巨著《质量控制手册》中还指出：“所有有关质量职能的概念中，没有一个像‘适用性’那样关键或难以把握；没有一个能比‘适用性’更为影响深远、更为重要。因为，对顾客来说，质量是指适用性，而不是‘符合规格’。最终用户很少知道‘规格’是什么，质量对他而言就意味着产品在交货时或使用中的适用性。任何组织的基本任务就是提供能满足用户要求的产品。”

2. “符合期望”质量定义的优缺点

“符合期望”质量定义关注产品和服务质量中不易量化的因素，更加密切关注外部的因素和市场动向，促使企业管理人员从顾客的角度出发，做好质量管理工作。但“符合期望”质量定义也存在不可忽视的缺点。不同的顾客，差异性很大，偏好也不一样，难以找到一个对所有顾客都适用的、统一的质量标准。另外在统计上也有困难，顾客自己可能说不清自己的感受，同时还会受购买产品或接受服务时的客观条件的影响，再有就是偶尔或者随意购买时可能根本就没有期望等。

丽伍斯和贝德纳认为“符合期望”的质量定义有以下优缺点：

（1）优点：这个定义从顾客的角度出发，认识到顾客才是质量的最终评判者，有助于企业管理人员改善质量管理工作。首先，“符合期望”质量定义促使管理人员关注产品和服务质量中不易量化的主观因素（顾客的主观感觉）。这样，管理人员就能根据顾客认为重要的因素，而不是根据自己主观确定的、不见得符合顾客期望的标准判断产品或服务的质量。其次，采用“符合期望”质量定义，管理人员就能从顾客的角度出发，通过市场调查、统计与反馈、跟踪等措施，及时地了解顾客的认知和预期，发现顾客期望的变化，采取适当措施，使本企业所提供的产品或服务能符合或超过顾客的期望，实现顾客满意最大化，留住老顾客，吸引新顾客，保持企业长期的竞争优势。

（2）缺点：与“符合规格”质量定义相比较，“符合期望”质量定义较复杂，可操作性也较低。第一，不同的顾客对同一产品或服务有着不同的期望，从而形成不同的主观判断。企业管理人员很难根据每个顾客的不同偏好确定整个市场都适用的质量标准。第二，即便管理人员愿意为每一位顾客制定有针对性的质量标准，提供定制化产品或服务，但对于管理人员来说，确定和测量顾客的期望也是一项富有难度的工作。因为顾客经常无法清楚表达自己的期望，有时候甚至还不知道自己对购买的产品或服务有什么期望（如冲动消费）。对于初次购买的产品，顾客只有在消费之后才能判断某种产品或服务是否符合自己的期望。

综上所述，“符合规格”和“符合期望”两类质量定义各有利弊，这两类定义都偏向适用于产品和服务整体组合的某一个成分。“符合规格”的质量定义更适用于工业企业的产品质量评估；“符合期望”的质量定义更适用于服务性企业的服务质量评估。但是实际中，由于企业提供的通常是产品和服务的整体组合，所以管理人员应该将这两类定义合二为一，才能从整体质量内涵出发，有效地指导企业的质量管理工作。

案例：服务员负责吃剩菜

广西北流市一家酒店在经营管理中推出了一项“怪政策”，院子中央一张写有“剩菜处”大字的桌子旁边，一位服务员正埋头吃饭。有人上前问：“你在吃什么呢?”“剩菜。”服务员躲躲闪闪地说，脸红到了耳根。这是记者近日在广西北流市一家餐饮店看到的情形。

“剩菜处”一块牌子上十分醒目地写着：“为什么有剩菜？不是难吃就是多点菜。请厨师和点菜人员分清责任后，吃!”原来，根据这家店的内部规矩，客人用餐后若剩菜超过菜量的50%就由厨师或点菜服务员将剩菜“打扫干净”。

餐饮店负责人卢孟告诉记者，厨师和点菜服务员分责任吃剩菜的办法是从2003年开始实行的。餐馆店在十分显眼的地方设有专门的“剩菜处”，专职检查人员每顿饭后都要检查巡视，并把剩下的饭菜放在“剩菜处”，由厨师长和领班经理划分责任后，相关厨师和点菜人员便“打扫战场”。

“若是饭菜质量原因导致客人剩菜，比如说过咸过淡、过于油腻，责任肯定在厨师班；若是因点菜过多客人无法吃完，责任就在点菜的服务员了。剩菜责任在谁，谁就负责吃完剩菜。吃剩菜的次数还跟工资奖金挂钩。”卢孟说。

“先生，不好意思，您点的菜已经足够了，用完后如果觉得不够我非常乐意再为您加菜。”此举出台后，点菜员经常会这样提醒客人，客人点菜被劝“停”的现象时常出现。

“最初我们只是为了以特色来吸引顾客，因为即使再好吃的菜，一次点太多也会腻的。后来我们也看到，饭桌上的铺张浪费的确让人心疼。有时候一满桌子菜都没怎么动过，最后不得不很奢侈地把饭菜倒进泔水桶。新办法实施后节约效果明显，2003年前单店每个月卖剩菜剩饭都有600多元的收入，而现在一般只有200多元。”

这样的“怪政策”的确让顾客平均每餐的消费额度大幅度减少，但店里的营业额却不断攀升。据卢孟介绍，2003年办法开始实行后，顾客人均消费额比上年同期下降了16%，但营业额却上涨了17%，2004年营业额同比上涨了20%，去年营业额同比又增加了27%。

思考：1. 结合本节所学内容谈谈什么是优质餐饮服务。

2. 这家酒店让服务员吃剩菜的做法有何好处和不足呢？应该怎么做才能改进这种情形呢？

（资料来源：新华社南宁2月14日电）

第二节　服务质量的定义

20世纪80年代以来，国内外学者对服务质量概念进行了大量的研究，提出了许多不同的服务质量定义。其中，芬兰瑞典经济管理学院格鲁努斯（Gronroos）教授提出的顾客感知服务质量概念就是最有代表性和影响最广泛的一个概念。

一、顾客感知服务质量概念的提出

20世纪80年代之前，虽然许多学者已经认识到服务质量与有形产品的质量存在明显差异，但却未能予以科学的界定。然而有些学者对服务质量的研究已经开始向“顾客导向”过渡，如赛瑟（Sasser）等人在论述服务质量时明确指出，服务质量不仅包括最后的结果，而且还包括提供服务的方式。朱兰（Juran）也认为，质量指产品使用过程中成功地满足顾客需求的程度。

20世纪80年代以后，学术界对服务质量的研究越来越系统，研究思路也越来越清晰。Rohrbaugh（1981）将服务质量划分为人员质量、过程质量和结果质量三部分。Churchill和Suprenant提出“服务的满意程度，取决于实际的服务与原来期望之差异”。这些观点都为格鲁努斯后来提出“顾客感知服务质量”概念奠定了坚实的理论基础。

1982年，格鲁努斯首次提出了“顾客感知服务质量”的概念，并对其构成和决定因素进行了详尽的阐述。此后，在美国学者PZB组合和Rust、Oliver、Johnson等人的共同努力下，服务质量及其相关概念逐渐得到科学的界定，最终使服务质量概念从制造业的质量管理理论中剥离出来。

目前，顾客感知服务质量概念已经得到世界各国服务管理学者的广泛认同。在服务管理文献中，学者们经常将顾客感知服务质量（Customer Perceived Service Quality）缩称为服务质量（Service Quality），交替使用两个概念。在本书以后各章节中，如果未加特别说明，服务质量即指顾客感知的服务质量。

二、顾客感知服务质量的定义

格鲁努斯认为服务质量从本质上讲是顾客的一种主观感知。他把顾客感知服务质量定义为：

顾客对服务的期望（Expectation）与实际服务绩效（Perceived Performance）之间的比较。实际服务绩效大于服务期望，则顾客感知服务质量是良好的，反之亦然。

格鲁努斯提出：“服务质量在于感知服务与期望服务的差距。”换句话说，就是服务满足或超过顾客期望的程度。我们可以用一个简单的公式直观地加以说明，即：

顾客感知服务质量＝顾客感知服务绩效－顾客期望的质量

由图3－3可知，顾客感知服务质量水平高低取决于期望与实绩比较的结果。当顾客感知服务绩效大于服务期望的质量时，顾客感知服务质量是令人惊喜的，他们会很满意，有可能再次消费，反之亦然。

其中，顾客期望的质量是指顾客对服务企业所提供的服务预期的质量水平，主要受到顾客个人（如喜爱和偏好、以往消费经验、个人实际需求等）、企业（如广告、人员推销、促销及公共关系活动等）、企业形象、其他顾客（如口碑）等因素的影响。而顾客感知的实际服务绩效是指顾客对服务企业提供的服务实际感知的质量水平，主要受到服务人员（如服务人员的态度、仪表、行为等）、服务的价格、外部环境、顾客的最终消费结果等因素的影响。

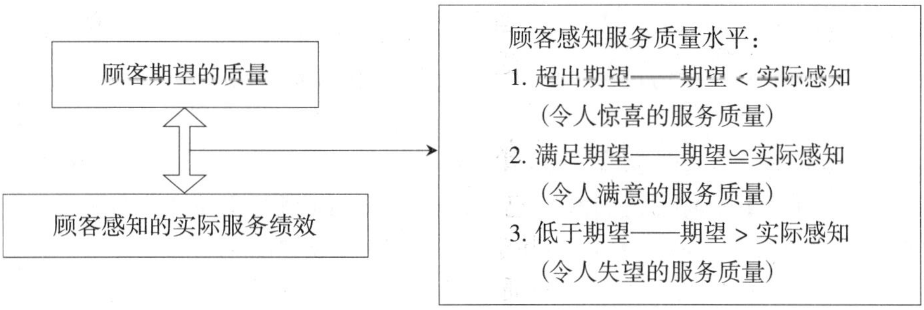

图 3－3　顾客感知服务质量示意图

服务质量是顾客期望与实际感知对比的结果。这是一个高度概括的、十分简洁的定义，我们可以从以下四个方面来进一步理解并掌握服务质量的内涵：

（1）服务质量是顾客的一种主观感知。顾客，而不是企业，是服务质量的评判者。

（2）服务质量较有形产品的质量更难被消费者评价。顾客在判断服务质量时也有标准，但这个标准不是规格，而是期望，而这个“顾客期望”是很抽象、动态变化的，难以捕捉。

（3）尽管企业可以根据某些客观方法对服务质量加以衡量（如服务人员在服务过程中是否微笑），但企业应更多地按照顾客的主观感知来衡量服务质量（有些情况下，顾客可能不需要微笑）。

（4）服务具有生产与消费的同时性，服务质量也是在服务提供者与顾客互动的过程中形成的。顾客对服务质量的评价不仅要考虑服务的结果，而且要考虑服务的过程。因为顾客购买的不仅是服务产出的最终结果，还包括在接受服务过程中的感受和体验。

案例：星级酒店的服务感觉真好

马先生和朋友乘坐的出租车刚刚停在酒店大堂门口，面带微笑的门童立刻迎上前来，并躬身拉门问候：“欢迎光临！”马先生和朋友谈笑风生地走下了出租车，门童扭头对正准备进酒店的马先生说：“先生，您是否遗忘了公文包？”马先生一听，停止了说笑，忙说：“哎哟，是我的公文包，谢谢，谢谢。”门童将公文包递给马先生，同时又写了一张小条子递了过去，这张小条写着这辆出租车的号码。然后，门童迅速引领他们进入酒店大堂。

马先生来到前厅接待处，接待员礼貌地问候：“你们好，欢迎光临。请问有没有预订？”马先生说：“我们已经订了一个标准间。”接待员随即请马先生出示证件，并熟练地查阅预订资料，立即为客人填写了入住登记表上的相关内容，并请马先生预付押金和签名，最后说：“先生，你们住在 1803 房，这是你们的房卡与钥匙，祝你们入住愉快。”在马先生办理入住登记手续时，行李员始终恭立在他们的身边，为他们看护行李箱。

当行李员带着马先生他们来到 1803 房间门口，客房服务员便迅速走了过来，笑容可掬地躬身说：“你们好，欢迎光临，请出示房卡。”“请这边走。”服务员敲门并报：“Housekeeping、Housekeeping、Housekeeping。”马先生诧异地说：“不是没有人吗？”“这是我们的服务规范。”客房服务员打开房门后，开始介绍客房设施与服务；行李员将他们的行李放到行李架上，同时发现他们将西装脱下随手扔在床上，便走过去将西装挂进壁橱。客房服务员和行李员询问道："马先生，还有什么需要帮助的吗?"马先生高兴地说："不用了，谢谢你们。""祝你们在酒店居住愉快!"然后两个服务员告辞退出。

马先生和朋友经过一天的旅行，已经非常疲倦了。当他们躺在柔软的床上，听着悠扬的音乐，欣赏着舒适豪华的室内装潢，回忆着进入酒店的整个过程时，马先生满意地对朋友说："这真是星级酒店的服务啊！我们要的正是这种服务。"

点评：满意是一种感觉。顾客对服务工作的认识，同样是从感觉开始。当然，客人的满意源自很多方面，酒店各部门的每一位服务员都必须密切配合，一环扣一环，上下一致。任何一环出现偏差，对于客人来说，这次服务都可能是失败的、不满意的。这是一种连贯性的感觉，即 100 - 1 = 0。

本案例是客人进入酒店的一个基本过程，通过从客人进入酒店—登记入住—客人进入客房，每个环节都有服务人员随时为客人服务，从而让客人找到了一种满意的感觉。尤其是对每一次下榻酒店的客人来说，就是这些点点滴滴的细微服务，才给客人留下深刻的印象，为客人再次光临打下基础，从而产生了一种"星级酒店服务"的感觉，客人要的正是这种感觉。

（资料来源：何丽芳．酒店服务与管理案例分析．广州：广东经济出版社，2005）

第三节　服务质量的维度与特征

一、服务质量的维度

顾客感知服务质量维度（Service Quality Dimensions）指对顾客服务质量期望和实际感知绩效产生影响的要素，即顾客是从哪些方面评估服务质量的。企业要计量、控制和提高顾客感知的服务质量，应首先了解顾客是从哪些方面评估服务质量的。因此，为了指导企业管理人员做好服务质量管理工作，国内外许多学者对服务质量维度进行了大量的研究，并提出了一系列服务质量维度模型。其中以服务管理研究的两大学派——北欧学派和北美学派提出的服务质量维度模型影响最大。

（一）服务质量管理研究的两大学派

在 20 世纪 80 年代，质量管理的研究开始运用于服务部门（Brogowicz et al.，1990）。这项研究发展成了两个独立的学派：北欧学派，这一学派的主要代表人物是格鲁努斯（Gronroos）和古梅森（Evert Gummesson）；北美学派（Buttli，1993），以潘拉索拉曼（A. Parasuraman）、隋塞莫尔（Valarie A. Zathamal）和贝里（Leonard L. Berry）（简称为 PZB）等学者为主要代表。表 3 - 3 对两大学派的主张进行了比较分析。

表3-3 服务质量管理研究的北欧学派和北美学派的比较分析

主 张	北欧学派	北美学派
整体质量观念	是	是
以顾客为导向	是	是
服务质量的维度	2个或7个	5个
对服务质量进行定量测量	否	是
认为顾客感知服务质量=实际服务绩效-顾客的期望	是	是
认为顾客难以准确判断服务质量	是	是
认为在顾客的评估中形象非常重要	是	是
支持服务标准化	否	是
关注关系营销	是	是

（资料来源：Christine Williams，John Buswell. *Servic Quality in Leisure and Tourism*. CABI Publishing，2003）

（二）北欧学派提出的服务质量维度

北欧学派的代表人物格鲁努斯认为，服务质量有两个维度——技术质量和功能质量。格鲁努斯于1982年提出技术质量和功能质量的概念，并指出顾客是从技术质量和功能质量两个方面评估服务质量的。此外，顾客心目中的企业形象发挥过滤器的作用，帮助顾客评价企业服务质量水平（见图3-4）。

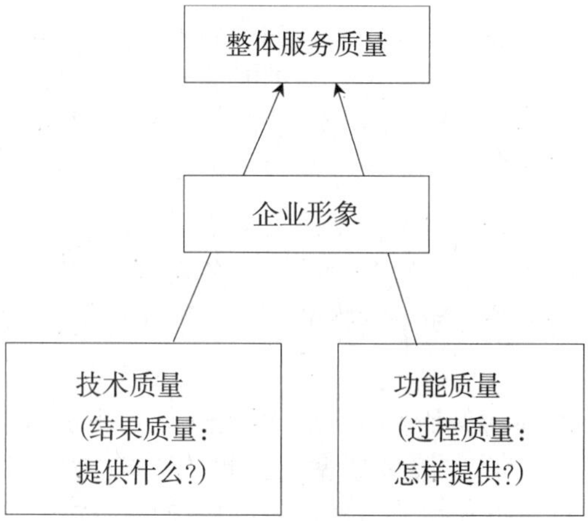

图3-4 服务质量的构成

（1）技术质量（Technical Quality）。

技术质量指服务结果的质量，表明顾客在服务中得到了什么（What the customer receive），故又称为结果质量。例如，顾客去餐厅品尝到了一顿美味可口的菜肴、去便利店买到了一杯香浓的奶茶，这里的"菜肴"、"奶茶"就是顾客最终得到的结果。顾客会根据服务结果评估服务质量。结果质量是顾客接受服务的整个过程的一个重要组成部分。

顾客对服务结果的评估通常是比较客观的评估，因为服务结果的评价往往可以应用一些技术指标。例如，旅馆为旅客提供的床位大小；餐厅为顾客提供的食品是否干净卫生、饮料是否过期；五星级酒店是否有游泳池、桑拿等；导游是否引领游客游玩了合同中包含的景点等。

优良的技术质量可以说是优质服务的必要条件。获得了它，顾客对企业的服务不一定就满意；但如果没有获得它，顾客对企业的服务肯定不满意。

（2）功能质量（Functional Quality）。

功能质量指服务过程的质量，表明企业是如何为顾客提供服务的（How the customer receive the service）。服务具有同时性，服务过程与消费过程同时发生。在大多数情况下，顾客必须到现场接受服务，服务过程就是顾客同服务人员和企业打交道的过程。企业服务人员如何提供服务，必然会影响到顾客对服务质量的看法。服务过程的质量不仅与服务时间、服务地点、服务人员的仪态仪表、服务态度、服务方法、服务程序、服务行为方式有关，而且与顾客的个性特点、态度、受教育程度、行为方式等因素有关。此外，顾客对功能质量的看法也会受到其他顾客的消费行为的影响。

顾客对功能质量的评估是一种比较主观的判断，不同的顾客对同一服务的功能质量的看法可能不同。例如，酒店前台接待员服务态度的好坏、顾客排队等候时间的长短、使用自助取款机的便利程度、餐厅服务人员的行为举止等。

功能质量与技术质量一样重要。因为：①服务消费是过程消费，不是结果消费。消费者往往把消费过程看成服务质量的重要组成部分。在顾客已经获得优良的结果质量的前提下，如果顾客对过程质量也很满意，顾客会觉得企业提供的服务质量很好；但是如果顾客对过程质量不满意，即使企业为顾客提供了满意的服务结果，顾客也可能会觉得企业提供的总体服务质量不好。②在市场竞争日趋激烈的今天，同类企业为顾客提供的服务结果趋同。例如，只要银行账户里有钱，顾客无论到哪家银行，都能够从柜台或自助取款机上取到现金；不管是南方航空公司的航班还是中国国际航空公司的航班，都能够在 3 小时内把乘客从广州的新白云机场送达北京的首都国际机场。顾客往往很难仅仅从服务结果来判定两家同类服务性企业服务质量的高低，企业也很难依靠服务结果与竞争对手区分开来。而影响顾客对服务过程质量评估的许多要素，如服务地点、服务时间、服务人员的态度、服务方式、服务程序等都难以模仿，它们正是顾客判定服务质量高低的重要依据，也是企业建立自身服务特色、获取竞争优势的关键所在。

2000 年，格鲁努斯对顾客感知服务质量的维度进行了更深入的阐述，从原来的 2 个维度扩展到 7 个维度。他认为，良好服务质量的维度有 7 项，分别是：①职业作风与技能；②态度与行为；③服务的易获得性与灵活性；④可靠性与信任性；⑤服务补救能力；⑥服务环境组合；⑦声誉与信用。其中，①为技术质量，②、③、④、⑤和⑥为功能质量，而⑦则是感知质量的过滤器。

案例：一家电梯维修企业“残缺”的产品

这是一家全球化的庞大电梯维修企业，由于顾客关系管理出了问题，有一段时间它一直亏损。

为了找出顾客流失的真正原因，企业进行了一次大规模的顾客调查。调查表建立在这样一个前提之上：维修和养护可以为顾客提供有意义的服务结果，这个结果可以被视作一种产品。定量分析和调查结果表明，这家企业的服务质量低劣，而且服务价格过高。无论是高层管理人员、销售人员，还是营销人员，对这个结论都难以接受，因为作为一家大规模的电梯维修企业，他们的员工接受了最好的培训，他们拥有最好的监测设备、最好的维修工具和设备，维修所需的配件种类也是最为齐全的。公司中的每个人都认为他们的服务是一流的，他们不明白顾客为什么会对公司的服务质量形成如此的印象。价格过高比较容易理解，因为作为一家大公司，他们的管理成本过高，所以价格相对较高。

由于高层管理人员不愿意接受这样的调查结果，公司进行了第二次调查，调查的范围是100名接受过服务的顾客，其中包括办公楼和家属住宅楼的顾客，调查的目的就是弄清楚公司的问题到底出在哪里。

虽然调查结果得到一些修正，但是流失顾客所表述的意见却基本是一致的：

“我们非常清楚贵公司拥有一流的设备和一流的员工，也知道大多数的情况下你们的工作人员是令人满意的，但是我们对你们提供服务的方式感到不舒服，也无法相信贵公司的维修人员能像你们承诺的那样开展维修工作，而且你们通常对诸如维修的准确时间之类的问题都不作出承诺。虽然贵公司一些维修人员能够对顾客所关心的问题表示关注，但大多数的维修人员却表现出冷漠的态度，甚至扔下未修完的电梯扬长而去。对这些行为我们无法忍受，做贵公司的顾客让人感觉很累、很复杂。所以我们认为你们的服务质量低劣，而且价格过高。”

第二次的调查结果非常准确地说明了一个问题：企业认为他们的职责就是将现成的产品（电梯维修和养护的结果）提供给顾客，而顾客则认为企业应当提供的是“过程”。另外，顾客认为虽然企业所提供的结果是令人满意的，但提供这种结果的服务过程和服务过程中对问题的处理同样是非常重要的。

第二次调查帮助企业高层人员认识到，电梯维修企业为顾客提供的应当是服务过程，而在其为顾客所提供的产品组合中恰恰缺少了服务过程这样一个内容。同时，他们也意识到，在顾客问题的解决方案中，不仅要包括服务过程的结果（电梯被维修好，可以正常运行），也包括服务过程本身，即这种服务是如何提供的。对于服务结果和服务过程，都必须进行缜密的计划和实施。良好的质量既包括服务结果的质量，也包括服务过程的质量，只有两者都优异时，顾客所感知的服务质量才能提高。而且在顾客眼中，服务结果是理所当然的事，所以影响服务质量的最重要因素就是服务过程。

点评：企业和顾客对服务质量的理解在这里发生了冲突：企业认为它们应当向顾客提供事先准备好的产品，而顾客则认为企业不仅要保证服务结果，还要重视服务过程，是后者而不是前者为他们提供了价值。

（资料来源：吴晓云．服务营销管理．天津：天津大学出版社，2006）

（三）北美学派提出的服务质量维度

北美学派的理论基础来自于美国早期的质量专家，他们将质量管理的理论研究转移到服务领域，同时也融合了北欧学派服务质量管理理论中的许多重要思想。1985 年，该学派的代表人物潘拉索拉曼（A. Parasuraman）、隋塞莫尔（Valarie A. Zathamal）和贝里（Leonard L. Berry）提出了顾客感知服务质量的 10 个维度：可靠性、响应性、胜任力、接近性、礼貌性、沟通性、信赖性、安全性、了解性和有形性。其后，在 1988 年，PZB 又将以上 10 个维度缩减为 5 个，即有形性、可靠性、响应性、保证性和移情性。

（1）有形性（Tangibles）。有形性指服务组织中有形的设施、设备、人员仪容仪表等。有形性是顾客评价服务质量的重要依据。在顾客必须亲临企业所在地接受服务的服务企业中，如餐饮、景区、酒店等企业，有形性在顾客评价服务质量的过程中起着非常重要的作用。例如，旅客乘坐某航空公司的班机，清洁、典雅的机舱布置和美丽、大方的空姐展示了该航空公司的服务水准，顾客在评估其服务质量时自然会给予较高的评价。

（2）可靠性（Reliability）。可靠性指企业准确地提供所承诺的服务的能力。可靠性意味着企业按照承诺行事，它体现在服务提供的各环节中，如按时送达、定价与宣传一致、解决问题到位等。顾客喜欢与信守承诺的服务企业打交道，企业要保持言行一致。假如，一位旅客准备乘坐上午 9：00 的飞机从广州飞往北京参加下午 2：30 的会议，事实上飞机从起飞到降落只需要三个小时左右，但是，旅客候机却等了五个小时。飞机晚点耽误了旅客的行程，严重破坏了公司在乘客心目中的形象，在这种情况下，公司向乘客道歉往往是于事无补的。

（3）响应性（Responsiveness）。响应性指员工根据顾客的需要帮助顾客并提供快捷服务的自发性，即主动帮助顾客。响应性强调在处理顾客的要求、询问、投诉时，员工的专注程度和快捷程度。企业应从顾客的角度出发，审视服务传递和处理顾客要求的过程，建立有效的响应机制，如电话应答系统、前台人员快速响应和决策等。例如，当住店客人拨通酒店前台服务热线提出需要特别医疗救助服务时，酒店应能给予快速的答复；当游客就旅游行程提出问题时，导游应能马上提供有效帮助和解答。

（4）保证性（Assurance）。保证性指企业员工具有的为顾客提供服务所需要的自信、知识和能力。当服务对顾客而言存在高风险或顾客自己没有能力评价服务时，保证性显得非常重要。例如，一个不懂法律的顾客会从律师回答其问题时显示出的自信心、对法律条文的熟悉程度、对提出的问题是对答如流还是犹豫不决等方面，判断该律师的专业能力，从而评估他的服务质量。

（5）移情性（Empathy）。移情性指企业员工在向顾客提供服务时，把每一位顾客都当作独特、重要的个人来看待，给予关心和提供个性化的服务，令顾客感到被尊重。其目的是通过个性化服务使每个顾客感到自己是唯一的和特殊的。例如，酒店前台的服务员能清楚地记得入住顾客的姓名、职业或者其他个人信息，在服务过程中尊称顾客姓名，针对不同顾客的偏好调整服务内容等，都是移情性的表现。

（四）其他学者关于服务质量维度的研究

表 3－4 归纳总结了过去三十多年来，亚欧美学者对服务质量维度的相关研究成果。

表 3-4　亚欧美学者关于服务质量构成的研究归纳表

学者（年代）	关于服务质量维度的研究结果
朱兰（Juran，1974）	服务质量可分为五个部分：技术方面（如服务的困难度）、心理方法（如味道）、时间导向（可靠度和持续性）、契约性（保证服务）和道德方面（如服务人员态度、服务诚实）
赛瑟（Sasser，1978）	服务表现可分为三个不同的层面：材料、设备以及人员。服务质量不仅包括最后的结果，而且还包括提供服务的方式
罗圣德（Rossander，1980）	服务质量包括：人员绩效质量、设备质量、资料质量、决策质量和结果质量
罗赫巴（Rohrbaugh，1981）	服务质量由人员质量、过程质量和结果质量三个部分组成
莱蒂宁（Lehitnen，1982）	服务质量包括三个层面的内容：有形质量（如设备或建筑物）、公司质量（公司形象）和互动质量（顾客与公司之间的互动及顾客之间的互动）
塔克乌奇和奎而奇（Takeuchi & Quelch，1983）	应从顾客消费前、消费中和消费后三个阶段来衡量服务品质。消费前考虑的因素包括：公司的品牌名称与形象、过去消费经历、朋友推荐等；消费中考虑的因素包括：服务的规格、服务人员的评价、服务的保证、支持方案等；消费后所考虑的因素有：使用的便利性、抱怨处理、服务的有效性、可靠度等
马丁（Martin，1986）	好的服务应具备以下五个特性：适用性（服务符合顾客需要）、复制能力（能提供水准一致的服务）、及时性（在最短的时间内完成服务）、最终使用者满意（顾客觉得他们所付出的代价是值得的）和符合既定的规格（有能力维持所制定的服务标准）
阿姆斯泰德（Armistead，1985）	服务质量包括五个方面的内容：组织（服务范围、公司形象等）、人员（服务人员的仪表、服务态度等）、过程（服务的迅捷性等）、设备和商品
杉本辰夫（1987）	服务质量分为：内部质量（顾客看不到的质量）、硬质量（服务结果质量）、软质量（服务过程质量）、反应速度（服务的时间与迅速性）和心理质量（服务人员的礼貌应对与款待）
海伍德（Haywood，1988）	服务质量是有形设备过程和程序（如地理位置、服务场所大小、设备可靠性、流程的控制弹性、服务的速度等）、服务人员行为与响应性（沟通、态度、衣着、礼貌、处理投诉和解决问题的能力）及专业性判断（如诊断、革新、信任、识别和知识技能等）三者交互作用的结果
罗森（Rosen，1990）	服务质量由下列因素组成：人员执行服务的质量、设备执行服务的质量、资料数据的质量、决策的质量和服务执行成果的质量
斯凡内维特等（Schvaneveldt，Enkawa & Miyakawa，1991）	服务质量依属性可分为绩效（服务的核心功能和其达到的程度）、保证（服务过程中的正确性和响应性）、完整性（服务的多样性和附属服务）、便于使用（服务的可借性、简单性和使用的便利性）和情绪/情境（顾客在服务功能之外所得到的愉悦和满足感）
多荷霍卡、桑普和伦茨（Dabholkar，Thorpe & Rentz，1996）	服务质量包括有形设备、可靠性、人员间的互动、问题解决和政策五项
鲁斯特和奥利弗（Rust & Oliver，1994）	顾客感知服务质量除技术质量和功能质量外，还应纳入第三个要素，即有形的环境质量

（续上表）

学者（年代）	关于服务质量维度的研究结果
鲁斯特（Rust，1999）	提出电子服务（E－Service）概念，并认为在网络服务中，顾客将从以下几个方面感知服务质量：进入容易性（可很快地进入网站，寻找到想要接触的公司）、保证/信任性（顾客对公司有信心）、网上浏览的便捷性、效率（网页简单易懂）、安全/隐私（保护个人信息、保证交易安全）、网页美观新颖、可靠性（网址功能良好、服务承诺、结算和产品信息准确）、响应性（对顾客要求和问题的反应速度、解决速度）、服务弹性（顾客浏览、购买、付款和退货方式较多）、定制化/个性化（按照顾客的偏好和过去购买特点提供个性化服务）和价格信息准确
潘拉索拉曼（Parasuraman，2000）	科技在服务中的作用日趋重要。顾客感知的服务质量受到TR（Technology Readiness）的影响。TR指顾客接受新技术的倾向

（资料来源：韦福祥．服务质量评价与管理．北京：人民邮电出版社，2005）

二、服务质量的特征

顾客的需要和对服务质量的追求在不断发展变化，如何在这一动态变化的过程中始终保持令顾客满意的服务质量是企业应考虑的重要战略问题。而考察服务质量应从服务质量的特征入手，服务质量的特征可归结如下（见图3－5）：

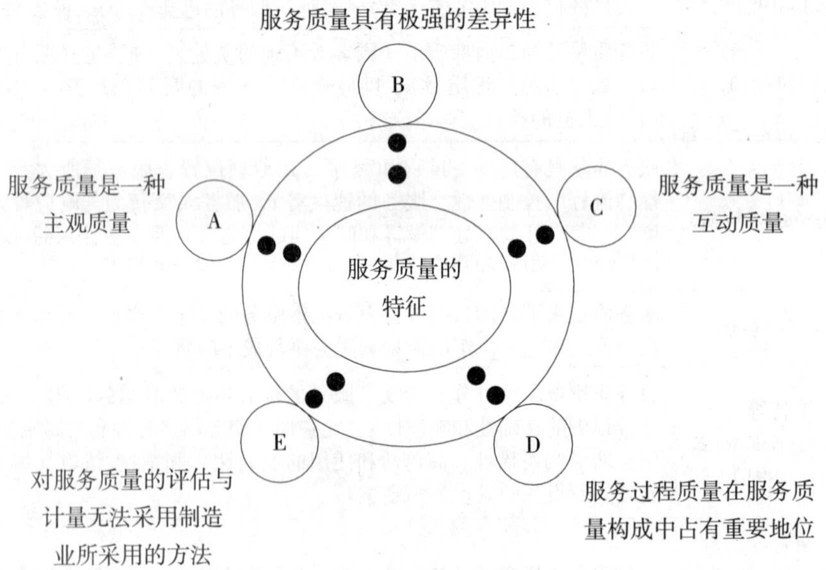

图3－5　服务质量的特征

（一）服务质量是一种主观质量

服务质量与有形产品的质量存在着很大的差异，有形产品的质量可以采用许多客观的标准加以度量，这些标准不会因为产品提供者的不同、购买产品的消费者的不同而产生变化。

但服务质量却并非如此，服务质量具有很强的主观性，不同的顾客可能对同一种服务质量产生不同的感知。例如，服务过程中可靠性常常被视为一个非常重要的服务质量维度，但关于不同文化背景的顾客对这个问题感知情况的调查表明，中国顾客比外国顾客更重视服务的可靠性。对于其他的服务质量维度，也存在类似的情况。即使是同一顾客，在不同阶段，对质量的要求也可能会发生变化，这是企业在进行服务质量管理的过程中必须注意的一个问题。

（二）服务质量具有极强的差异性

服务提供和消费过程都涉及“人”的作用因素，包括顾客、服务人员、管理人员等。人是复杂的个体，存在差异性和多变性，因此在不同的时间、不同的服务提供者所提供的服务是不同的，即使是同一个服务提供者，其在不同时间提供的服务质量也会存在差异；不同的顾客，乃至同一顾客在不同的时间对服务质量的感知也会存在差异。此外，顾客的素质如文化素养、审美观点、兴趣爱好、价值取向、情绪等，直接影响着他们对服务的需求和评价，而同一位顾客的口味还会改变和提高，因而服务质量也应随之改变和提高。

（三）服务质量是一种互动质量

产品质量是在工厂里形成的，在产品出厂之前，其质量已经决定。在整个产品质量形成的过程中，消费者基本上没有“发言权”。当然，企业必须根据市场调查的结果，按照消费者的期望提供产品，但在产品质量形成过程中，顾客的作用是微弱的。而服务质量则不同，服务与消费的同时性决定了服务质量是在服务提供者与顾客互动的过程中形成的。如果没有顾客的积极参与和紧密配合，或是顾客无法清晰地表达服务期望，那么，服务过程将会失败，服务质量将是低下的。正是由于这个原因，有些学者将服务营销称为互动营销。

（四）服务过程质量在服务质量构成中占有重要地位

正因为服务质量是一种互动质量，所以，服务过程在服务质量形成过程中起着异常重要的作用。服务过程质量是服务质量构成中极其重要的组成部分。对于顾客来说，无论接受什么服务，能够让顾客对交易过程有深刻印象的是服务过程。当然，结果质量同样重要，服务结果是顾客购买服务的根本目的所在，如果没有服务结果，或者服务结果很差，那么，再好的服务过程也无法弥补。同样，即使服务结果很好，但服务传递过程很糟，最后形成的顾客感知服务质量也可能是低下的。服务结果质量（技术质量）与服务过程质量（功能质量）是相辅相成、不可或缺的，无论忽视结果或忽视过程，在服务质量管理中都是错误的。

案例：细节中的那份感动

2009 年 4 月 18 日，富丽华酒店管家部楼层服务员肖慧与往常一样忙于整理房间，正准备为 6011 房的深圳王小姐打扫房间卫生时，细心的她关注到了王小姐正坐在梳妆台前发愁，经过与王小姐的交流，得知她一直只习惯用海飞丝洗发水。于是肖慧立即向领班请了几分钟假，跑回宿舍拿了自己的洗发水送到房间。见王小姐不在房间，肖慧便在精美的卡片上留言：“尊敬的王小姐：得知您只喜欢用海飞丝的洗发水后，我特意为您准备了它，这只是我一点小小的服务，希望您能接受我的心意。愿您的生活像春天阳光般的灿烂，愿您的心情像翱翔在蓝天中的雄鹰般自由地飞翔!”王小姐被眼前的这一切感动了，她说：“我这次不仅是洗了一个舒服的头，更重要的是富丽华的员工感染了我。我会带着明媚的心情去回忆在富丽华享有的这么温馨细致的服务，同时也感谢肖慧小姐给我带来的生活中的温暖。在这里我享受到了在其他酒店所没有的服务，下次我一定要继续光临富丽华大酒店！”

点评： 楼层服务员肖慧在为客人服务过程中，每个环节都使客人备受尊重、倍感亲切，让客人来到富丽华就有一种“家外之家”的温馨感受。可见，服务过程质量在顾客感知的整体服务质量中扮演着重要的角色，直接影响到顾客服务评价和未来购买行为。

（资料来源：http：//www.hnfurama.com/ArticleShow.asp？ArtID＝575）

（五）对服务质量的评估与计量无法采用制造业所采用的方法

在制造性企业，管理人员可以采用抽查和检验等方法检查有形产品与事先制定的产品标准是否吻合，如果吻合或者超过标准，则说明产品质量是合格的或者是优异的。但在服务性企业中，管理人员不但要考虑服务质量与服务标准的吻合问题，更重要的是，他们还要衡量质量的外部效率，即顾客期望对服务质量的影响。因此，许多制造业中行之有效的质量管理方法在服务业都不适用。

【本章小结】

1. 丹麦学者汉森（Torben Hansen）认为，文献中众多的质量定义大致可以划分为五类：顾客感觉中的质量、符合顾客期望的质量、质量就是价值、符合技术性规格的质量和质量指卓越性。

2. “符合规格”和“符合期望”是目前应用最广泛的两类质量定义，它们各有利弊，前者更适用于有形产品，后者更适用于无形服务。

3. 服务质量研究领域形成了两大独立的学派：北欧学派和北美学派。前者将服务质量维度分为技术质量和功能质量，后者则提出服务质量的有形性、可靠性、响应性、保证性和移情性五个维度。

4. 服务质量与产品质量相比，具有主观性、差异性、互动性、过程性、评估计量独特性等五个特征。

【拓展阅读】

1. 关于五类质量定义的正确性的问卷调查结果

为了了解旅游企业管理人员和顾客对汉森总结的五类质量定义（本章第一节）的含义的认识，汪纯孝等人对中山大学管理学院宾馆经理班和EMBA班的学员进行了两次问卷调查，要求他们对餐饮服务中，卓越性、顾客的感觉、价值、符合期望、符合规格五类质量定义的正确性进行评估。收回的问卷数量为93份。其中，宾馆经理班的学员年龄为27～57岁，都担任星级宾馆部门经理以上职务，男、女学员分别占学员总人数的54.5%和45.5%；EMBA班学员的年龄为29～38岁，男、女学员分别占87%和13%。调查结果见表3－5。

表 3-5　宾馆管理人员和顾客对餐饮服务质量定义的正确性的看法

质量定义	宾馆管理人员（宾馆经理班学员）			宾馆顾客（EMBA 学员）		
	总评分*	最正确定义百分比（%）	排序	总评分	最正确定义百分比（%）	排序
卓越性	96	10.5	5	134	7.3	4
顾客的感觉	112	23.7	2	139	3.6	3
价值	112	10.5	2	181	12.7	2
符合期望	145	42.1	1	239	67.3	1
符合规格	109	13.2	4	132	9.1	5

*总评分越高表明质量定义越正确。

问卷调查结果表明，两类调查对象都认为，在餐饮服务中，“符合期望”是最正确的质量定义。认为这个定义最正确的宾馆管理人员和顾客的人数比例都最高（分别占42.1%和67.3%）。然而，两类调查对象对五类定义的正确性排序却存在差异。这表明，宾馆管理人员和顾客对餐饮服务质量含义有不同的理解，他们对什么是优质的餐饮服务的看法不同。

汪纯孝等人认为，企业管理人员可同时采用几种质量定义。各类质量定义都有其适用的范围，脱离应用范围，我们很难说哪类质量定义更正确。因此，企业管理人员应根据质量概念的具体应用环境，明确质量的含义。例如，企业可根据“符合规格”定义，确定技术规格，加强生产过程质量管理工作；而在营销工作中，企业则可强调自己能满足顾客的期望，能为顾客创造最大的价值，能为顾客提供卓越的产品和服务。

[资料来源：汪纯孝，温碧燕，蒋碧波．质量含义探讨．上海质量，2001（8）：4~6]

2. 推荐学习网站：

中国质量新闻网 http：//www.cqn.com.cn/、中国质量万里行 http：//www.wlx315.com/、中国品质管理网 http：//www.cnqm.net/、中国质量管理在线 http：//www.qmonline.cn/、中国全面质量管理网 http：//www.qmonline.cn/。

课后案例：产品推介会花落谁家？

某市的一家著名公司拟在某海滨城市举行一次产品推介会，邀请的均是有身份的重要客户，为此公司总裁特别指示公司营销部门须选择高档次、高质量的饭店。当时该城市有两家星级酒店，其中一家是设施齐全、规模较大的现代风格的酒店，另一家则具有悠久历史，但设施相对陈旧。为了检验两家的质量，负责此次活动的营销部副经理李先生决定做一次暗访体验以选择酒店。

某日中午，李先生来到了设施豪华的 A 酒店。他走到门口，行李生见是一个衣着平平、举止凡俗的乡下人，看了一眼，未加理睬。他又走到总台，询问服务员酒店有什么样的房间，总台服务员看了一眼，有点不太情愿地回答：有套房、单人房和标准房。李先生又问有什么样的套房和单人房，价格多少。服务员问你住宿吗，李先生说今天不住。服务员说总台右边有房价表，你自己去看吧。

接着李先生来到二楼的中餐厅，迎宾员正专注地和一熟人聊天，直到李先生走到其面前，她才发现客人的光临。她说了一声欢迎光临，然后把李先生引到餐厅门口的一张小方桌边，李先生说希望能坐在靠窗的餐位。她把李先生引领到了窗边就转身走了。虽已是用餐时分，但摆了二十余桌的餐厅仅有两桌客人。看台服务员见李先生入座就送上毛巾和茶水，并递上菜单。李先生翻了一遍菜单后，对服务员说，因今天还要赶路，就来一份蛋炒饭和榨菜肉丝汤，并问汤能否来半份。服务员没好气地说，没有半份的汤。点完菜 10 分钟后，李先生的茶水喝完了，但服务员视而不见，而蛋炒饭还没有上来，于是李先生就对服务员说，是否可以催一下炒饭快点上。服务员则回答：菜要一个个烧出来的，没那么快。

过了 15 分钟，炒饭总算上来了，但汤又过了 7 分钟才上来。用完餐后，李先生来到了 B 酒店，以同样的方式与总台服务员交流，但得到了与 A 酒店完全不同的礼待。

B 酒店的服务员不仅耐心细致回答了李先生的询问，而且还介绍了酒店正开展的一项客房促销活动。于是，李先生就在 B 酒店住了下来。当天下午 5：00，他来到三楼餐厅，此时，餐厅还没到营业时间，餐厅服务员正在开餐前例会。他推门进去，餐厅迎宾员见有客人进来，立即迎上前来表示欢迎，李先生表示只想看一看。迎宾员于是带他参观了几个有特色的小餐厅，之后来到了大餐厅。李先生见大厅口有一个用餐等候区，表示自己从乡下来，现在有点渴和累，问能否在这坐下来休息一下。服务员立即请李先生入座，并给他送上一杯茶。李先生喝了茶，道了谢离开三楼来到了二楼咖啡厅，他点了沙拉等西餐菜点后，要求再加一道地道的阳春面。服务员表示尽力满足。

从李先生到餐厅门口开始直到用餐结束，服务人员始终亲切礼貌，热情耐心，服务规范，工作高效。

思考：你认为最后李先生会选择在哪家酒店举行新产品推介会？为什么？

（资料来源：李任芷．旅游饭店经营管理服务案例．上海：中华工商联合出版社，2000）

【思考与练习】

1. 关于汉森归纳的五类质量定义，你最认可哪一个？为什么？
2. 分别举例说明“符合规格”质量定义和“符合期望”质量定义，说明这两类定义各自的优缺点。
3. 你是如何理解服务质量的？服务质量与产品质量有何差异？
4. 技术质量与功能质量有何区别？为什么说功能质量与技术质量同等重要？
5. 北美学派认为顾客应该从哪几个方面出发来衡量服务质量？
6. 服务质量的特征主要有哪些？

第四章　整体质量概念

【学习目的】

通过本章的学习，要了解肖丝丹克的产品/服务连续谱系图和销售整体概念，深入地理解和掌握产品和服务整体组合的概念；树立整体质量观念，剖析产品和服务整体组合的各个组成成分并赋予针对性的质量管理措施；重点掌握企业如何有效地开展整体质量管理，实现提高企业的服务质量水平的目的。

【学习要点】

1. 产品和服务整体组合的概念
2. 肖丝丹克的产品/服务连续谱系图
3. 销售整体概念
4. 产品和服务整体组合
5. 产品和服务整体组合中各个组成成分及其质量管理
6. 整体质量管理

【关键词】

产品/服务连续谱系图　销售整体概念　产品和服务的整体组合　有形程度　定制化程度　组成成分　整体质量管理

本书第二章已经指出服务与产品是有区别的，并具体阐述了两者之间的区别。尽管我们可以从不同角度解析产品与服务的区别，按一定的标准区分哪些属于产品、哪些属于服务，哪些企业属于服务性企业、哪些企业属于产品制造企业，但是在现实生活中，产品和服务是密切联系的，几乎没有纯粹的产品，也没有纯粹的服务，因为消费者总是购买到产品和服务的整体组合。

第一节　产品和服务整体组合概念

一、肖丝丹克的产品/服务连续谱系图和销售整体概念

（一）产品/服务连续谱系图

在第二章中，我们学习了美国著名营销学、花旗银行前副总裁肖丝丹克（Shostack

G. Lynn）提出的产品/服务连续谱系图和肖丝丹克服务分类法。根据企业向市场提供的供应品中有形成分和无形成分所占的比重，肖丝丹克把市场供应品分为纯粹的实体产品、附带服务的实体物品产品、伴有产品的服务和纯粹的服务四大类。根据肖丝丹克女士的观点，在现实生活中，企业向市场推出的供应品很少是纯粹的有形产品（实体性）或纯粹的无形服务（非实体性），而绝大多数是由有形要素和无形要素组合而成的统一体。

肖丝丹克的分类模型为我们提供了一种观察整个市场并加以管理的途径。根据肖丝丹克的服务分类法，大部分服务性企业为市场提供的供应品属于伴有产品的服务或纯粹的服务，位于产品/服务连续谱系图的右半部分。事实上，在某一服务性企业内部，不同部门提供的不同服务项目，其有形成分和无形成分的比重也不相同。图4－1反映了酒店的某些服务项目在产品/服务连续谱系图中的分布状况。

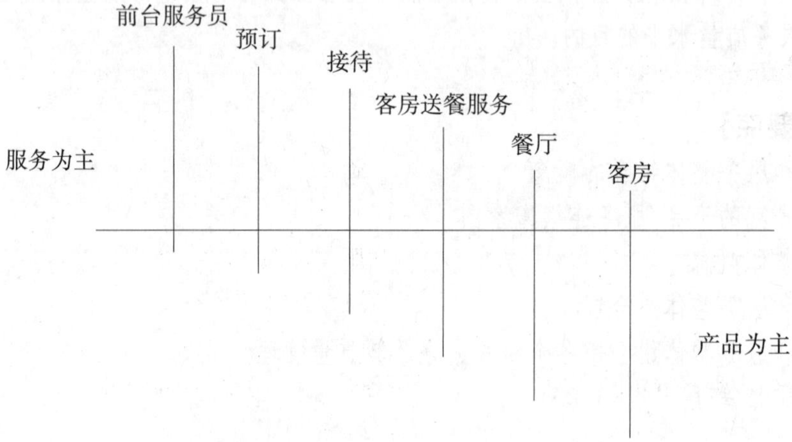

图4－1　酒店各部门在产品/服务谱系图中的分布状况

（资料来源：［澳］贾依·坎达姆普利．服务管理——酒店管理的新模式．程尽能，韩鸽译．北京：旅游教育出版社，2006）

（二）销售整体概念

肖丝丹克在产品/服务连续谱系图的基础上，进一步提出了产品和服务的销售整体概念，更加明确地说明了消费者总是购买产品成分和服务成分组成的销售整体。以下我们以乘机旅行和购买汽车为例讲解销售整体概念。

（1）任何销售整体都由有形成分和无形成分组成，就像分子是由不同的元素构成的一样。例如，汽车销售企业向顾客提供的汽车销售整体中，交通运输工具（汽车）、汽车配饰等属于有形成分，交通运输服务则属于无形成分。而在航空公司为乘客提供的乘机旅行销售整体中，交通运输服务、客舱服务、起飞前后的服务等属于无形成分，交通运输工具（飞机）、飞机上的食品饮料等则属于有形成分。

（2）消费者购买产品和服务组成的整体，而不是只购买其中的某一个成分。例如，汽车是有形产品，消费者在购买汽车的同时，也购买了汽车提供的服务，以便满足自己对交通运输服务的需要。另外，消费者乘坐飞机旅行时，并不拥有飞机的所有权，他们只是购买了航空公司提供的航空运输服务。但机舱内的装饰、食品、饮料、报纸杂志、座位、机票、乘务人员的服装等都是有形的，都会影响消费者感知的服务质量。

（3）在各个销售整体中，有形产品和无形服务同时存在。在产品销售整体中，有形产品占据核心的、支配的地位；在服务销售整体中，无形服务则占据核心的、支配的地位。我们对比乘机旅行和购买汽车这两个销售整体就不难发现，两者有相同之处。两个销售整体都包含交通运输工具这个有形成分和交通运输服务这个无形成分。但是，无论是在销售整体的结构还是性质上，两者都是不同的。购买汽车的人拥有汽车的所有权，而民航公司的乘客却并不拥有飞机的所有权，他们拥有的只是乘机旅行接受服务的经历。显然，在购买汽车这个销售整体中，有形产品占支配地位；在乘机旅行这个销售整体中，则是无形服务占支配地位。

（4）不同的消费者对各个成分的重视程度不同。例如，学生乘机旅行，交通运输工具是最主要的因素；而对公务旅行者来说，飞行次数显得特别重要。

二、产品和服务的整体组合

（一）产品和服务整体组合的内涵

根据肖丝丹克的销售整体概念，我国学者汪纯孝提出了产品和服务整体组合概念。该概念包括以下四个观点：

（1）在现实生活中，顾客购买的总是产品和服务的整体组合。

这是因为：①顾客在购买产品的同时，也购买了某些服务。例如，顾客到商店买笔记本电脑，最终所买到的笔记本电脑是有形产品，而电脑销售店所做的广告、促销等属于售前服务，店员的讲解介绍、现场演示及结账等属于售中服务，上门维修是售后服务。

②顾客在购买服务的同时，也购买了产品。这种情况包括两种情形：

第一，顾客在购买服务时，同时购买了某些产品。例如，顾客入住酒店，享受到了酒店的接待与住宿服务，同时也消费了酒店的食品、卫生洁具等；在美容院，顾客在购买美容师的美容服务的同时，也购买了美容院的美容产品；在餐馆，服务人员提供的是服务，而顾客品尝的菜肴则是产品；在医院，医生和护士提供的是服务，药品则是产品。

第二，服务提供方需要购买某些产品。某些企业表面上看没有向顾客销售产品，但由于企业本身要购买产品以便为顾客提供服务，因此顾客在享受服务时，也间接地购买和消费了这些有形产品。例如，电器维修店虽然没有更换零配件，但使用了仪器如电压计、焊接棒、螺丝刀等；理发店需要购买理发用品和工具。

（2）我们往往是通过比较企业所销售的整体组合中产品和服务所占的比重，来判断企业究竟是属于生产性企业还是服务性企业。

如果企业销售的有形产品成分占主导，如销售电脑、电视机和洗衣机等，则该企业属于生产性企业；如果企业销售的服务成分占主导，例如酒店、美容院、发廊、电器维修店、健身俱乐部等，那么这家企业属于服务性企业。

（3）消费者购买产品和服务的最终目的并不是为了获得产品或服务本身，而是希望通过购买产品和服务获得它们所能提供的利益或价值。

例如，顾客要买钻头，不是为了获得钻头本身，而是需要用钻头来打孔；顾客购买电视机，不是为了消费一台电视机，而是希望通过电视机享受电视台的各种服务，达到娱乐、获取信息、打发时间等目的；顾客购买美白面膜，不是为了获得面膜本身，而是希望通过使用该面膜能够达到美白肌肤的功效。

依此可知，产品往往是服务的化身。汽车为消费者提供交通运输服务，电磁炉为消费者提供饮食服务，洗衣机为消费者提供洗衣服务，电视机为消费者提供休闲娱乐服务，电脑为消费者提供上网获取信息、娱乐等服务。与购买服务行为（如到餐厅吃饭、到酒店住宿、到景区游玩）相比较，消费者购买这些产品所提供的服务，往往更方便、更省钱。

（4）虽然产品和服务存在区别，但在整体组合中，两者却是紧密相连的。

两者之间的联系具体表现为以下几点：

①顾客购买越复杂的产品，往往需要越复杂的服务。例如，顾客到商店购买食盐、酱油等相对简单的产品，需要的服务相对较少；但购买电脑的情况就完全不同了，电脑属于比较复杂的产品，顾客不仅要购买电脑这个产品，而且还需要获得培训、安装、维修、保养、操作说明等一系列辅助服务。因此，企业要想满足顾客的需要，不仅要高度重视产品质量，还要高度重视服务质量。

②产品销售与服务销售是相互促进的。服务销售的好坏会直接影响到产品销售的好坏，而产品销售的好坏也会影响到服务销售的开展。例如，大多数顾客认为电视机是一种产品，但是顾客并不是消费电视机，他们消费的是电视台的服务，而要收看电视节目，顾客必须消费供电公司的服务。电视台提供广告服务，广告费收入用于制作和播放电视节目。电视广告刺激消费者购买产品和服务，包括刺激消费者购买更多的电视机。可见，这是一个相互促进的链条。因此，企业要想创造高销售业绩，实现高额利润，需要同时关注相关产品和服务的销售，有效发挥两者的相互促进作用。

③产品和服务都是满足顾客需要的手段，因此许多产品和服务可以相互替代。例如，教学录像带、录音带可以取代学校教师的现场教学服务；电影 VCD、DVD 可以取代电影院；唱片 CD 可以取代音乐会、演唱会；自动柜员机可以取代银行营业员的服务。现代科学技术的发展为产品和服务的相互取代提供了更多的机会。对此，企业管理人员应有充分的认识，充分地利用各种先进技术手段，不断地向市场推出更多能满足顾客需要的新产品和新服务，以满足顾客多样化、动态化的需求，拓展市场范围，提高市场占有率，增加企业经济收益。

案例：郭士纳，IBM 公司前董事长与首席执行官

在 1993 年，即郭士纳（Lou Gerstner）接手 IBM 的第一年，IBM 公司的年收入下降到 645 亿美元，亏损 81 亿美元。当他 2002 年离任时，IBM 的业绩达到历史的顶峰，销售额 860 亿美元，利润 77 亿美元。在他任期内企业的收入与利润同时获得剧增的关键因素在于郭士纳将 IBM 大批量的产品与服务整合为有机整体的能力。

他的战略包括将公司注意力重新集中在顾客身上而不是产品和技术上，这就意味着强化对服务的管理。这些服务包括协助顾客选择、安装、运行和维修他们的电脑系统，还包括向顾客提供新的、独特的解决方案的咨询服务，尤其是在电子商务领域（推动 IBM 朝着这一方向发展的一个原因是郭士纳以前在联邦快递公司和 RJR Nabisco 公司任职时，作为 IBM 的一个顾客，他很欣赏一体化的解决方案的观念）。结果 1993—2001 年间，服务成为 IBM 公司的一个主要增长点，并在 IBM 总收入中所占比重从 27% 增加到 41%。2001 年，IBM 全球服务事业部（IBM Global Services）拥有 15 万名员工，使得 IBM 成为全球最大的信息技术服务供应商。

为了确保 IBM 以服务为中心的战略能够持续下去，赛纽尔·帕米萨诺（Samuel J. Palmisano）——他原先负责建立 IBM 服务业务，是在 IBM 工作了 29 年的老兵——于 2002 年接替郭士纳担任了 IBM 首席执行官。

（资料来源：［美］马克·戴维斯，贾内尔·海内克．服务管理——利用技术创造价值．王成慧，郑红译．北京：人民邮电出版社，2006）

（二）产品和服务整体组合概念对服务质量管理者的启示

根据肖丝丹克的论述，我们可知，销售整体的概念强调的是企业的产品和服务整体组合所能提供给顾客的利益或消费价值，而不是产品和服务本身。消费者购买的也正是这种产品和服务整体组合提供的利益价值。每个消费者只购买那些能特别满足其需要、愿望、要求、希望、抱负和梦想的产品和服务。因此，企业必须激发消费者的购买意图，尽最大努力满足消费者特别的、具体的、动态变化的需要和要求。具体可从以下两个方面着手：

（1）根据顾客追求的不同利益或目的，设计不同的产品和服务。

顾客进行购买不是为了获得产品和服务整体组合中的某一个成分，而是为了获得某种利益或消费价值。对于不同的顾客来说，相同的产品意味着不同的利益；不同的利益追求也就意味着顾客对产品和服务的要求也不同。例如：

表 4－1　不同顾客对同一整体组合的不同利益追求

产品	顾客动机	追求的利益	要求
一本百科全书	自己看	获得知识	深入、明白
	给孩子看	启蒙教育	简单、易懂、配图
	装饰书柜/送人	提高生活品质/社交需要	包装精美、大分册
	为公司书库增添内容（规定买书 200 元以上）	完成任务	价钱在 200 元以上

企业需要通过深度访谈、专题座谈会、问卷调查等方法从顾客那里获得需求信息，再结合企业销售记录，分析不同细分市场的主体特征，将其按照一定标准划分为不同利益主体，然后从不同的利益主体出发，有针对性地设计出合适的产品或服务，并制定相应的推广策略。例如，中国移动针对不同的顾客群，推出了不同的手机卡：大众卡，价格便宜，适合一般客户；动感地带，属于娱乐类，适合年轻逐乐群体；全球通，功能全面，提供尊贵服务和许多附加服务，适合商务客户；神州行，属于短期使用或间隔使用类，适合使用不频繁且使用量不多的客户。

（2）在强调产品和服务质量的同时，需要注重为顾客提供优质的附加产品或服务，以提高产品和服务整体组合的总体价值。

以前，制造性企业认为自己的职责就是生产某种产品（如电视机、洗衣机或其他产品），主要任务是提高产品的质量（性能），致力于生产更好、更耐用、更便宜的产品。当然，企业采取的主要竞争策略就是质量或价格策略，通过提高产品质量，提高生产效率，降低生产成本，取得竞争优势。

但在当今的服务经济时代，服务的重要性日趋明显。在产品和服务的整体组合观念指导下，企业更加需要明确顾客需要的并不是产品或服务本身，而是其所能带来的利益，因此顾客判断企业所提供的服务质量也受其所提供的利益和消费价值的影响。例如，一个顾客购买了一台电脑，电脑本身质量很好，性价比也很高，但如果因为企业的服务不到位，顾客不会用或不能正确使用，以致许多功能未能加以运用并且经常出现故障，顾客就会认为其没有获得预期的利益，就会认为该产品质量不好，即使产品本身很好。

因此，现在大多数企业都开始采用产品和服务的整体组合策略，尽力为顾客提供各种售前、售中、售后的“一条龙”服务，以使顾客获得其期望得到的利益，提高顾客感知的质量。例如，顾客购买电脑时，店员都会对顾客进行培训，讲解操作说明，耐心听取客户咨询，提供上门维修服务等。

一些企业应用产品和服务整体组合概念，改变经营方式，增加整体组合中的服务成分，以提高顾客感知的消费价值（见图4－2）。在21世纪的信息化服务经济时代，产品和服务整体组合的概念已渗透到各行各业。越来越多的企业，无论是生产性企业还是服务性企业，为了满足顾客的需要，提高产品和服务所能提供的利益和消费价值，都致力于向市场推出优质的产品和服务的整体组合。

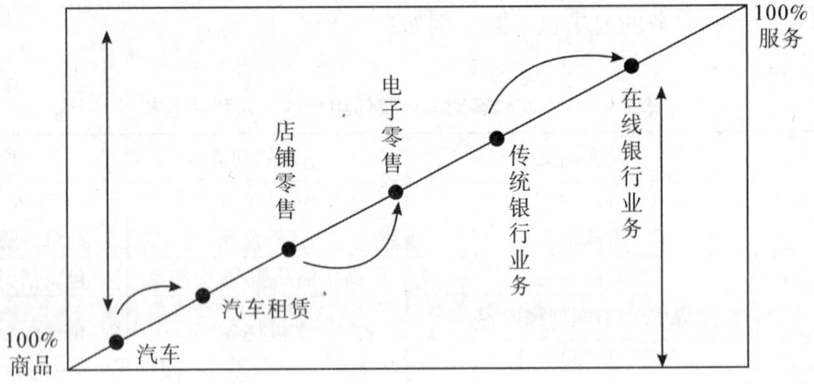

图4－2　企业增加整体组合中的服务成分的例子

（资料来源：［美］马克·戴维斯，贾内尔·海内克．服务管理——利用技术创造价值．王成慧，郑红译．北京：人民邮电出版社，2006）

案例：轻舟装饰——“菜单式装修”实现家装产品与服务的有效整合

自2004年以来，家装行业内价格战硝烟弥漫，市场上众多公司的竞争行为长期延续低价位折扣思路。优惠折扣、套装价和以集成家居为基础的整体价格促销成为各家装公司的主要竞争手段。单一的大面积的价格促销方式在挤压行业整体利润、阻碍行业健康发展和损害行业整体形象的同时，并未能够为业内众多参与价格竞争的企业带来比以往更大的市场份额和业绩增长。

在价格竞争成为主要且较为单一的市场竞争手段的大环境下，有远见的企业家却提出了在不丧失价格竞争力的前提下，通过产品创新、服务手段创新、服务品质提升，大打整合服务牌，从而迅速提升品牌形象与扩大市场占有率的企业发展思路。

始终以追求并致力于改善家居生活品质，提倡健康生活理念，成为提供整体家居服务领袖企业为目标的北京轻舟世纪建筑装饰工程有限公司在充分研究了家装客户的消费需求后，经过近一段时间的产品研发与改进，现正式推出基于“托管式家装服务”基础之上的“菜单式装修”升级产品。

“菜单式装修”是一种全新的面向大众消费市场的家装服务产品；是一种与传统家装模式截然不同的家装服务产品；是一种充分体现服务含量的家装产品；是一种充分展现家装企业整体服务能力与综合服务水平的家装服务模式。

传统的家装服务或集成家居产品销售服务会涉及设计，报价，方案审核，签施工合同，分阶段收取工程款，签主材合同，约定工期，现场交底，材料进场验收，隐蔽工程验收，中期验收，各类主材及集成产品的初测、复测、报价、安装验收、产品的补退换及成品保护，整体验收，总工程量核定等众多服务环节，而且每个环节都需要客户的参与。这种简单的对服务内容的累加模式使客户在一两个月的家装工程施工期中，十几二十次甚至更多地往返于家或单位与施工现场之间，不但打扰了业主的正常生活，而且使家装消费者的隐形成本急剧增加。

“菜单式装修”产品，不但对施工项目与主材或集成产品进行了优化配置，使其得以充分满足大众市场家装消费者的家居生活需求，更重要的是对服务内容进行了有效的整合。应对各种“菜单”的“标准施工进度表”对施工项目、施工内容、施工进度进行量化管理；轻舟公司长久以来坚持的“五巡八检制”对施工质量进行有效控制；主材或集成产品的“主动式”补、退、换服务降低了客户往返于家或单位与施工现场的几率，有效地节省了客户的时间、体力与金钱；企业“全面质量管理体系”与“标准作业规程”保障了各服务环节的质量，同时使诸如集成产品初测、复测等本不应该占用客户时间的服务内容实现了有效的“托管式内部衔接作业”；凭借企业整体实力实施的三年保修和终身维修服务免去了客户的后顾之忧。这些服务内容的有机结合与管理使客户被迫去现场的次数得以大幅度减少，真正兑现了轻舟装饰“决不让家装打乱您的生活”的服务承诺。

点评： 北京轻舟世纪建筑装饰工程有限公司在行业恶性价格竞争中觉醒，从家装客户的消费需求出发，推出了“菜单式装修”产品，通过量化标准质量管理，有效地实现了装修产品和服务的高效整合。

（资料来源：http：//www. qingzhou. net. cn/content/1212395312953. shtml）

第二节　整体质量观念

本书第三章在阐述质量定义时，指出“符合规格”质量定义更适用于产品，“符合期望”的质量定义更适用于服务。但是由于企业为顾客提供的通常是产品和服务的整体组合，因此，企业不能只采用其中一种质量定义来确定整体组合的质量定义，只有将两类质量定义合二为一，才能明确整体质量观念。

管理人员可根据产品和服务整体组合中各个成分的有形程度和定制化程度，确定各个成分的质量定义。

一、产品和服务整体组合中各个组成成分

（一）有形程度和定制化程度概述

1. 有形程度

许多营销学家认为产品和服务的主要差别在于：产品是有形的，而服务是无形的。管理人员可为有形的产品确定精确的规格，采用量化标准衡量产品的质量。然而，管理人员却很难为无形的服务确定精确的质量标准。

美国学者克劳斯认为：如果管理人员能完全控制生产过程中需要的各种资源和技术且其规定的质量属性与顾客的评估和消费行为（例如再次购买）存在明显的对应关系，那么管理人员就很容易确定质量标准。但是，在顾客和服务人员高度接触、高度交往的服务工作中，这些条件并不存在。

管理人员可为有形产品成分确定具体的规格，通过内部沟通活动使员工理解这些规格，并在顾客消费之前根据这些规格检查产品成分的质量，如某行业或某公司拥有专门的产品质量标准或手册。管理人员也可为无形服务的某些属性确定量化标准，如服务效率等。但是，由于服务过程和消费过程同时发生，管理人员往往无法在服务过程中衡量这些服务属性，而只能在服务工作结束之后考核服务质量。

2. 定制化程度

定制化（Customization）是区别于标准化而言的，指企业以“顾客”导向为核心，为单个顾客或小批量多品种市场定制任意数量的服务产品，以满足顾客个性的、多样性的需求。产品和服务的定制化程度不同，管理人员面临的挑战也不同。生产高度定制化产品的企业需要较多技术非常熟练的员工。这类企业的人工成本和培训费用较高，管理人员更重视人力资源管理工作。在生产高度标准化产品的企业里，管理人员更重视技术设备，采用流水线生产方法和高度统一的规格进行大批量生产，以降低成本，提高生产效率。

要为顾客提供标准化服务，企业必须统一操作程序；要为顾客提供定制化服务，管理人员应鼓励员工根据顾客的特殊需要，灵活地决定服务方法。标准化服务价格低廉，但可能无法满足顾客的特殊需要；定制化服务更能满足顾客的需要，但顾客却可能不愿支付较高的价格。因此，管理人员必须权衡利弊，确定本企业服务的定制化程度。

定制化程度不同，质量的定义也不同。如果顾客需要标准化服务，企业应根据顾客需要的质量标准，为所有顾客提供相同的服务。例如，如果顾客高度重视服务速度，服务人员执行服务质量标准，按时完成服务工作，可提高顾客感觉中的服务质量；如果服务人员花费过多时间为某一位顾客提供特殊的服务，就必然会延长其他顾客等待服务的时间，降低其他顾客感觉中的服务质量。如果顾客需要定制化服务，顾客会根据自己的期望去评估服务质量。服务性企业必须根据每位顾客的特殊需要，为不同的顾客提供不同的服务。在这种情况下，统一的规格反而会降低顾客感觉中的服务质量。

（二）四大组成成分

根据产品和服务整体组合中各成分的有形程度和定制化程度，可把整体组合的各个成分

划分为以下四类：有形的、标准化产品成分；无形的、标准化服务成分；有形的、定制化产品成分和无形的、定制化服务成分（见图4－3）。表4－2以酒店和餐馆为例说明产品和服务整体组合的各个组成成分的含义和特点（见表4－2）。

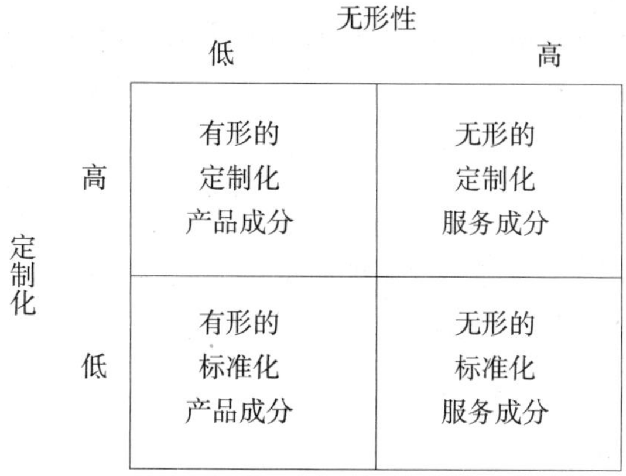

图4－3　产品和服务整体组合的各个成分

表4－2　酒店和餐馆中所提供产品和服务整体组合的四大成分

	酒店	餐馆	特点
有形的、标准化产品成分	床铺大小、客房配套用品数量、卫生用品的数量和品种等	菜单菜肴种类、配套餐具与摆放等	可量化
无形的、标准化服务成分	预订、登记入店、结账离店等服务工作程序	引客入座、点菜、上菜、撤盘、结账等服务工作程序	难以量化，但可参考工业企业制定标准化流程
有形的、定制化产品成分	客人要求加床、增加枕头或被单、增加卫生洁具用品等	客人会点菜单上没有的菜或饮料	产品可量化，但组合需符合顾客期望
无形的、定制化服务成分	客人有时会要求特殊服务，如客人需要临时会客或者举办宴会/PARTY等	客人要包场服务、音乐伴奏服务或者庆生服务等	需符合顾客期望

二、各种成分的质量管理

（一）有形的、标准化的产品成分

有形的、标准化产品成分可采用“符合规格”的质量定义。具体工作包括：

（1）事前确定标准。例如，餐厅管理人员会制定菜单上的菜肴、餐具的数量和摆放等质量标准；酒店管理人员会确定客房卫生用品的数量、床铺规格、清洁卫生等质量标准。

（2）做好售前质量检查工作。管理人员可在顾客消费之前检查这类产品成分是否符合标准，解决质量检查工作中发现的问题。

（3）管理人员还应根据行业规定的变化、企业发展的需要或顾客需求的变化，及时地修改这类产品成分的标准。

（二）无形的、标准化的服务成分

要提高无形的、标准化服务成分的质量，管理人员可采用“服务工业化”措施。

（1）制定标准化操作程序，要求员工严格按照程序办事。根据这个标准顾客可衡量这类成分的质量，管理人员可检查其质量。例如，酒店管理人员规定预订、登记入店、结账离店等服务工作的标准化操作程序。餐厅管理人员会规定顾客等待点菜、上菜、撤盘、结账等服务工作的时限。

（2）由于服务与消费的同时性，管理人员对无形的服务成分无法进行事前检查，因此，管理人员应精心设计服务程序，尽量减小差错发生的可能性。

（3）竞争策略：制定比竞争对手更高的质量标准，用高标准要求每位员工。如果本企业的质量标准比竞争对手企业的质量标准更符合顾客的要求，而且本企业有能力按更高的质量标准提供这类标准化服务，那么本企业就能有效地提高竞争力，扩大竞争优势。例如，针对其他快递公司24小时送达的承诺，某快递公司重新设计服务流程，提高信件的运送速度，向顾客作出12小时送达的承诺。

（三）有形的、定制化的产品成分

针对产品和服务整体组合中的有形的、定制化的产品成分的质量管理策略是：定制化产品的各个组成成分采用“符合规格”质量定义，而整体采用“符合期望”质量定义。例如，对顾客定制的菜肴必须做到符合或超过顾客的期望。但是，菜肴的烹调方法、食品原料、配料都必须符合规格。不少客人对酒店客房有特殊的要求。例如，有些客人要求加床，增加枕头、被单、毛毯、卫生用品。这些产品成分都是标准化产品成分，都应符合规格。然而，客人的满意程度却是由整个客房在多大程度上满足他们的期望最终决定的。可见，各个产品成分符合规格是保证定制化产品整体质量的必要条件，而不是充分条件。定制化产品整体质量应根据顾客的期望进行评估。

（四）无形的、定制化的服务成分

无形的、定制化的服务成分只适用于采用“符合期望”质量定义。管理人员很难确定这类服务的规格，更难保证每次服务工作都符合规格。在这类服务工作中，服务人员与顾客高度接触，需满足不同顾客的不同需要，顾客引起的不确定因素较多，服务工作相当复杂。要提高定制化服务质量，管理人员必须做到：

（1）加强服务文化建设，形成优质服务的企业氛围，如有的酒店会开展“服务周”、“最优服务之星评选”活动等，以提高员工的服务质量；

（2）做好培训工作，使员工掌握优质服务必需的知识和技能，现在许多企业都聘请大学教授开展经理人和员工培训课程，促使员工在工作之余不断充电；

（3）授予员工服务工作决策权，以便员工灵活地决定服务方法，满足顾客的特殊需要，因为一线员工是面对面与顾客接触的，遇到事情如果还要请示上级，必然导致顾客等候，处理滞后可能会造成顾客不满；

（4）管理人员应在顾客消费之后，采用访谈调查、投诉分析等方法，根据定制化服务实绩是否符合或超过顾客的期望来评估这类服务成分的质量。

图4-4列出了产品和服务整体组合中各个成分的质量定义，可帮助理解上述各个成分质量管理举措。

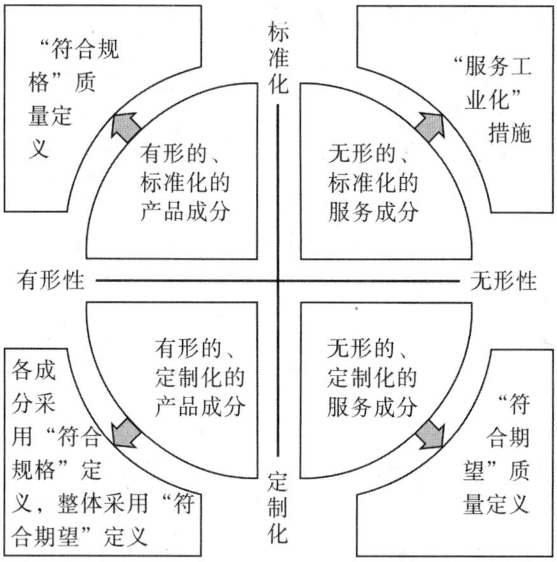

图 4-4　产品和服务整体组合中各个成分的质量定义

三、整体质量管理

整体质量管理比全面质量管理具有更为广泛、丰富的内容。企业必须做好产品和服务整体组合的质量管理工作，才能提高顾客感知的整体质量。整体服务质量管理的思想要求企业从以下七个方面着手（见图 4-5）：

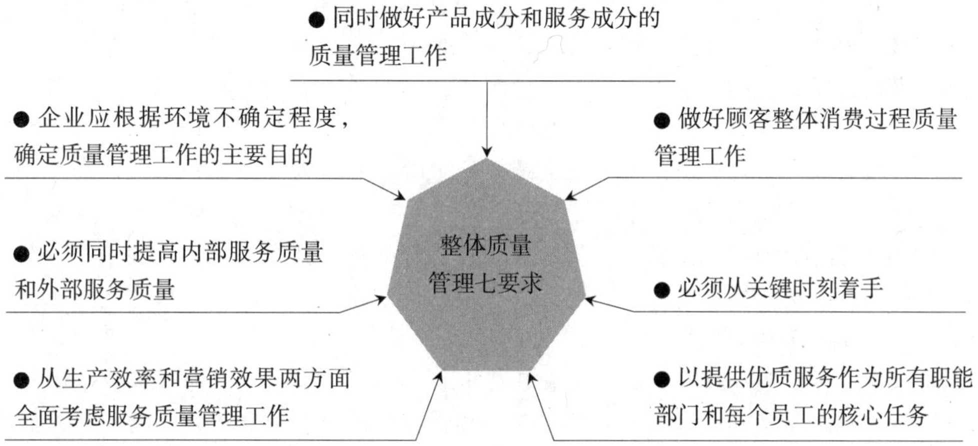

图 4-5　整体质量管理七要求

（一）同时做好产品成分和服务成分的质量管理工作

对不同的企业来说，在产品和服务整体组合中，产品成分和服务成分的重要性会有所不同。但是无论哪一个企业，其产品成分和服务成分的质量都会影响顾客感知的服务质量和满意程度。因此，管理人员必须做好整个产品和服务组合的质量管理工作。

（二）做好顾客整体消费过程质量管理工作

管理人员必须深入了解顾客整个消费过程，并根据顾客消费过程中的各类活动，做好服务体系设计工作和服务质量管理工作，解决顾客整个消费过程中面临的一切问题，提高顾客的消费效果。

在顾客消费过程的各个阶段，企业都必须以由优质产品和优质服务组成的整体为顾客创造更大的消费价值，发展双方之间的长期合作关系，增强顾客对本企业的信任感和忠诚度。

（三）必须从关键时刻入手

所谓关键时刻是指服务过程中顾客与企业服务提供者互动和接触的过程，是企业向顾客展示自己服务质量的时机。关键时刻是服务质量展示的有限时机，一旦时机过去，服务交易结束，企业也就无法改变顾客对服务质量的感知，如果在这一时刻服务质量出现了问题就很难补救。可见，关键时刻对于顾客感知服务质量的形成起着决定性作用。服务质量的计划和设计必须从服务接触的每一个片段即关键时刻入手，将与顾客接触的部门都纳入其中，否则任何良好的计划都会落空。

案例：39 个关键时刻

饭店伙伴公司（Hospitality Partners）是一个总部设在美国马里兰州贝塞斯达的饭店管理公司。它制定了独特的“关键时刻”服务策略，既阐明了饭店优质服务的简单性，也阐明了饭店优质服务的复杂性。该公司的经营宗旨是使顾客满意，不论他们是客人、资产所有人，还是员工。从客人的角度，实现公司宗旨的手段是：创造一个良好的环境，使客人在这个环境中有宾至如归的感觉，可以了解到各种信息，可以得到娱乐，可以得到关心，不会出现烦恼——不要忘记为饭店收账。虽然饭店伙伴公司管理的饭店都共享这一宗旨，但是每个饭店都以自己独特的方式来实现这一宗旨。

有一家饭店与一家购物中心共用一个停车场，客人到达后常常搞不清应该在什么地方停车。饭店工作人员便和购物中心的管理人员合作，在车场的墙面画上五颜六色的漫画，标明哪一区域是饭店的停车处，哪一区域是购物中心的停车处。还有一家饭店的员工使用了一张标题为“你来自何地?”的地图，为客人营造了一种宾至如归的气氛。这幅大地图被用来装饰前台后面的墙壁，客人登记入住后，前台服务员就会在地图上插一个别针，标明该客人的家乡。这就使每个客人都受到个性化的欢迎接待，从而使客人感到自己是这个大“家庭”中的一员。

饭店伙伴公司的服务策略把公司经营宗旨中的“原因和方式”与每天工作中的“时间和地点”联系起来。饭店员工有机会使顾客感到愉快的时间和地点就是公司在饭店服务周期中确定的39个关键时刻。这39个关键时刻被分别排列在一个被称为“跳舞的顾客游戏”的棋盘上，饭店伙伴公司用这种游戏来训练员工。饭店伙伴公司把这39个关键时刻中的每个时刻都看作是一次服务机会。这39个关键时刻指：饭店总机接到电话、客房预订部接到电话、销售部接到电话、提供信息或为客人订房间、客人到达酒店门前、客人走在大堂里、行李员向客人问好、销售经理向客人问好、客人登记入住、陪同客人去房间、客人进入房间、行李员巡视房间、客人打开电视、客人要求叫醒服务、客人要求送餐服务、送餐到房间、客人需要熨斗和熨衣服、客人阅读客人服务手册、客人给家人打电话、客人去酒吧、客人点饮料、客人付款、客人就寝、客人接到叫早服务、客人洗澡、客人给前台打电话询问信息、客人去吃早餐、领座员向客人问好、餐厅招待向客人问好、客人点餐、给客人上餐、客人用餐、客人付账、客人向前台询问信息、客人回到房间、客人打电话请求帮助拿行李、行李员帮助客人提行李、客人退房、客人索要账单收据。

点评：关键时刻为管理人员和员工提供了一个分析他们如何为客人创造价值的机会。当一个顾客光顾一家饭店的时候，他对商品和服务的质量有一定的期望值，也对住店期间的经历有一定的期望值。他们的心中都有一个天平，将他得到的服务与他的期望值进行比较，顾客心中的这个天平偏向“正”的一侧的值越高，顾客感知到的服务水平就越高。饭店成功的诀窍在于优质的服务，也就是：了解顾客的期望，不断地满足和超越这些期望。当然，提供这种服务的价格要为顾客所接受，也要使公司赢利。

（资料来源：Robert H. Woods，Judy Z. King. 饭店业质量管理 . 李昕译 . 北京：中国旅游出版社，2003）

（四）以提供优质服务作为所有职能部门和每个员工的核心任务

企业所有职能部门和每个员工都要自觉行动团结起来，为顾客提供优质服务。

传统的质量管理部门不应包揽服务组织所有的质量管理工作，因为这样反而会降低员工对质量的责任心，使之轻松地将质量事故的责任推让给质量管理部门。但是，企业组织也不必取消质量管理部门，而应让其主要负责设计质量系统体系、保证和监督工作。而大部分的服务质量工作必须由所有的职能部门共同投入，相互协调配合完成，并且企业每个员工都应将提供优质服务看作是自己的职责，全身心地投入到优质服务传递工作中。只有这样，才能保证顾客感知服务质量的不断提高。

在企业里，生产职能、营销职能、人力资源管理职能、战略计划职能、财务管理职能等之间相互联系，不可分割。要从整体上做好质量管理工作，优质服务应成为企业所有职能部门的核心任务和全体员工的自觉行动。

（五）从生产效率和营销效果两方面全面考虑服务质量管理工作

要在激烈的市场竞争中取得长期优势，企业必须同时提高服务质量和生产效率。21 世纪是信息经济时代，一方面，企业需要利用高新科学技术成果提高企业的生产效率，从而实现优质服务质量；另一方面，企业也需要通过各种营销推广手段扩大产品市场占有率，打造企业品牌，树立优质服务形象。

（六）必须同时提高内部服务质量和外部服务质量

企业管理人员不仅要重视外部服务质量管理，而且应高度重视企业内部的服务质量管理。只有提高内部服务质量，才能保证企业的服务人员为顾客提供优质服务。企业各级管理人员、后台职能部门工作人员、服务运营系统和流程都必须全力支持一线服务人员的工作。

顾客感知服务质量不仅取决于一线服务人员，也取决于顾客自己，是由一线服务人员与顾客之间面对面接触的结果决定的。服务人员的服务知识、服务技能、服务意识、服务行为等都会对顾客感知服务质量产生极大的影响。顾客的消费行为同时也会影响服务结果和质量、其他顾客的满意程度和服务人员的服务态度。因此，在外部服务质量管理工作中，管理人员不仅要高度重视服务人员的服务行为管理工作，同时也应该重视顾客的消费行为管理工作。

（七）企业应根据环境不确定程度，确定质量管理工作的主要目的

在稳定的环境中，企业质量管理工作的主要目的是控制；在多变的环境中，学习则是企业质量管理工作的主要目的。企业必须根据质量管理环境的变化，适时作出合理的调整。在大多数情况下，企业必须从事不确定程度不同的各种工作，同时采用控制导向和学习导向的质量管理措施，兼顾控制的需要和学习的需要。

案例：幸福餐馆的服务时间标准

工作程序标准部是幸福餐馆有限公司新近成立的部门，近来，该部门接到最高管理层的指令，要求他们为企业及连锁店重新设置服务时间标准。于是，所有相关的人员都以模拟消费的方式，到下面的各家餐馆调查。在报告中，他们向最高管理层提出：企业的服务效率和速度都有待提高。

劳拉·马丁是南卡罗莱纳州幸福餐馆分店的经理，餐馆在她的经营领导下十分成功，利润丰厚。这天下午，她收到总公司的电子邮件，是有关实施新服务时间标准的备忘录。总公司在备忘录中要求各连锁店必须提高服务效率，具体地说，是要减少餐馆上菜和上鸡尾酒的时间。看到新标准，马丁忍俊不禁。作为经验丰富的服务员和受人尊敬的经理，她认为总公司在开玩笑，便随手把备忘录放到一边。马丁为人谨慎，她已经注意到餐馆里出现了神秘的消费者，在偷偷摸摸地做调查。今天总公司弄些不切实际的标准出来，一点儿也不奇怪。有实际工作经验的人都知道，所谓新标准只是纸上谈兵而已，在实际工作中根本行不通。

在第二天下午的例会上，马丁对她的员工说："如果你们听到有人议论会实行新的服务时间标准、提高上菜和上饮料的速度等，请别太在意。就像你们知道的那样，我们曾向顾客承诺点菜后18分钟内上菜。但实际上，我们上菜的平均时间是16分钟。自从我到这里，我们的平均时间一直是16分钟。顾客十分认同这一点，在意见卡上他们始终称赞我们的服务快捷，我们得的是满分。这是因为你们大家表现出色。但我承认一点，如果能够15分钟内完成上菜，那才是最完美的。可是现在总部的老总们却要求采用新的时间标准，要求在客人点菜后14分钟内就得上菜。"员工们相互看着，一脸茫然，接着是一片笑声。

"另外，他们还要求我们在客人坐下后的3分钟内，必须把饮料端到客人面前。"员工们眨巴着眼睛，不禁又笑起来。"不过，不要过分担心。"马丁接着说道，"我会向上面反映，尽快解决这件事情。"马丁立刻给她上司回了一份电子邮件，向他说明新标准不切实际，因此是错误的。

上司马上打电话过来，严肃地告诉马丁问题没有那么简单："马丁，新服务时间标准明天就开始实施。工作程序标准部已经在其他分店成功地进行了改进，那么现在所有的幸福餐馆连锁店都必须执行。的确，员工们总是在一开始的时候反对，但是他们最终还是能够达到新标准，前提是你要严厉点，说这是总部的规定，任何人都不得改变。当然了，也

要让他们多想办法。"

"或许在其他地方行得通，"马丁回答道，"但是我了解我的餐馆，厨房里的大厨、餐厅里的服务员，甚至客人都是我的朋友，我知道他们在想什么。我几乎可以肯定地说我们没有办法做到14分钟内上菜，即使是采用工作程序标准部建议的方法，我们也达不到新规定的要求。餐饮业不像其他行业，不可能想快就快。"

"马丁，召集你的人开个会，详细地向他们解释、说明新规定一定要执行，你不妨手把手地教教他们采用新方式。你是经理，你要坚持你的管理。工作程序和服务时间标准是工作程序标准部的事。你的任务就是监督执行，这就是我们聘你的原因。他们也是一样。"

马丁尽了全力，但只有她的下属和员工知道她的处境。南卡罗莱纳州幸福餐馆分店的员工没有办法达到新的工作标准。于是，工作程序标准部的经理把失败归咎于劳拉·马丁，指责她管理无方，甚至向总部建议撤她的职，要么就开除她。

思考：1. 你认为幸福餐馆执行新标准遭到失败的真正原因在哪里？

2. 如果你开了一家餐馆，会以什么作为餐馆的服务标准？

（资料来源：Robert C. Ford，Cherrill P. Heaton. 现代美国旅游饭店服务管理．边毅，赵丰跃译．长沙：湖南科学技术出版社，2003）

案例：月光酒店的整体服务质量管理问题

开业两年的月光酒店是一家三星级宾馆，近几个月来，商务客人不断增加，服务质量方面的问题也随之而来。

一天，来此地做生意的怀特先生怒气冲冲地来到大堂值班经理处，执意要找总经理。他说，前一天下午外出时，他太太从美国打来电话请总机小姐留言，让他回来后立即回电话，可他晚上9时回到酒店时却没有接到留言，直到他太太当天又来电话他才知道，由此耽误了他的生意。怀特先生还说："今天上午，客房服务员清扫我的房间后，我发现自己带的牙刷被扔掉，而这已经是第二次了。"此事刚刚平息，餐厅又出了问题。一位在咖啡厅就餐的客人忽然大叫："Oh，terrible!"服务员马上过去，看到自助餐台上趴着一只蟑螂。这次事件的结果是酒店减少了收入（给客人的餐费打折）。

点评：类似的投诉在各家饭店时有发生，因为宾客在饭店有食、宿、行、游、购、娱等多种需求，这就构成了饭店服务质量内容的多样性。而宾客的这些需求涉及饭店的多个服务部门和多种服务环节，如前厅部、客房部、餐饮部和康乐部等，这些服务构成了饭店服务的整体。如果某一个环节的服务不合格，就会影响饭店的整体服务质量。因此，作为饭店服务人员，有必要熟悉饭店各部门的运作和管理，这样才能确保饭店每项服务的优质、高效。

（资料来源：http：//www. tczj. net/jp/hm/cases－12. asp）

【本章小结】

1. 产品和服务整体组合的基本内涵：（1）顾客购买的总是产品和服务的整体组合；

(2) 人们往往可以通过比较企业所销售的整体组合中产品和服务所占比重，来判断企业究竟是属于生产性企业还是服务性企业；(3) 消费者购买产品和服务的最终目的并不是为了获得产品或服务本身，而是希望通过购买产品和服务获得它们所能提供的利益或价值；(4) 产品和服务虽然存在区别，但在整体组合中，两者却是紧密相连的。

2. 产品和服务整体组合概念给服务质量管理者如下启示：(1) 根据顾客追求的不同利益或目的，设计不同的产品和服务；(2) 在强调产品和服务质量的同时，需要注重为顾客提供优质的附加产品或服务，以提高产品和服务整体组合的总体价值。

3. 根据产品和服务整体组合中各个成分的有形程度和定制化程度，可把整体组合划分为以下四个成分：有形的、标准化产品成分；无形的、标准化服务成分；有形的、定制化产品成分和无形的、定制化服务成分。

4. 各个成分应采用的质量定义如下：(1) 对有形的、标准化产品成分可采用“符合规格”的质量定义；(2) 对无形的、标准化服务成分可采用“服务工业化”措施；(3) 对有形的、定制化的产品成分的策略是，定制化产品的各个组成成分采用“符合规格”质量定义，而整体却采用“符合期望”质量定义；(4) 对无形的、定制化的服务成分采用“符合期望”质量定义。

【拓展阅读】

1. 西南航空公司的全面质量管理

美国西南航空公司是建立高绩效组织进行全面质量管理的成功典范。该公司成立于1971年，最初只在得克萨斯州提供短距离运输服务。尽管美国航空业麻烦不断，西南航空公司在其历史上还是取得了1973—2002年连续28年赢利的骄人成绩，创造了美国航空业的连续赢利纪录。这样的业绩既来自公司低成本的运营模式，也直接得益于西南航空公司员工的高效率工作和在飞行途中给乘客创造轻松愉快环境的服务方式。事实上，西南航空公司的总裁兼首席执行官赫伯·克勒赫从公司成立起就坚持宣传“快乐和家庭化”的服务理念和战略，并通过员工的力量将这种理念的价值充分体现和发挥出来，成功降低成本的同时也使顾客满意。

根据不同部门的要求，西南航空公司对新员工的技术培训时间从两个星期到六个星期不等。西南航空公司承担所有的培训费用，并保证其完成培训后能够被雇用。西南航空公司要求所有员工（包括飞行员）每年都要参加“关心顾客”课程的学习，其“人民大学”为员工和管理人员开设很多专门的课程。这些课程包括团队建设、绩效评价、心理压力控制、安全、职业发展。这所“大学”还开设“新员工庆典”课程，这是一门为期一天的课程，让员工了解公司的历史、文化及进行工作场所实践。另外，公司还为非财务人员开设财务课程，使其了解财务术语，同时为其他人员开设多种领导发展课程。

西南航空公司在航空公司业内创造了第一个利益共享计划。通过公司的业务通信、周报和每季度发行的新闻录像带向员工提供公司财务和营业情况的信息。员工通过多种委员会

(如工人管理人员联合委员会)参与决策，这些委员会对各种问题作出决策，这些问题涉及的范围很广，包括重新制订福利计划和选择新制服等。

西南航空公司建立起一种独特的政策开放体系，这一体系渗透到公司的各个部门。管理层走近员工，参与一线员工的工作，倾听员工的心声，给员工提出关于如何改进工作的建议和思想。西南航空公司与其他服务性公司不同的是，它并不认为顾客永远是对的。赫伯·克勒赫说："实际上，顾客也并不总是对的，他们也经常犯错。我们经常遇到毒瘾者、醉汉或可耻的家伙，这时我们不说顾客永远是对的，我们说：你永远也不要再乘坐西南航空公司的航班了，因为你竟然那样对待我们的员工。"西南航空公司的管理层了解一线员工的工作，支持和尊敬一线员工的工作，甚至宁愿"得罪"无理的顾客。这使西南航空始终保持行业内最低的离职率。在西南航空公司，管理层的工作首先是确保所有的员工都能得到很好的关照、尊重和爱。其次是处理看起来进展不顺利的事情，并推动它的进展，帮助它变得好一点，或者快一点。再次是维护西南航空公司的战略。

西南航空公司的综合策略已经得到了回报。到2006年，西南航空拥有的飞机已由最初的4架发展到450余架，成为美国最大的航空公司之一，每年将超过8 300万旅客运送到美国境内63个城市。西南航空这一品牌也已经成为美国乘客心目中"黄金航班"的象征。短航线、低价格、准点、航班服务简单朴实、员工高效及归属感等系列体系使美国西南航空的低价竞争战略得以实现，成为其他企业无法模仿的核心竞争力。1993—1996年，该公司连续4年夺得了美国运输部的"三重冠"，即航班最准时、行李处理得最好、顾客最满意的冠军。1997—2000年，它连续4年被著名的《财富》杂志评为全球最受赞赏的公司之一，并在2001年《财富》杂志列出的100家美国最受员工欢迎的公司中名列第四。

思考：美国西南航空公司是全面质量管理和高效团队建设的典范，由此保证了服务质量并有效控制了成本。作为该公司的一名员工，你认为西南航空公司哪一点做得最成功？并说明原因。

(资料来源：http：//www. southwest. com)

2. 登录下列公司的网页，描述它们生产的产品与提供的各种服务。这些服务是如何使企业获得竞争优势的？

中国移动（http：//www. chinamobile. com/）

海尔集团（http：//www. haier. cn/）

戴尔（http：//www. dell. com. cn/）

香格里拉酒店集团（http：//www. shangri-la. com）

3. 汪纯孝等．服务性企业整体质量管理（第二版）．广州：中山大学出版社，2001

4. 李任芷．旅游饭店经营管理服务案例．上海：中华工商联合出版社，2000

5. 李健明．旅行社服务质量管理新论．北京：中国科学技术出版社，2007

6. 姜若愚．旅游景区服务与管理．大连：东北财经大学出版社，2003

7. 张玉玲．现代酒店服务质量管理．北京：北京大学出版社，2009

【思考与练习】

1. 如何理解产品和服务整体组合的概念？根据产品和服务整体组合概念，企业在进行服务质量管理过程中应该注意哪些问题？

2. 肖丝丹克的产品/服务连续谱系图将企业提供给市场的供应品分为哪四大类？请分别举例说明。

3. 在第一章中，我们学习到产品和服务是存在本质区别的，而在第四章中，我们又认识到服务与产品存在密切的联系。请问，我们应如何理解产品和服务的这种联系与区别？

4. 产品和服务之间的密切联系体现在哪些方面？企业又是如何处理这种联系的？

5. 请以旅游景区为对象，分别举例说明产品和服务整体组合中四个组成成分。旅游景区管理者应该如何针对性地对其加以质量管理？

6. 旅游企业要推行整体质量管理观念，需要从哪些方面着手？

第五章　顾客感知服务质量的形成

【学习目的】

通过本章的学习，要掌握格鲁努斯的总体感知服务质量模型、良好服务质量的判断标准、服务期望的层次、分类及其影响因素、企业形象的含义和特点；熟悉如何管理顾客期望；了解企业形象管理的策略。

【学习要点】

1. 总体感知服务质量模型的内涵
2. 服务期望的层次、分类及影响因素
3. 管理顾客期望
4. 企业形象的定义及特点

【关键词】

总体感知服务质量　服务期望　企业形象

第一节　格鲁努斯的总体感知服务质量模型

一、总体感知服务质量模型的提出

1982 年，芬兰学者格鲁努斯（Gronroos）教授根据认知心理学的基本理论，第一次提出了“顾客感知服务质量”（Customer Perceived Service Quality）的概念和总体感知服务质量模型（Model of Total Perceived Service Quality）。他认为服务质量本质上是顾客的一种感知，是顾客的一个主观体验过程，顾客将感知的服务实绩与自身的期望进行比较，比较的结果就是感知的服务质量。格鲁努斯关于感知服务质量的定义和模型成为顾客感知服务质量研究领域的基石。

格鲁努斯提出的总体感知服务质量模型如图 5－1 所示。

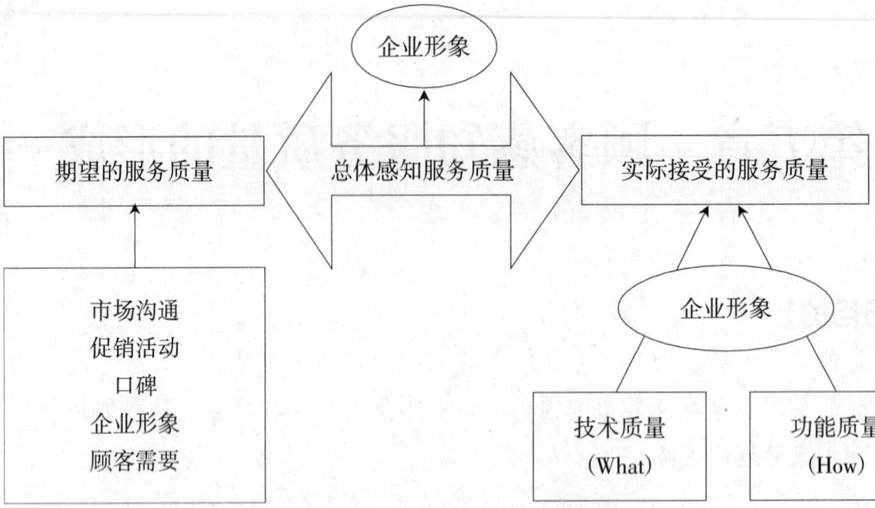

图 5-1　总体感知服务质量模型

（资料来源：［芬兰］克里斯廷·格鲁努斯．服务管理与营销——服务竞争中的顾客管理．韦福祥等译．北京：电子工业出版社，2008.5）

二、总体感知服务质量模型的主要内容

（一）服务质量是顾客感知的质量

格鲁努斯认为，服务质量是顾客的一种主观感知，服务质量的评判者是顾客，而不是企业。在服务质量管理工作中，企业对服务质量的理解必须和顾客的理解相吻合。否则，在制订质量改进计划时就会出现错误的行为，金钱和时间就会被白白地浪费掉。应当记住，重要的是顾客对质量如何理解，而不是企业对质量的诠释。

（二）服务质量由技术质量和功能质量两方面构成

格鲁努斯将顾客感知的服务质量划分为技术质量（Technical Quality）和功能质量（Functional Quality）两个方面（见图 5-2 和表 5-1）。前者说明服务是什么（What），后者反映如何提供服务（How）。顾客从技术质量和功能质量两个方面形成对企业实际服务实绩的看法。

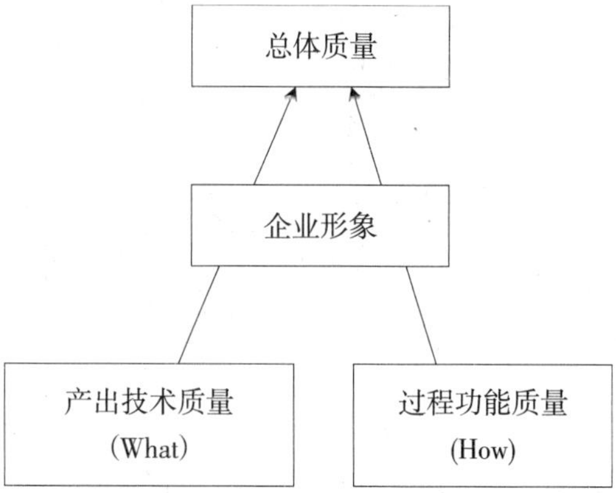

图 5－2　服务质量的两个方面

（资料来源：［芬兰］克里斯廷·格鲁努斯．服务管理与营销——服务竞争中的顾客管理．韦福祥等译．北京：电子工业出版社，2008. 53）

表 5－1　技术质量和功能质量的比较

		技术质量	功能质量
含义		服务结果的质量	服务过程的质量
内容		表明顾客在与企业的互动中得到了什么（What）	企业是如何为顾客提供服务的（How）
例子	酒店	标准的客房 标准的床	快速地登记入住和结账 安静的睡眠环境
例子	餐馆	客人所点的菜肴 没有过期的饮料	快速地结账 优雅的用餐环境
例子	银行	承诺的贷款	轻松取得贷款
例子	航空公司	把乘客送到目的地	乘务人员热情的服务
评价方法		用客观标准来衡量	采用主观的方式来感知
评价主体		顾客	
重要性		同样重要	

（三）服务质量是顾客期望和顾客感知的服务实绩共同作用的结果

服务质量是顾客期望和顾客感知的服务实绩共同作用的结果。在接受服务之后，顾客将自身对服务质量的期望与实际接受的服务质量进行比较，从而形成对企业服务质量的总体看法。当顾客实际接受的服务质量与顾客期望的服务质量相吻合时，这种质量水平便是顾客期待的，从顾客的角度看，这就是一种良好的服务质量。如果顾客的期望非常高，尽管从客观的角度看服务质量是好的，但顾客感知的总体服务质量仍然是低下的。

（四）顾客的期望受多种因素的影响

如图 5－1 所示，顾客的期望受到许多因素的影响。从企业的可控性出发，可以把这些因素分为可控因素和不可控因素两大类。

1. 可控因素

可控因素包括企业的市场沟通和促销活动，如广告、公关活动、直接销售、营业推广、企业的网站等。这些要素直接处于企业的控制之下。

2. 不可控因素

不可控因素包括企业形象、口碑和顾客需要。这些要素是企业无法控制的。当然，企业的营销活动也会对企业形象和口碑产生间接影响，但这些都来自于企业前期工作的长期积累，企业很难在短期内改变企业在公众中的形象和口碑。而且，企业的形象和口碑还受到许多企业以外因素的影响。

本章第二节将详细介绍顾客期望的类型和影响因素。

（五）企业形象是顾客感知服务质量的“过滤器”

在格鲁努斯的总体感知服务质量模型中，三处出现了“企业形象”。可见，企业形象与顾客感知服务质量有着密切的联系。

1. 企业形象影响顾客的期望

如前所述，企业形象是影响顾客期望的重要因素。在有多个服务供应商可供选择的情况下，顾客往往会选择具有良好声誉的供应商，同时，顾客的期望也会比较高。一般情况下，顾客不会选择不知名或声誉不好的企业，如果顾客在不得已的情况下选择了这些企业，他们对服务的期望会较低。

2. 企业形象影响顾客对服务实绩的评价，是服务质量的“过滤器”

除技术质量和功能质量外，企业形象也会影响顾客感知服务质量的评价（见图5－1和5－2）。服务和有形产品的生产销售过程存在很大区别。有形产品是在工厂里生产出来而在商店里销售出去的，消费者看不到产品的生产过程；但服务的生产和销售却是同时发生的，由于顾客参与服务过程并与服务组织发生互动关系，服务提供者无法躲到品牌或分销商的背后。大多数情况下，顾客都能够看到、亲身感受到服务性企业、企业的资源及企业的运营方式。因此，企业形象对于服务性企业而言是非常重要的，可以将其视为顾客对服务质量感知的过滤器。

如果某服务性企业在顾客的心目中是一个优秀的企业，也就是说该企业企业形象良好，那么即使该企业的服务出现了一些微小失误，顾客也会予以原谅。但是，如果服务失误频频发生，企业的良好形象将会受到损害。

3. 顾客对服务质量的感知反过来又会影响企业形象

企业在顾客心目中的形象是顾客在多次服务消费中逐渐形成的对企业的主观印象相叠加的结果。每次服务体验后，顾客对服务质量的感知结果都可能会改变原有的形象。如果感知质量与期望相符或超出期望，企业形象就会得到加强或提升；如果企业的表现不如期望，效果则相反。如果消费前企业的形象不清晰或顾客对其不了解，顾客体验就会使其逐渐清晰起来。

本章第三节将对企业形象进行详细的介绍。

三、良好服务质量的七项判断标准

格鲁努斯提出了良好服务质量的七项标准（见表5－2），并将它们作为服务管理的基本准则。其中，“职业作风与技能”标准与服务结果相关，属于技术质量范畴；“声誉与作用”

标准与企业形象相关，起到“过滤器”的作用；其余四项标准，即“态度与行为”、“易获得性和灵活性”、“可靠性和可信性”、“补救服务的能力”与服务过程相关，属于功能质量的范畴。

表5－2　良好服务质量的七项判断标准

标准	相关范畴	具体内容
职业作风与技能	技术质量	顾客认为服务提供者、员工、运营系统和有形要素应当具有以专业方式来解决他们问题的知识和技能
态度与行为	功能质量	顾客认为企业员工（一线员工）应当关注他们，并且积极主动解决服务过程中所遇到的问题
易获得性和灵活性		服务的地点、时间、员工和运营系统应当根据顾客的要求灵活地加以设计，灵活地为顾客提供服务，这样顾客可以很容易地接受企业的服务，如果顾客有要求，也可以根据顾客的要求灵活地对服务作出调整
可靠性和可信性		如果服务提供者及员工能够遵守承诺全心全意地为顾客服务，那么，顾客就会对企业产生信任感，认为企业是非常可靠的
补救服务的能力		如果出现顾客意料之外的事情或服务失误，企业应当立即主动地采取措施控制局面，并找到新的、顾客可以接受的解决方案
声誉与作用	企业形象	顾客对服务提供者应当具有信任感，服务应该是“物有所值”的，顾客可以与企业一起分享良好的服务绩效和价值

（资料来源：［芬兰］克里斯廷·格鲁努斯．服务管理与营销——服务竞争中的顾客管理．韦福祥等译．北京：电子工业出版社，2008）

案例：泰国东方饭店体贴入微的服务

企业家王先生到泰国出差，下榻于东方饭店，这是他第二次入住该饭店。

次日早上，王先生走出房门准备去餐厅，楼层服务生恭敬地问道：“王先生，您是要用早餐吗？”王先生很奇怪，反问：“你怎么知道我姓王？”服务生回答：“我们饭店规定，晚上要背熟所有客人的姓名。”这令王先生大吃一惊，尽管他频繁地往返于世界各地，也入住过无数高级酒店，但这种情况还是第一次碰到。

王先生愉快地乘电梯下至餐厅所在楼层，刚出电梯，餐厅服务生忙迎上前：“王先生，里面请。”

王先生十分疑惑，又问道：“你怎么知道我姓王？”服务生微笑答道：“我刚接到楼层服务电话，说您已经下楼了。”

王先生走进餐厅，服务小姐迎上来并殷勤地问：“王先生还要老位子吗？”王先生的惊讶度再度升级，心中暗忖：“上一次在这里吃饭已经是一年前的事了，难道这里的服务小姐依然记得？”服务小姐主动解释：“我刚刚查过记录，您去年6月9日在靠近窗口的第二个位子用过早餐。”王先生听后有些激动了，忙说：“老位子！对，老位子！”于是服务小姐接着问：“老菜单？一个三明治，一杯咖啡，一个鸡蛋？”此时，王先生已经极为感动了：“老菜单，就要老菜单！”

给王先生上菜时，服务生每次回话都退后两步，以免自己说话时唾沫不小心飞溅到客人的食物上，这在美国最好的饭店里王先生都没有见过。

一顿早餐，就这样给王先生留下了终生难忘的印象。

此后一年多，王先生因业务调整没有再去泰国，可是在王先生生日的那天突然收到了一封东方饭店发来的生日贺卡：亲爱的王先生，您已经一年没有来我们这里了，我们全体人员都非常想念您，希望能再次见到您。今天是您的生日，祝您生日愉快。

王先生当时热泪盈眶，激动不已……

虽然泰国的经济在亚洲算不上最发达，但泰国的东方饭店却堪称亚洲饭店之最。他们利用体贴入微的服务提高了顾客感知服务质量，饭店几乎天天客满，入住的机会更是需要提前预订争取。

思考：根据以上案例，理解技术质量、功能质量与企业形象之间的关系。

（资料来源：陈信康．服务营销．北京：科学出版社，2005. 105）

第二节　服务期望

顾客对旅游服务的期望是评估旅游服务绩效的标准和参考点。它是顾客感知服务质量的比较基础，对顾客感知价值产生影响，所以顾客期望不仅影响顾客自身的实际服务体验，而且影响顾客感知服务质量，进而影响顾客感知价值。伴随着社会经济的发展，人们的收入和闲暇时间不断增加，因而对自身的生活质量提出了更高的要求。与此同时，社会、文化和价值观念的变迁使得人们对各类旅游服务的期望价值也在不断提升，因而，及时了解顾客期望并及时协调服务策略，能够有效提升顾客感知价值。

一、服务期望的层次

（一）服务期望的定义

服务期望（Service Expectation）是顾客在购买产品或服务时所具有的信念和观念，以此作为一种标准或参照与实际绩效进行比较，从而形成顾客对产品或服务质量的判断。

（二）服务期望的层次

PZB 认为，顾客对服务有两种不同水平的期望，即期望可分为两个层次——理想服务和适当服务（见图 5 - 3）。

（1）理想服务（Desired Service）：是指顾客理想中的、渴望得到的服务水平，即顾客认为服务“最好是”和“应当是”怎么样的。理想期望是顾客服务期望的上限。

（2）适当服务（Adequate Service）：是指顾客认为可接受的、最起码应该具有的服务水平，即顾客认为服务“至少必须是”怎么样的。适当服务是顾客服务期望的最低限。由于受到现实条件的局限，顾客常常承认理想服务期望难以实现，因此顾客对服务产生较低水平的适当期望。

（三）容忍区域

如图 5 - 3 所示，在理想服务和适当服务之间的区域称为容忍区域（Zone of Tolerance）。

容忍区域反映了顾客对服务质量波动的可容忍范围。

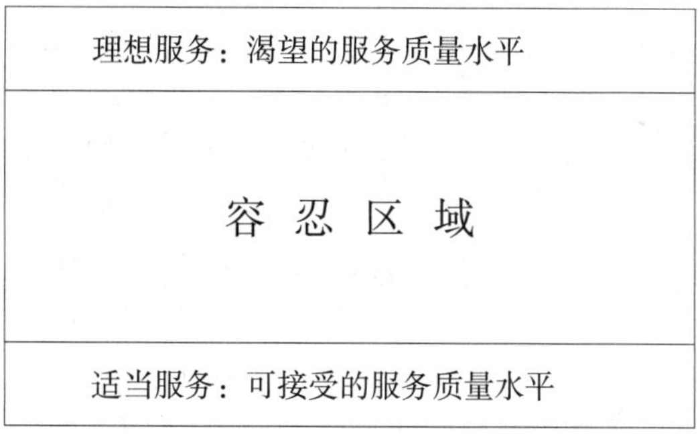

图 5－3　服务期望的层次

在服务消费过程中，顾客将对服务的期望和实绩进行比较，可能产生以下三种满意水平（见图 5－4）：

（1）满足：如果顾客感知的服务实绩处于容忍区域内，顾客会接受这一服务结果，认为服务质量是合格的。此时，顾客的心理状态是满足。

（2）失望或愤怒：如果顾客感知的服务实绩低于适当服务期望水平，即处于容忍区域以外，此时顾客会从无意识状态中清醒过来，并感到不满、失望或愤怒。

（3）惊喜：如果顾客感知的服务实绩超越了理想服务期望的水平，顾客也会对服务质量从不敏感变为敏感，为此感到惊喜，并对企业的服务质量产生较高的评价。

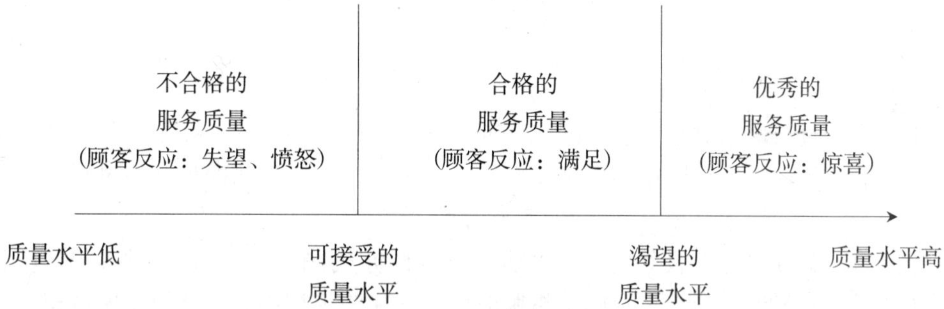

图 5－4　顾客对三种服务质量水平的反应

二、服务期望的分类

奥加萨罗（Ojasalo，1999）在专业服务领域研究服务期望在顾客与企业的关系发展过程中的变化。他将顾客对服务的期望分为三类，即模糊期望（Fuzzy Expectation）、显性期望（Explicit Expectation）和隐性期望（Implicit Expectation）。

（一）三类期望的含义

- 模糊期望：是指顾客期望服务提供者为其解决某类问题，但并不清楚怎样解决；
- 显性期望：是指在服务过程开始之前就已经清晰地存在于顾客心目中的期望，它们又可分为现实期望和非现实期望两类；

• 隐性期望：是指有些服务要素对于顾客来说是理所当然的事情，从而将其视为一种约定俗成的东西。

1. 模糊期望

在有些情况下，顾客意识到他们有必要接受某种服务以改变他们的现状，但又无法表达。他们不知道应当做什么、怎样去做才能达到这个目的。对于服务提供者来说，了解顾客的模糊期望是非常必要的，因为尽管顾客无法表白他们的模糊期望，但这些期望仍然对顾客的质量感知产生影响，决定他们对服务质量是否感到满意。模糊期望实际上是一种真实的期望，因为顾客确实期望得到某种改变。如果服务提供者不去发掘并满足顾客的模糊期望，那么，顾客会感到失望，他们会意识到他们所接受的服务是不完美的，但依旧不知道他们不满意的原因，这些模糊期望会继续存在下去。

2. 显性期望

通常，顾客会主动和有意识地向企业和服务人员表达他们想要得到什么、想要得到怎么样的服务。顾客之所以主动和有意识地表达出其服务期望，是因为他们假定这些期望应该而且能够实现。但是在顾客的显性期望中有一些是非现实期望。例如，股票的购买者认为他所购买的股票会因为股份公司的有效管理而达到增值的目的。如果抱有这样的期望，由于股票存在风险，顾客总有一天会感到失望。

3. 隐性期望

顾客在购买服务的过程中，往往会想当然地认为服务提供者会实现其隐性期望，他们认为这些期望是非常明确的，没有必要加以表达。如果这些期望被满足了，顾客不会不满意；但如果这些期望没有被满足或者顾客处于不满足的状态时，这些期望就会影响顾客的服务质量感知。

（二）三类期望的相互转化

奥加萨罗认为，顾客对某一企业的服务期望并不是固定不变的，在企业与顾客关系的动态发展过程中，顾客的三类期望会发生相互转化。他提出了期望的两种动态过程：有意识的动态过程和无意识的动态过程（见图5－5和表5－3）。

有意识的动态过程是指服务性企业主动对顾客的期望进行管理，促使顾客的期望类型发生转变的过程。无意识的动态过程则是指服务性企业无法施加影响的期望发展过程。这个过程是顾客自我学习的过程。显性期望到隐性期望的转化过程往往就是无意识的动态过程。如果顾客已经习惯了某一特定水平的服务，那么，顾客下次再接受同样的服务时，他们可能并不会向服务提供者表达他们的服务期望，而将其视为理所当然的、不言而喻的事情。这样，顾客的显性期望就转变成了隐性期望。例如，一位旅客向酒店要求入住的房间内不可摆放任何植物，酒店服务人员记住了旅客的要求并满足其要求，几次以后，这位旅客在预订房间或办理入住手续时就不会再专门提出这个要求，他会想当然地认为酒店会主动满足他的要求。

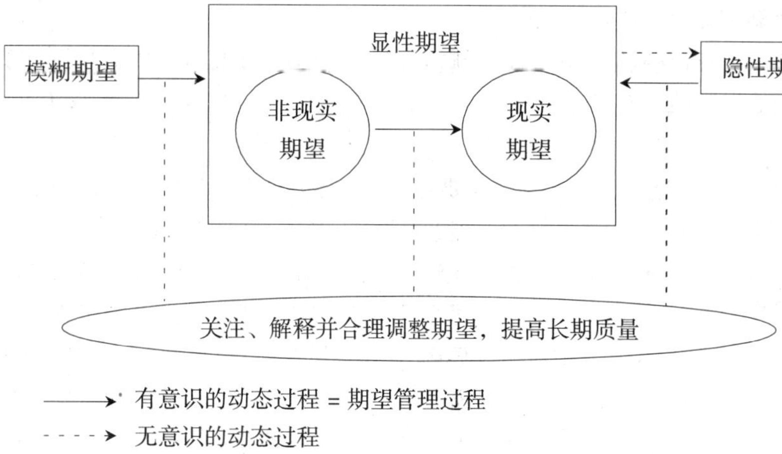

图 5－5　顾客期望动态模型

（资料来源：Ojasalo，J. *Quality Dynamices in Professional Services*. Helsinki/Helsingfors：Swedish School of Economics/CERS，Finland，1999.）

表 5－3 列出了各类期望的特征及相互发生转变的情况。

表 5－3　各类期望的相互转变过程

期望类型	顾客对期望是否有明确认识	期望实现时		期望未实现时	
		顾客反应	期望类型的转变	顾客反应	期望类型的转变
模糊期望	不明确，有模糊意识	非常满意	转变为显性期望	无明显满足感或有失落感，但不会投诉	继续保持模糊
显性期望	明确，假定可以实现	满意	逐渐转变为隐性期望	不满意，可能投诉	继续保持显性
隐性期望	明确，是基本期望	无明显满足感	继续保持隐性	非常不满意，可能投诉	转变为显性期望

三、服务期望的影响因素

（一）影响理想服务的因素

1. 个人需要

个人需要是在顾客期望形成的过程中，那些对顾客的生理或心理健康十分必要的状态和条件，是形成理想服务水平的关键因素。个人需要可以分为很多类，包括生理的、心理的、社会的和功能性的。例如，对社交有较高需求的顾客对酒店的辅助性服务可能会有相对较高的服务期望，希望酒店有一个播放充满活力的音乐和有舞蹈表演的酒吧。

2. 持久性服务强化因素

持久性服务强化因素包括引致期望和个人服务理念，它是一个相对独立和相对稳定的因素，决定了顾客对服务的敏感性。

（1）引致期望。

引致期望是指由于其他顾客的需求或期望间接作用于服务接受者，使其服务期望产生变化，如期望水平的提高或者降低。例如，一个人自己去就餐和他带着一个非常重要的客户去就餐，他的服务期望的形成就不仅仅取决于他自己，还要受到那位客户的期望和价值观的驱动。

（2）个人服务理念。

个人服务理念是指顾客对服务的意义和服务提供者正确行为的根本态度。个人服务理念受到顾客本人服务经历和个人在社会中所处阶层的影响。例如，如果一个顾客曾经做过厨师，那么他对料理水平（服务）会比其他顾客（没有做过厨师的顾客）有更高的要求。

3. 服务承诺

企业的承诺包括两类——明确的服务承诺和隐性的服务承诺。

（1）明确的服务承诺/显性服务承诺。

明确的服务承诺是企业通过广告、公共关系和人员销售等对顾客作出的正式承诺。例如"本店24小时提供服务"、"本公司保证第二天上午送货上门"都是明确的服务承诺。明确的服务承诺是完全可以由企业控制的，它直接影响理想服务期望和预测服务期望的形成。企业应准确地承诺最终能实现的服务内容，避免顾客形成过高期望。

（2）隐性服务承诺。

隐性服务承诺是指企业虽然没有明确说明或标示，但顾客可以通过价格、服务的有形要素加以感知的服务承诺。例如，一家价格昂贵的酒店，在顾客看来，意味着与高价相匹配的服务水平；而一家装潢得富丽堂皇的专卖店，顾客有理由相信会在这家商店购买到优质的产品，同时会享受到优质的服务。

4. 口碑

口碑是指来自专家、亲友等个人渠道的关于某家服务组织的言论。例如"老王告诉我这家餐馆很不错"，就是一种正面的口碑。对于难以在购买之前体验的服务，口碑是消费者的重要信息来源。口碑与企业明确的承诺有不同的特点，对于企业来说，它是不可控的，但两者也有相同之处。如果口碑过高，而感知服务绩效却很低，这会对顾客感知服务质量起到严重的负面影响。口碑差的服务组织容易在顾客心目中形成较低的理想期望和适当期望。

5. 顾客过去的服务经历

顾客过去的服务经历是指顾客过去的消费经历，它会对顾客理想的服务预期产生影响。例如有了"上次来这家饭馆吃饭，服务员送了我一道汤"这一经验，顾客预测下次还会得到一道免费的汤。事实上，服务消费经验丰富的顾客对该行业的服务水平比较了解，他们会不断地将最好的服务感知转化为自己的理想服务期望，因此他们对服务的期望一般比缺乏消费经验的顾客更高。

（二）影响适当服务的因素

1. 暂时服务强化因素

暂时服务强化因素是暂时性的，通常是短期的、个人的因素，这些因素使顾客更加意识到对服务的需要。迫切需要服务（如因意外事故而需要汽车保险，或在繁忙期间办公设备出故障）的个人紧急情况会提高适当服务期望的水平，尤其在认为所需要的是可以接受的反应水平时。一家依靠免费电话接收所有顾客订单的邮寄订购公司，在每周、每月及每年的高峰期更需要电话服务，在订购集中期，系统出现故障或电话语音不清楚比其他时候更让顾客难以容忍。

2. 可感知的服务替代物

可感知的服务替代物是顾客可以从中获得服务的其他服务提供商。假如顾客有许多服务提供商可供选择，或者他们自己可以提供服务（例如草坪修剪或个人婚礼的筹划），其适当服务水平就比那些相信在别的地方不能得到更好服务的顾客要高。例如，一位住在只有一个小机场的小城镇的乘客很少能选择航空公司，这样的顾客对飞机的服务绩效有较大的容忍性，因为替代者很少。他比大城市里有更多航班和航空公司可供选择的顾客更容易接受时间安排和低水平的服务。顾客可感知的服务替代物的存在提高了适当服务水平，缩小了容忍区域。

服务企业管理人员充分了解顾客认为是可感知的替代物的所有选择很重要。在刚才讨论的小城镇与小机场的例子中，顾客眼中的替代物有可能不仅包括其他的航空公司，也包括附近大城市的豪华汽车客运、火车服务，或者自己开车。一般来说，服务营销人员必须全面发现顾客认为可比较的替代物，而不只是公司的竞争者提供的服务系列。

3. 自我感知的服务角色

顾客自我感知的服务角色是指顾客对所接受的服务水平施加影响的感知程度。换句话说，顾客的期望部分是基于他们认为自己在服务接触中对服务角色表现的好坏而形成的。顾客的任务之一是说明期望的服务水平，一个对餐厅服务员解释清楚他要的牛排应尽量鲜嫩的顾客比那些没有讲清楚期望将牛排做成什么样的顾客，可能对送到桌上的过火牛排更为不满。此外，一位抱怨、不满意的顾客比一位不言不语的顾客有更少的容忍性。一位汽车保险顾客在服务提供中这样承认其责任："你不能把全部责任归于保险机构，你也有责任让机构确切知道你想要什么。"一位卡车租赁的顾客承认其责任，说道："有许多因素会影响你怎样被对待，包括你怎样对待这件事（服务消费）。"

一方面，当顾客感觉到他们没有履行自己的角色时，其容忍区域会扩大。另一方面，当顾客认识到他们在服务传递中的作用时，会提高对适当服务的期望。一位汽车维修企业的顾客的话说明了这一点："服务记录人员不称职。我准备好了所有问题的清单，把它交给了服务记录人员，告诉他：'请修好这些。'"

4. 环境因素

环境因素即顾客认为在服务交付时不受服务提供商控制的条件。例如个人紧急事件，如发生严重车祸将有可能加强顾客对保险公司的服务期望（因为它们是暂时服务强化因素），而同时影响到许多人的巨大灾难（如风暴或地震）则可能会降低服务期望，因为顾客承认保险公司已经被求助淹没。美国世贸中心灾难发生之后的几天里，电话和网络服务比较差，因为大家都在用电话或网络与亲戚朋友联络。顾客能理解此时服务的低水平，因为他们了解问题产生的根源。顾客承认这些偶然性并不是服务公司的错，于是有可能接受在既定环境下低水平的适当服务。一般说来，环境因素暂时降低了适当服务的水平，扩宽了容忍区域。

5. 预计服务

预计服务是指顾客相信他们有可能得到的服务水平。这种服务期望可以看做是顾客对即将进行的交易中可能发生事件的预测。预计服务绩效表明了顾客对服务活动可能性的一些客观考虑或对服务绩效水平的客观估计。如果顾客预计服务好，他们的适当服务水平就有可能比其预计服务差时高。例如，一直在大学城居住的居民通常认为，学生不在校园的暑假期间，餐厅应该提供更快的服务，这可能导致他们在暑假期间比在开学期间对餐馆的适当服务有更高的要求。另外，电话公司和公共事业的顾客知道在学校开学的最初几星期内，许多学生要布置公寓，这些公司的安装业务非常繁忙。在这种情况下，顾客期望的适当服务水平下降，容忍区域变宽。

此外，企业的服务承诺（包括明确的服务承诺和隐性服务承诺）、口碑和顾客过去的服务经历也会通过预计服务影响顾客的适当期望。顾客会根据企业的承诺、口碑和自身的服务经历形成对服务的预期，从而影响适当期望水平。

图 5 -6 说明了顾客期望的各类影响因素。

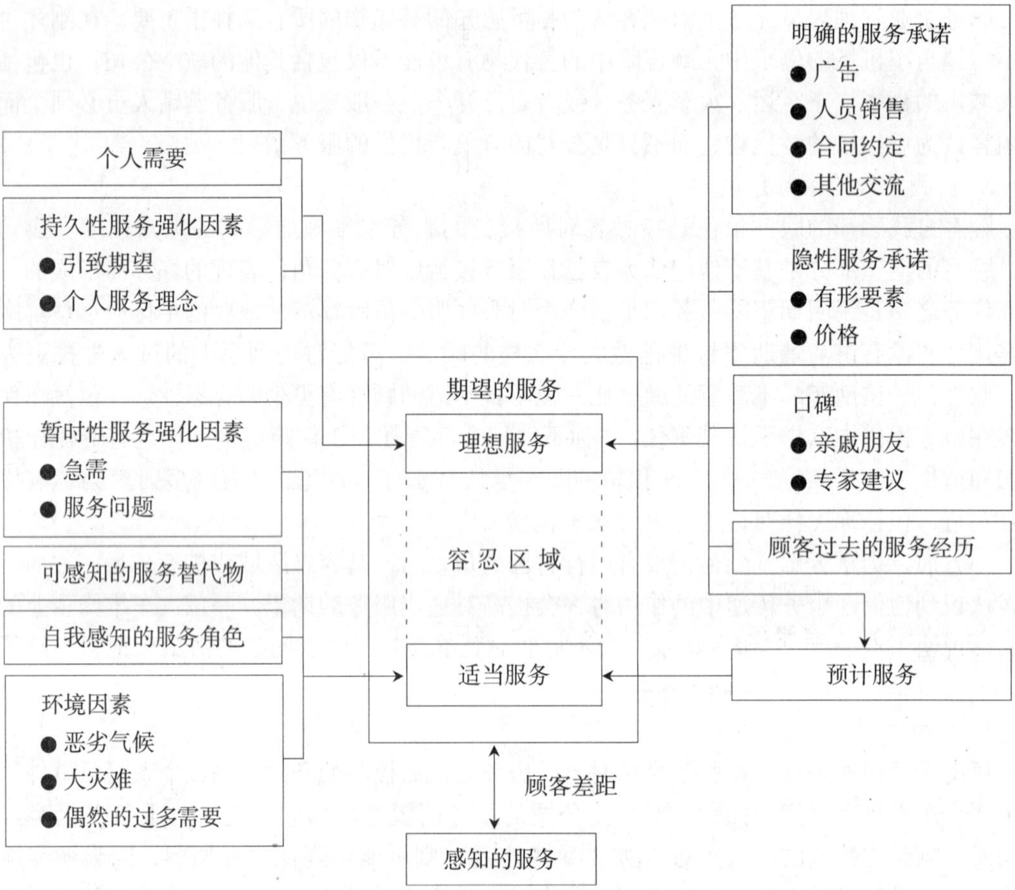

图 5 -6　顾客期望的各类影响因素

（资料来源：Zeithaml A. Valarie, Leonard, L. Berry and A. Parasuraman. The Nature and Determinants of Customer Expectations of Service. *Journal of the Academy of Marketing Science*, 1993, Vol. 21: pp. 1 -12.）

四、管理顾客期望

根据格鲁努斯的总体感知服务质量模型，顾客感知的服务质量是服务实绩与服务期望相比较的结果，可见服务期望是决定服务质量的重要因素。企业要提高顾客感知的服务质量，就必须了解顾客的期望，并采取有效措施对期望施加影响。尽管服务期望是顾客对服务的主观信念，由顾客自身决定，但并不等于说企业对管理和改变顾客期望无能为力。

（一）根据不同顾客的不同容忍区域管理顾客期望

PZB 提出了容忍区域的概念，认为每个顾客对服务都有一个容忍的范围，在此范围内，顾客会承认并接受服务绩效的差异。容忍区域概念告诉我们，只要企业的服务水平在容忍区域内，不低于顾客认为适当的服务水平（适当期望），顾客也不会不满意。但企业管理人员必须认识到，不同的顾客其容忍区域有所不同。例如，网络公司技术人员上门安装网络线路时，顾客必须留在家里，有的顾客由于工作繁忙而不希望长时间等待维修人员上门，而时间充裕的顾客（如家庭主妇）则不在乎要等多久。因此，后一种顾客的容忍区域比前一种顾客的容忍区域要宽。此外，通常情况下，接受补救性服务的顾客的容忍区域要比接受初次服务的顾客的容忍区域窄。

企业应对顾客的容忍区域进行调查分析，以了解不同类型顾客容忍区域的大小，确保企业的服务实绩在容忍区域之内，并尽力超越容忍区域的最高水平。如在以上网络安装的例子中，企业服务人员可在电话预约时询问顾客对等待时间的要求，了解顾客容忍区域的大小，并尽力满足不同顾客的不同容忍区域。

（二）根据不同服务质量维度的不同期望特性管理顾客期望

国外学者的研究表明，对服务质量的不同维度，顾客的期望特性并不相同。

1. 向量特性的质量维度和典型理想点特性的质量维度

（1）向量特性的质量维度。

顾客对某些服务质量维度的期望类似于数学中的“向量”（Vector）的概念，即顾客的期望是一个无限的“量”，不存在最高值问题。顾客期望这些维度的质量水平越高越好。在PZB 提出的五个服务质量维度（见第三章第三节）中，响应性维度就是一个向量特性的质量维度。如在银行办理存取款业务时，顾客通常期望等待服务的时间越短越好；同样，对于一个等待登机的顾客来说，机场的登机时间最好压缩在最短的时间之内。

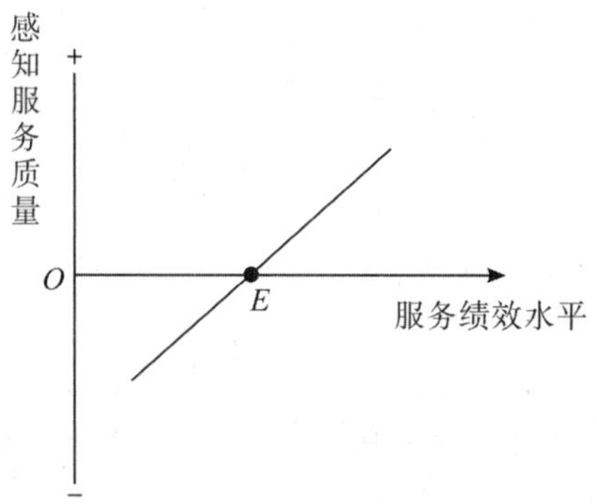

图 5－7a 向量特性维度的期望与绩效关系图

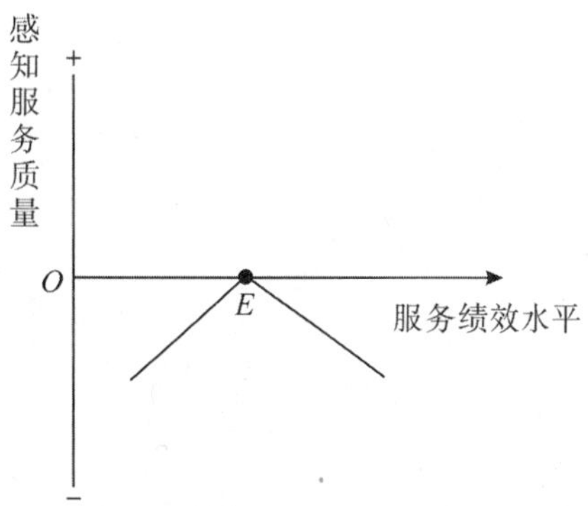

图 5－7b 典型理想点特性维度的期望与绩效关系图

如图 5－7a 所示，对于向量特性的质量维度，顾客感知的服务质量水平（SQ）会随着服务绩效水平（P）的提高而不断提高；同样，当服务绩效下降时，顾客感知服务质量水平也会随之下降。因此，对这类质量维度，企业的可取做法是寻求一种适当的服务水平（如 E 点），努力把期望控制在适当期望水平以上、可容忍的质量范围之内，而不是盲目地去超越顾客的期望。因为顾客的期望是无限的，在很多情况下，企业根本无法逾越。

（2）典型理想点特性的质量维度。

顾客对某些服务质量维度的期望是一个“有限”的量，而不是越高越好。例如，PZB 提出的五个质量维度中的移情性维度。移情性指在服务消费过程中，服务人员对顾客给予的关心和特别关照，是顾客感知服务质量的一个重要维度。但是，顾客对这种关心或特别关照的期望是有限度的，如果过度，不但不会获得顾客的好感，甚至还很可能会引起顾客的反感。

如图 5－7b 所示，对于典型理想点特性的质量维度，期望水平是一个“常量”。服务绩效水平的提高会带动顾客感知服务质量的同步提高，但当服务绩效水平达到某个“理想点”（如 E 点）时，进一步提高服务绩效水平，顾客感知的服务质量不但不会随之上升，反而趋于下降。因此，对这类维度，企业应当把服务绩效努力控制在理想点水平。

2. 质量保健特性的质量维度和质量促进特性的质量维度

（1）质量保健特性的质量维度。

有些服务质量维度对于特定的服务来说是必需的，但对这些维度的改进却无助于顾客感知服务质量的提高，这类维度成为质量保健特性的质量维度（以下简称保健性维度）。对许多企业来说，在 PZB 提出的五个服务质量维度中，可靠性维度是一个保健性维度。

如图 5－8a 所示，对于保健性维度，如果企业的服务绩效水平超过顾客期望（N 点），不会对顾客感知服务质量水平的提升有多大的影响，但如果低于顾客期望（N 点），则会对顾客感知的质量产生严重的负面影响。例如，对航空公司来说，可靠性意味着要保证将乘客准时送达目的地。如果飞机晚点，将会对乘客产生严重的负面影响，但如果提前到达，对乘客感知的服务质量的影响则非常有限。

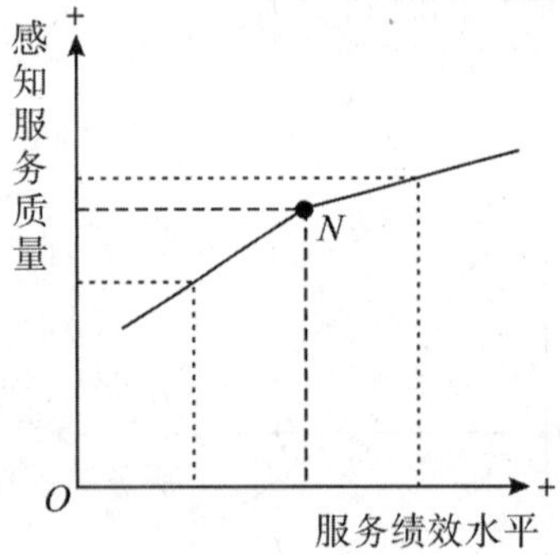

图 5－8a　保健性维度的期望与绩效关系图

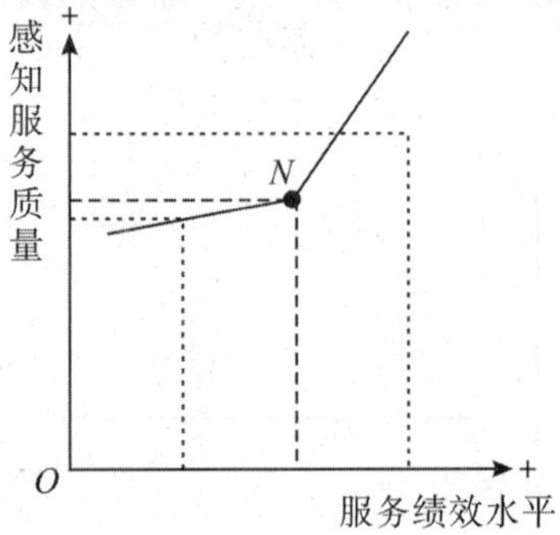

图 5－8b　促进性维度的期望与绩效关系图

（2）质量促进特性的质量维度。

对于有些服务质量维度来说，当企业的服务绩效水平超过顾客的期望时，提高服务绩效水平会带来顾客感知服务质量的大幅度上升，相反，当企业的服务绩效水平下降时，顾客感知的服务期望也会下降，但下降的幅度不大。这些质量维度就称为质量促进特性的质量维度（以下简称促进性维度）。研究表明，在银行业，服务人员对顾客友善属于促进性维度。

如图5－8b所示，对于促进性维度，如果企业的服务绩效水平高于顾客期望（N点），服务水平的提高会大大提高顾客感知服务质量。但当企业在这些方面的服务绩效水平下降时，尽管顾客感知的服务水平也会下降，但两者之间是一种弱的正相关关系。

由于对不同的企业，保健性维度与促进性维度的划分不尽相同，因此，企业应认真分析顾客对本企业质量维度中各维度的期望与绩效之间的关系，区分保健性维度和促进性维度，分别进行管理。对图5－8的分析告诉我们，企业投入资源提升促进性维度可以较大程度地提高顾客感知服务质量，相反，如果企业大量投资于保健性维度，则带来的效果可能是微乎其微的。

（三）根据服务期望的动态变化规律管理顾客期望

如前所述，奥加萨罗的研究表明，顾客的期望分为模糊期望、显性期望和隐性期望三类。在企业与顾客关系的动态发展过程中，顾客的三类期望会发生相互转化。企业对顾客的期望进行管理，可促进三类期望之间的相互转化（有意识的动态过程）。根据奥加萨罗的顾客期望动态模型（图5－5），企业应从以下三个方面管理顾客期望。

1. 将顾客的模糊期望显性化并加以满足

服务提供者应当认识到模糊期望的存在并努力使这些模糊期望显性化。服务提供者只有在确信顾客所有的模糊期望都已经显性化且都得到了满足时，才有理由相信自己为顾客提供了优质的服务，顾客才能满意。否则，顾客就可能不满意。在专业服务领域，人们早就意识到了这种模糊期望的存在。在旅游服务组织中同样也会存在这样的问题，如游客想购买旅游景区纪念品，但他没有必要非常清楚如何才能提供完美的产品。景区为顾客提供了各种丰富的旅游纪念品，但顾客也许感觉这些产品并不是他们想要的，尽管从景区的角度来看，他们提供的产品已经非常完美了。同样，到旅游饭店吃饭的顾客知道自己想要度过一个美好的夜晚，但不知道究竟怎样才能达到这种完美的状态。如果在这个晚上，他所接受的服务没有达到他来之前就怀有的某个美好的愿望，那么，顾客会非常失望地离开这家饭店。在上面的例子中，模糊期望都是存在的。如果服务提供者能够将顾客的这些模糊期望显性化并加以满足，那么，就可以使顾客更加满意。

2. 帮助顾客将不现实期望转变为现实期望

顾客的显性期望中有一些期望是现实的、企业可以实现的，但有一些期望却是不现实的，是企业不能也不可能实现的。对于服务性企业来说，帮助顾客将非现实期望转化为现实期望是一项非常重要的工作。企业应加强与顾客的沟通，发现顾客对企业的不现实期望，通过宣传引导或顾客培训等方式，使顾客意识到自己的期望是不现实的。例如，银行在电视广告和宣传材料中告诫广大投资者，股票投资是有风险的，不要期望买股票只赚不赔而盲目投资。

3. 关注顾客期望的“无意识动态过程”，持续满足顾客的隐性期望

如前所述，在图5－5中，虚线箭头（显性期望向隐性期望的转化）表示顾客期望的“无意识动态过程”。如果顾客已经习惯了某一特定水平的服务，那么，顾客下次再接受同样的服务时，他们可能并不会向服务提供者表达他们的服务期望，而将其视为理所当然的事情。这样，顾客的显性期望就转变成了隐性期望。但是，如果在以后的服务消费过程中，企

业未能满足顾客的这些隐性期望，那么顾客的隐性期望又会重新转变为显性期望，这时顾客会对企业服务质量产生不良印象。因此，企业应关注顾客期望的“无意识动态过程”，持续满足顾客的隐性期望。企业应建立顾客档案，详细记录每位顾客的每次消费经历和特殊要求，以便准确识别顾客的隐性期望，保证服务质量水平的稳定性和一致性。

（四）根据影响顾客期望的可控因素和不可控因素管理顾客期望

在本节第三部分介绍的影响顾客期望的众多因素中，有些是企业可以直接控制的，有些则是企业不可控制或不可直接控制的。前者如企业对服务的承诺，不管是明确的还是隐性的，企业都可以在经营过程中加以控制。后者如顾客的个人需要、过去的服务经历、持久性和临时性服务强化因素、可感知的服务替代物、自我感知的服务角色、环境因素等。

在服务期望管理过程中，企业可以直接控制的因素很少，但这并不等于说企业无法对这些因素施加影响。表5－4列出了对影响期望的各因素的管理策略。

表5－4　影响顾客期望的管理策略

	影响因素	管理策略
可控因素	明确的服务承诺	作出现实而准确的承诺； 了解顾客对广告、人员销售中承诺的反馈； 避免加入竞争对手的价格或广告战； 通过保证使服务承诺正式化。
	隐性的服务承诺	确保服务有形环境能正确传递有关服务信息； 对支付高价格的顾客提供高水准的服务。
不可控因素	个人需要	告诉特定顾客自己的服务可满足其需要。
	持续性服务强化因素	研究确定衍生服务期望的来源； 通过调研了解顾客的个人服务理念，根据该信息设计和传递服务。
	暂时性服务强化因素	在需求高峰期或紧急情况下增加服务提供者。
	可感知的服务替代物	充分了解竞争者，在可能和适当之处与其竞争。
	自我感知的服务角色	培训顾客理解和遵循其角色的行为方式。
	口碑	设计模拟口头交流的推荐式广告； 确定意见领袖，将营销努力集中在其身上； 激励现有顾客，使其表达对服务的积极理念。
	顾客过去的服务经历	通过市场研究描述顾客以及类似的体验。
	环境因素	通过服务承诺向顾客保证，不管环境如何，顾客都能得到补偿。
	预计服务	告诉顾客何种情况下企业的服务水平会比较高或低，避免顾客过高地预期未来服务。

（资料来源：梁彦明．服务营销管理．广州：暨南大学出版社，2004. 92）

在表5－4列出的针对各因素的管理策略中，通过管理服务承诺对顾客期望进行管理，可能是最直接的一类策略。格鲁努斯认为，管理者应当适当承诺，将顾客的期望控制在一个相对较低的水平。正如总体感知服务质量模型所示，顾客期望对顾客感知服务质量水平具有决定性的影响作用。如果服务提供者过度承诺，那么，顾客期望服务水平就会被抬得过高，感知的服务质量就会相对低下。尽管从客观的角度来看，顾客实际接受的服务质量可能很高，但由于他们期望的服务质量更高，两者会形成偏差，由此降低了感知服务质量水平。过度的承诺、过早的承诺，会毁掉企业质量改进的空间。因此，在进行外部市场沟通时，营销人员必须十分注意，避免作出不切实际的承诺。从营销实践来看，将顾客期望控制在一个相对较低的水平，企业营销活动的余地就会大一些，从而有利于提高顾客感知服务质量水平。顾客对符合他们期望水平的服务质量一般是不会表示异议的。同时，为控制顾客期望，企业可以根据具体情况提供超越顾客期望的服务，使顾客产生愉悦感，这对于提高顾客忠诚度可以起到事半功倍的作用。

总之，从营销的角度来说，适当地控制所作的承诺，企业就可以轻而易举地实现承诺。因此，企业先作出低承诺然后超越承诺是一种非常好的策略。

案例：Sabel Wilderness 酒店的顾客期望管理

Sabel Wilderness 酒店位于斯堪的纳维亚一个自然公园内，其附近还有几家酒店。整个酒店共有 80 个床位，以高标准的服务而闻名。这家酒店在宽敞的客房和温馨的客厅里投入了大笔资金，在餐厅里顾客可以品尝到当地以及世界各地的美食。多年来，公司投入巨资用来培训员工，使这些员工能为顾客提供充满人情味的优质服务。公司董事会确定的最新服务主题是服务补救，并由此建立了服务补救的支持系统。近年来，公司所做的顾客满意度调查显示，酒店服务水平基本上达到了顾客满意水平。75% 的客人对酒店的服务非常满意，只有 5% 的顾客对酒店服务表示不满意。几乎所有的顾客都是回头客。但是，由于近年来该地区新旅游者的涌入，Sabel Wilderness 的新顾客比重越来越大。

Sabel Wilderness 的管理层最近作出了一项战略性的举措，即将该酒店改造成为该地区最高档的酒店。但是，酒店直接负责营销和顾客服务的总经理 Leopold 却坚决反对这项决策。原因非常简单，虽然他认为酒店应当为顾客提供一流的服务，但他不想将顾客期望提得太高。Leopold 说："让顾客带着较低的期望来我们酒店是一件好事，因为这样我们总是可以超越顾客的期望，给顾客以惊喜。我认为，低承诺、高服务永远都是最好的策略。"按照 Leopold 的观点，这样顾客可以感受到他们接受了更好的服务，也会使 Sabel Wilderness 的形象得到提升。另外，这种策略也可以强化正面的口碑效应。

思考：根据以上案例，分析应如何管理顾客期望。

第三节　企业形象

一、形象的含义

"形象"是指人们对某个客体总的看法、态度和印象。这个客体可以是某个企业、某类产品和服务的整体组合、某个品牌、某个地方，也可以是某个人。在服务消费中，消费者可能会对某个服务性企业、某类产品和服务的组合、某个服务人员形成看法、态度和印象，即"形象"。这种形象可能是好的，也可能是坏的；可能是正确的，也可能是错误的；可能是真实的，也可能是虚构的。但是，不管这种"形象"是好的还是坏的、正确的还是错误的、真实的还是虚构的，它都会影响消费者的行为方式。

二、形象的特点

（一）形象的多样性

自从西北大学教授莱维（Sidney Levy）于 1955 年提出“形象”概念以后，营销学家相继提出以下一系列“形象”概念：

- 企业形象/公司形象，指人们对一个企业的整体看法；
- 产品形象，指人们对某类产品（服务）的看法；
- 品牌形象，指人们对某个品牌的看法；
- 营销形象，指人们对企业的营销活动的看法。

各类形象的形成和作用各不相同。例如，公司形象表明公众心目中某企业对社会、职员、顾客、其他利害关系人的态度。企业可通过积极参与公益活动，在公关活动中尽力宣传自己如何回报社会，在公众心目中建立起良好的企业形象，以吸引投资者和优秀员工，争取舆论支持。而企业的顾客则通过比较企业及其竞争对手的产品和服务提供的价值，形成对企业的产品形象、品牌形象和营销形象的看法。如果顾客认为自己购买企业的某个品牌或某类产品或服务可获得比竞争对手更高的价值，企业就会有良好的产品形象、品牌形象或营销形象。

对同一企业来说，其各类形象相互影响。例如，企业的产品形象、品牌形象、营销形象对其企业形象都会产生影响。

（二）形象的层次性

对于那些从属于大型企业集团的服务组织（如连锁店、分店、销售点、办事处等）来说，其形象是多层次的。许多大型服务性企业都通过直接投资、合营、特许经营等方式在全国乃至世界各地建立分支机构。对于这些地域性组织来说，除了拥有企业集团的整体形象外，还拥有自身的形象。例如，公众既会对麦当劳公司形成总体的看法，也会对麦当劳全球的每家连锁店形成看法。

（三）形象的差异性

不同的企业在顾客和公众心目中的形象不同；即使是同一个企业，在不同类型顾客心目中的形象也会有所差异。当然，企业也有共同的形象，公众会对企业的某些方面形成比较一致的看法，但这些特点对某些群体来说可能是非常熟悉的，而对于另外一些群体来说则可能是非常模糊的。

（四）形象的可变性

对某类顾客或公众来说，企业的形象并不是一成不变的。一个名声颇佳的知名服务性企业如果不重视质量管理，或采取了不恰当的营销沟通手段，也可能会使其名声受损。同样，企业自身经营策略的改变也可能会导致自身在顾客心目中的形象发生变化。例如，一家原来被附近居民视为“大众食堂”的地方性餐馆为了扩大客源市场而增加菜肴品种、提升服务档次和价格，那么这家餐馆在当地居民心目中的形象可能就会发生改变，不再是他们吃家常便饭的首选。

三、形象的重要性

良好的形象是企业的宝贵资产。对服务性企业而言，形象的重要性体现在以下四个方面：

（一）形象影响顾客对服务的期望

根据格鲁努斯的总体感知服务质量模型，顾客的期望会受企业的市场沟通、促销活动、口碑、企业形象、顾客需要等因素的影响。企业形象是影响顾客期望的一个重要因素。

1. 企业形象直接影响顾客对服务的期望

在有多个服务供应商可供选择的情况下，顾客往往会选择具有良好声誉的企业，同时，顾客的期望也会比较高。相反，顾客一般不会选择不知名或声誉不好的企业，如果顾客在不得已的情况下选择了这些企业，他们对服务的期望会较低。

2. 企业形象也会影响企业营销传播活动的效果和口碑，从而影响顾客的期望

消费者更可能相信拥有良好形象的企业发布的信息，也更可能积极地为这类企业传递口碑。反之，负面的企业形象就会有相反的作用。而中立的或消费者不熟悉的形象也许不会给企业带来损害，但也不会增强营销传播和口碑的效果。

（二）形象是影响顾客感知服务质量的“过滤器”

形象是影响顾客对企业服务实绩感知的“过滤器”，顾客对技术质量和功能质量的感知都要通过这个“过滤器”的过滤。但是，正负面形象的过滤效果不同。正面形象过滤器起到的是“保护伞”的作用，而负面形象过滤器起到的则是“放大镜”的作用。

1. 正面形象——过滤器的“保护伞”作用

正面的企业形象是企业的保护伞。一个形象良好的企业，其技术质量或功能质量的一些小问题很可能会被顾客所忽略。有时候即使发生了一些比较严重的问题，顾客也会理解为企业一时的疏忽而不多加关注。也就是说，在顾客感知服务质量的过程中，服务差错被正面形象过滤器过滤掉了，只剩下与企业形象一致的正面的信息。

当然，正面形象过滤器的这种保护作用是有限度的。如果服务差错频繁发生，其保护伞作用就会消退，企业的形象也会发生改变。如果服务差错非常严重，服务实绩与企业形象严重不符，顾客对服务质量的评价可能会特别低，企业形象反而起到了“放大镜”的作用。

2. 负面形象——过滤器的“放大镜”作用

负面的企业形象对服务差错起到“放大镜”的作用。如果一家企业的形象很糟糕，一旦其出现服务差错，企业的负面形象得到验证，服务差错对顾客感知的影响会加倍，顾客的不满也会加倍，企业在顾客心目中的形象就会变得更差。也就是说，在顾客感知服务质量的过程中，企业的负面信息经过负面过滤器的过滤，被加倍放大了。

（三）形象是顾客的期望和实际体验共同作用的结果

企业在顾客心目中的形象是顾客在多次服务消费中形成的对企业的主观印象相叠加的结果。每次服务体验后，顾客对服务质量的感知结果都可能改变企业原有的形象。如果感知质量与期望相符或超出期望，形象就会得到加强或提升；如果企业的表现不如期望，效果则相反。如果消费前企业的形象不清晰或顾客对其不了解，顾客体验就会使其逐渐清晰起来。

（四）形象对企业内部员工和外部顾客都有重要影响

企业形象不但会影响企业的外部顾客，而且对内部员工也有重要影响。服务一流、回馈社会等正面的、鲜明的企业形象会增强员工对企业的归属感，提高员工的忠诚度，提高员工的工作积极性和主动性，同时也有利于吸引更多的优秀人才。

四、形象管理策略

（一）管理不同层次的形象

如前所述，对于那些从属于某大型服务企业集团的地方性服务组织来说，其形象是多层次的，既拥有企业集团的整体形象，也拥有自身的形象。对于这类服务性组织来说，在突出自身鲜明的当地形象的同时，还要兼顾企业集团的总体形象。

1. 不同层次形象的关系

（1）不同层次的形象相互联系。

企业的整体形象和地方性组织的形象是相互联系的。

①企业的整体形象影响着当地组织的形象；

②各个分支结构的形象又会对企业的整体形象产生影响；

③各个分支机构之间的形象也会相互影响。

（2）不同层次的形象具有一定的相互独立性。

由于服务性企业经营活动的许多方面都是地方性的，因此，地方性组织可以在当地顾客心目中建立自己的当地形象。例如，即使某个连锁酒店整体声誉不佳，但其下属的某酒店仍可以建立自己优良的当地形象，以吸引顾客消费。

对不同的顾客而言，企业整体形象和地方组织形象的重要性不同。对大客户（如集团客户）来说，其在选择服务供应商的时候，更可能考虑供应商的整体形象；而对个人客户来说，则更多考虑地方性组织的独立形象。对游客或路经此地的顾客来说，他们更容易受企业整体形象的影响；而对当地顾客来说，他们则更容易受地方性组织的当地形象的影响。

2. 不同层次形象的管理

从企业整体管理角度出发，拥有多个地方性分支机构的服务性企业要同时兼顾不同层次形象的管理。

（1）总公司在努力建立良好的整体形象的同时，允许各地方性组织在一定程度内建立鲜明的当地形象。由于各地方的商业环境和社会环境不同，过于统一的当地形象可能会破坏企业的发展。

（2）保持各分支机构形象的适度统一，避免由于各分支机构形象的过于多样化而使本企业的整体形象变得模糊、不清晰。

（3）企业应充分考虑独树一帜的当地形象对清晰的企业整体形象的影响，然后决定是统一当地形象，还是使当地形象多样化。因行业不同，目标市场顾客类型不同，企业的经营策略不同，两者之间可能是冲突的，也可能是相互补充的。

（二）处理不同的形象问题

企业的形象一般有三种情况：第一种情况是企业很知名，形象也很好，这是许多企业追求的目标；第二种情况是企业很知名，但形象不佳；第三种情况是企业的形象不为人所知。

后两种情况的企业都面临形象问题。企业必须首先分析产生形象问题的原因，然后采取有针对性的策略。

1. 形象不为人知的企业的形象问题

企业的形象不为人所知的原因可能是多方面的。一个新成立的企业或刚刚进入某一细分市场的企业往往并不知名，在公众和目标市场顾客心目中还没有形成鲜明的形象。一个成熟的企业也可能因为营销传播的失误而使形象不清晰，难以获得很高的知名度。对不知名企业而言，建立正面的、鲜明的企业形象，有利于提高顾客感知的服务质量、扩大企业的市场份额、增强员工的组织归属感。这类企业的形象问题实质是营销传播的问题。

企业可采用各种营销传播手段建立良好的企业形象，提高企业的知名度，如广告、公关活动、宣传手册、包装、企业网站等。

2. 形象不佳的知名企业的形象问题

如果说不知名企业的形象问题是外部的营销传播问题，那么形象不佳的知名企业的形象问题就是企业内部的质量管理问题。“形象是现实的写照”，如果服务差错频频发生，而企业又没有采取有效的补救措施，那么顾客和公众就会形成对企业的负面形象。此时，如果企业采用大量的营销传播手段，宣传企业是以服务为导向的、关心顾客利益的、现代化的或者其他任何信息，其结果可能适得其反。因为，当现实与宣传的形象不一致时，现实起决定作用。这时，顾客和公众会认为企业的营销传播活动不可信，企业形象受到进一步的破坏。

当管理人员明确企业形象不佳的原因是服务质量问题后，就应该从企业内部管理入手，分析服务质量问题产生的原因，采取有效措施解决质量问题。当内部质量问题解决以后，采用营销传播手段才是改善形象行之有效的途径。

【本章小结】

1. 格鲁努斯提出了顾客感知服务质量概念和总体感知服务质量模型。他认为：(1) 服务质量是顾客感知的质量；(2) 服务质量由技术质量和功能质量两方面构成；(3) 服务质量是顾客期望和顾客感知的服务实绩共同作用的结果；(4) 顾客的期望受多种可控或不可控因素的影响；(5) 企业形象是顾客感知服务质量的“过滤器”。

2. 顾客的期望分为两个层次：理想服务和适当服务。在理想服务和适当服务之间的“区域”，称为容忍区域。

3. 奥加萨罗认为，顾客对服务的期望分为三类，即模糊期望、显性期望和隐性期望。顾客的三类期望会发生相互转化，期望的两种动态过程为有意识的动态过程和无意识的动态过程。

4. 影响理想服务期望的主要因素包括：个人需要、持久性服务强化因素、服务承诺、口碑和顾客过去的服务经历；影响适当服务期望的主要因素包括：暂时服务强化因素、可感知的服务替代物、自我感知的服务角色、环境因素和预计服务。

5. 企业对管理和改变顾客期望并不是无能为力的，企业应：(1) 根据不同顾客的不同容忍区域管理顾客期望；(2) 根据不同服务质量维度的不同期望特性管理顾客期望；(3) 根据服务期望的动态变化规律管理顾客期望；(4) 根据影响顾客期望的可控因素和不可控因素管理顾客期望。

6. 良好的形象是企业的宝贵资产。形象具有多样性、层次性、差异性和可变性。企业需要管理不同层次的形象，并处理不同的形象问题。

【拓展阅读】

1. ［美］瓦拉瑞尔·A. 泽丝曼尔，玛丽·乔·比特纳，德韦恩·D. 格兰姆勒．服务营销．北京：机械工业出版社，2008

2. ［美］阿拉斯塔·莫里森．旅游服务营销．北京：电子工业出版社，2004

3. ［美］约翰·E. G. 贝特森，K. 道格拉斯·霍夫曼．管理服务营销．北京：中信出版社，2004

4. ［美］马克·戴维斯，贾内尔·海内克．服务管理．王成慧，郑红译．北京：人民邮电出版社，2006

【思考与练习】

1. 何谓顾客感知服务质量？它是如何形成的？

2. 分析服务期望的层次。

3. 影响适当服务的因素有哪些？

4. 服务期望是如何分类的？

5. 以你最近一次服务消费为例，分析哪些影响期望的因素在你的决策中最为重要，为什么？

6. 举例说明模糊期望、显性期望和隐性期望的动态转换关系。

7. 企业如何根据不同顾客的不同容忍区域管理顾客期望？

8. 企业如何根据不同服务质量维度的不同期望特性管理顾客期望？

9. 企业如何根据服务期望的动态变化规律管理顾客期望？

10. 为什么形象对于企业来说是至关重要的？

11. 如何处理不同的形象问题？

第六章　服务质量的评价

【学习目的】

通过本章的学习，要了解服务质量评价方法的分类，掌握服务质量评价的基本程序和顾客感知服务质量最常用的SERVQUAL评价方法；熟悉SERVQUAL评价方法的运用及主要评价方法的区别与联系，掌握其他服务质量评价方法，如关键事件技术、价值曲线评价法、重要性—绩效分析方法等。

【学习要点】

1. 服务质量评价方法的分类
2. 服务质量评价的程序
3. SERVQUAL评价方法的测量程序及其应用
4. SERVPERF与SERVQUAL的比较
5. 基于SERVQUAL服务质量评价方法的区别和联系
6. 其他服务质量评价方法

【关键词】

服务质量评价　SERVQUAL　关键事件技术　价值曲线评价法　重要性—绩效分析方法　排列图分析方法

第一节　服务质量评价的方法和评价程序

要提高服务质量，企业管理人员首先必须了解本企业当前的服务质量水平，明确本企业服务系统的优点和弱点。企业管理人员应从本企业的外部顾客、竞争对手企业的顾客、本企业的员工三个方面获取信息，评价本企业的服务质量，找出服务质量管理工作中存在的问题，从而采取有针对性的改进措施，提高顾客感知的服务质量。

一、服务质量评价的方法

在实践中，企业管理人员采用多种方法评价企业及其竞争对手的服务质量。根据不同的分类依据，可以把这些方法划分为不同的类型：

（1）根据服务质量评价依据的资料是数字化信息还是非数字化信息，可把服务质量的评价方法分为定性研究方法和定量研究方法；

（2）根据评价的主体，可把服务质量的评价方法分为基于顾客的服务质量评价方法和基于企业的服务质量评价方法；

（3）根据方法运用的阶段，可把服务质量的评价方法分为信息收集方法和信息分析方法。

（一）服务质量评价的定性研究方法和定量研究方法

1. 定性研究和定量研究的含义与区别

（1）定性研究的含义。

定性研究（Qualitative Research）是一种通过发掘问题、理解事件现象、分析人类的行为与观点以及回答提问来获取敏锐的洞察力的研究。定性研究是与定量研究（Quantitative Research）相对的概念，也称质化研究，是社会科学领域的一种基本研究范式，也是科学研究的重要步骤和方法之一。

下面的行业透视提供了一个在旅游研究中使用定性研究的例子。

行业透视

在1999—2000年，澳大利亚旅游委员会市场调研部开创性地使用定性研究方法，来确定因特网在旅游者目的地决策（Milica Loncar，ATC，2001，Personal communication）方面的作用。该项研究具体采用焦点群体的定性方法，伴随有网页使用界面的练习。正如1999—2000年ATC的年度报告中所述：

"研究的总目标是更好地了解消费者对旅游网站的需求、期望与偏好，并了解因特网在旅游者与旅游决策形成过程中的作用。此次研究的调查结果将用于australia. com网站的进一步开发。"

［资料来源：澳大利亚旅游委员会（2000）］

（2）定量研究的含义。

定量研究是指通过收集用数量表示的数据、资料或信息，并对它们进行量化处理、检验和分析，以确定事物某方面量的规律性，从而获得有意义结论的研究过程。定量研究是科学研究的重要步骤和方法之一。定量，就是以数字化符号为基础去测量。定量研究通过对研究对象的特征按某种标准作量的比较来测定对象特征数值，或求出某些因素间的量的变化规律。由于其目的是对事物及其运动的量的属性作出回答，故称定量研究。

下面的行业透视提供了一个在旅游研究中使用定量研究的例子。

行业透视

由旅游研究署（BTR）开展的国际旅游者调查（IVS）采用了定量方法。调查是在澳大利亚主要国际机场进行的，每年从这些主要国际机场离境的15岁以上的国际游客约有12 000人次。被调查者必须是在澳逗留24小时以上12个月以下的国际游客。受访者是用随机抽样方式取得的（随机抽取航班，再在抽取的航班上随机抽取乘客）。经过此次调查得出了季度报告和年度报告。收集到了以下资料：旅游者特征（如居住国、年龄、旅游原因)；国际旅游线路（如来澳大利亚之前的中转国家的名称和数目)；在澳大利亚的旅游路线（如停留时间、到达和离开的港口、交通工具、住宿设施、参观的旅游景点)；旅游安排（如旅游团类型、如何组织旅游)；花费以及旅游满意度。调查是由经过培训的研究者采用访谈法进行的。

（3）定性和定量研究的区别。

表6－1列出了定性研究和定量研究主要的不同点。

表6－1　定性和定量研究的区别

不同点	定性研究	定量研究
着眼点	事物质的方面	事物量的方面
研究思路	归纳法	演绎法
研究依据	大量历史事实和生活经验材料	调查得到的现实资料数据
研究设计	非结构的、突发的、个案研究	结构的、系统化的、可重复的
研究焦点	主题	变量
资料表述	文字的	数字的
研究手段	逻辑推理、历史比较等方法	经验测量、统计分析和建立模型等方法
研究结论表述方式	多以文字描述为主	数据、模型、图形、表格
学科基础	逻辑学、历史学	概率论、社会统计学

2. 服务质量评价的定性研究方法

服务质量评价的定性研究方法主要包括深入访谈、专题座谈会和关键事件技术。采用这些方法时，调查人员多采用非结构化问卷，通过开放式问题调查受访者（顾客或员工）对服务质量的看法。

（1）深入访谈。

调研人员可以对顾客（包括现有顾客和潜在顾客、本企业顾客和竞争对手企业顾客、新顾客和老顾客）和员工进行深入访谈，了解他们对服务质量的看法，采取针对性的措施，提高本企业服务质量。深入访谈可以在许多方面得到应用，可以在定性研究中单独使用，也可以结合定量方法帮助形成封闭式结构化问卷以提供信息帮助理解定量研究的结果。深入访谈通常是研究人员与被访谈者一对一进行访谈。

深入访谈主要有以下三种类型：

①非正式访谈。

此种访谈是偶然性的、随意性的谈话，是社会交往过程中附带产生的结果。调研人员常常怀疑得到的是不是真实的资料，这些非正式的谈话记录在现场笔记中是作为社会生活的一部分而存在的。

②引导性访谈。

此种访谈被应用在定性研究中，目的是引出被访谈者的观点和看法。研究人员提出要探索的话题和范畴，但又对要讨论的话题有所保留，以便引出被访谈者的真实观点和想法。研究人员提出开放的问题和要求，被访谈者以较长的描述来回答。被访谈者对某些感兴趣的观点（应该作为自己的观点而不是研究人员的观点）展开讨论。

③标准化的开放式访谈。

此种访谈是指研究人员事先确定好一系列按一定顺序排列的、固定的问题，在访谈中询问被访谈者，被访谈者自由地作出回答。研究人员最重要的是接受和尊重被访谈者的观点和态度。

（2）专题座谈会。

专题座谈会是服务质量调研中非常实用且有效的定性调研方法。它是指由8~12人为一组在一名专业主持人的引导下对某个主题或者概念进行深入的讨论。专题座谈会通常是在设有单透镜和监听装置的会议室完成的。专题座谈会的调查目的在于了解被访问者对某项产品、某个概念、某种想法或者某个组织的看法，从而获取对有关问题的深入了解。根据座谈对象的不同，专题座谈会也可以分为针对顾客的专题座谈会和针对员工的专题座谈会。

专题座谈会包括以下几个要素：

①座谈会环境。

专题座谈会通常是在专业的测试室中进行的，采用不被调查对象发现的现场观察（如使用单透镜或闭路电视设备），并采用录像、录音设备对全程进行记录，以便事后分析。

②参与者的征选。

研究人员采用多种方法挑选和邀请座谈会参与者。常见的方法有随机电话挑选邀请以及依据数据库进行挑选邀请等。实际上，被邀请者通常是有条件限制的，研究人员需要根据具体情况事先设计好一些条件，然后对备选对象进行筛选，只有满足条件的备选对象才能参加座谈会。

③座谈会时间。

通常座谈会的时间在两个小时左右。前10分钟由主持人介绍座谈程序，在剩下的100分钟左右的时间里，主持人的发言会占去25%的时间，座谈者发言占75%的时间，每个座谈者的实际发言时间通常只有10分钟左右。

④主持人的选择。

拥有一个出色的主持人是座谈会成功的关键。一个主持人至少必须具备以下三个方面的才能：一是组织能力，能够恰如其分地掌控座谈会的进程；二是专业知识，熟悉和掌握座谈话题的相关知识；三是工作技巧，如沟通技巧、倾听技巧、观察技巧、引导技巧等。

⑤讨论大纲的制定。

讨论大纲是一份关于座谈会所要涉及话题的概要，它是主持人（或者组织者）根据调研内容和所需的专业信息设计的。大纲通常分为三个部分：第一部分是建立友好关系，解释规则，并提出讨论的主题；第二部分是主持人提出主要讨论的内容；第三部分是总结重要的结论。

表 6-2　组织专题座谈会的技巧

阶段	技巧
座谈会开始前	确定举办座谈会的地点
	小组人数控制在 6~12 人
	提供一些舒适的条件，如饮料、茶点
	所选的参与者要有共性，便于相互交谈，但又不能过于相似，以免其想法如出一辙
	座谈会要安排在方便的时间进行
	如果需要，做好停车安排
	提前准备好所有问题
	要有两名主持人，一名引导座谈，一名做记录（座谈会有录音除外）
	房间里座位摆成 U 形或环形，要让所有人都能看到彼此的面容与眼神
	将座谈会控制在两个小时内
座谈会进行中	询问开放式问题
	避免诱导性问题
	主持人尽量少插话
	对发言不作评判，无论是肯定的还是否定的评判
	准确记录意见，不作改动
	听到意外信息时要灵活变通
	记录小组成员对某些问题反应的强烈程度
	对小组间的互动进行协调
	不要让任何参与者控制或主导座谈
	鼓励每个参与者都参与讨论
	运用活动挂图记录各种观点和意见
座谈会结束后	回顾你认为很清楚且已理解的记录
	对当时未做记录的小组观察情况进行记录
	讨论并记录受座谈激发而产生的任何新见解与新想法

（资料来源：［美］马克·戴维斯，贾内尔·海内克．服务管理——利用技术创造价值．王成慧，郑红译．北京：人民邮电出版社，2006. 37）

（3）关键事件技术。

关键事件技术（Critical Incident Technique，简称 CIT）是通过记录服务过程中成功或失败的事件和行为来发现质量问题或质量优势，从而对服务质量现状作出评价，并采取措施提高顾客感知质量和满意度的一种分析方法。本章将在第三节中详细介绍关键事件技术的程序。

3. 服务质量评价的定量研究方法

服务质量评价的定量研究方法主要是问卷调查法。使用这类评价方法的调研人员需要设计结构化问卷，通过顾客或员工问卷调查收集数据，并对数据进行量化处理和分析。这类服务质量调查问卷亦称服务质量计量量表。

在现有的文献中，国内外学者对顾客感知服务质量计量量表的形式及其使用方法进行了大量的研究，开发了许多不同的服务质量计量量表。其中，使用最广泛同时争议最多的是 SERVQUAL 量表。本章第二节将对 SERVQUAL 服务质量评价法作详细的介绍。

4. 定性研究方法和定量研究方法的结合

定性研究方法和定量研究方法都是服务质量评价的重要方法，两类方法各有优缺点，适用的情况也不相同。在实践中，调研人员应同时采用定性和定量方法收集服务质量评价信息，既收集量化数据，也记录文字信息。

量化数据给人以精确、简洁的感觉，便于管理人员分析和比较不同时期、不同企业或不同基层单位的服务质量。但是，量化数据不可能让管理人员听到顾客说话的腔调、语气。例如，一个服务质量报告列出：4%的顾客认为本企业服务质量很差，10%的顾客认为本企业服务质量较差，86%的顾客认为本企业服务质量较好或者很好。管理人员对这样的质量报告会感到比较满意，报告中用量化数据表示的4%的劣质服务评价很可能不会引起管理人员的重视。但是，如果服务质量报告中引用顾客强烈不满事件的文字描述或录像，就可能会引起管理人员的高度重视。

与书面记录相比较，录像的效果更好。调研人员可拍摄顾客投诉录像片、顾客座谈会录像片，以使管理人员更准确、全面地了解顾客对本企业服务质量的评价。

在服务质量评价的不同阶段，调研人员可配合采用多种定性和定量方法。如在运用SERVQUAL量表对服务质量进行定量评价之前，调研人员通常会采用深入访谈、专题座谈会等定性研究方法，了解企业服务质量管理的现状和问题，明确服务质量评价的重点部门和重点环节。而在对服务质量进行定量评价和分析之后，研究者又可能会采用各种定性方法，借助对顾客或员工的访谈，找出量化数据发生规律性变化和各变量之间存在因果关系的原因。

（二）基于顾客的服务质量评价方法和基于企业的服务质量评价方法

根据服务质量评价主体的不同，可把服务质量的评价方法分为基于顾客的服务质量评价方法和基于企业的服务质量评价方法。

1. 基于顾客的服务质量评价方法

基于顾客的服务质量评价方法主要有交易调查，新顾客与流失顾客调查，服务实绩评论，顾客投诉、评论和问询记录，整个市场调查等。

（1）交易调查。

交易调查指调研人员在每次服务工作结束之后调查顾客感知的服务质量，收集顾客的反馈，以便管理人员采取改进措施。

这种方法的局限性是企业调研人员只了解到顾客对最近一次服务工作的意见，而不能了解顾客对本企业服务的全面评价。此外，调研人员不调查竞争对手企业的顾客。

（2）新顾客和流失顾客调查。

这种调研方法指调研人员通过调查新顾客选购本企业服务的原因、老顾客在本企业消费额减少的原因、流失的顾客不再购买本企业服务的原因，分析服务质量和其他有关因素对顾客购买行为和顾客忠诚度的影响。

持久采用这种方法的前提是，企业必须长期记录每位顾客的每次消费信息，识别每位顾客的类型（即属于新顾客、忠诚顾客还是流失顾客）。

（3）服务实绩评论。

服务实绩评论指管理人员定期走访一批顾客，了解顾客对本企业服务的期望和评价，与顾客探讨本企业服务改进工作的重点，以及双方应如何加强合作关系。

管理人员应采用正式的调研程序，要求顾客回答一整套问题，在数据库中储存顾客的答案，并对顾客进行后续性双向沟通。这种调查方法需付出的时间和经济成本较大，但所获得的信息较全面、可靠。

（4）顾客投诉、评论和问询记录。

采用这种方法的企业长期记录顾客投诉、评论和问询情况，定期分类整理这些资料，以发现最常见的服务差错，采取有针对性的改进措施。

这种方法的局限性是对企业不满的顾客往往不会向企业直接投诉，管理人员无法通过顾客投诉分析全面了解企业的服务质量现状。

（5）整个市场调查。

整个市场调查指调研人员不仅调查本企业的外部顾客，还调查竞争对手企业的顾客，计量顾客对本企业服务的全面评价，对本企业和竞争对手企业的服务实绩进行比较分析，以确定本企业服务改进工作的重点，了解本企业服务改进的情况。

这种方法的局限性在于调研人员可计量顾客对本企业服务的全面评价，却无法计量顾客对本企业某一次服务的评价。

2. 基于企业的服务质量评价方法

基于企业的服务质量评价方法主要包括：员工现场报告、员工调查、神秘顾客调查/暗查、经营数据记录系统分析和质量检查。

（1）员工现场报告。

员工现场报告指服务性企业采用正式的程序，收集、分类、整理、分发员工在服务现场获得的信息，以便管理人员了解顾客对本企业服务的期望和评价。这类调查方法的局限性是员工可能不愿向管理人员汇报不利的信息。此外，不同的员工反映情况的能力和自觉性也会不同。

（2）员工调查。

调研人员向员工调查服务情况和工作环境质量，以便管理人员计量内部服务质量，发现员工在服务工作中面临的问题，了解员工的工作态度和精神状态。员工直接为顾客服务，能了解本企业服务质量问题产生的根本原因，为服务改进工作提出许多宝贵的意见。但是，员工对服务质量的看法不可能始终客观、正确。

（3）神秘顾客调查/暗查。

神秘顾客调查方法是一种检查现场服务质量的调查方式，在20世纪70年代由美国零售行业“模拟购物”（Mystery Shopping）的调查方式发展而来。在这种调查中，神秘顾客通常是聘请的独立的第三方人员，如市场研究公司的研究人员或经验丰富的顾客，通过参与观察的方式到服务现场进行真实的服务体验活动。神秘顾客针对事前拟好的所要检查和评价的服务问题对服务现场进行观察，提出测试性问题并获取现场服务的有关信息，包括服务环境、服务人员态度、服务表现、人员业务素质、应急能力等。

（4）经营数据记录系统分析。

通过经营数据记录系统分析和推测出顾客期望与顾客感受差异。企业记录、分类、整理、分发服务差错率、员工回应顾客要求的时间、服务费用等实际经营数据，监控服务实绩，以便采用必要的措施，改进经营实绩。

（5）质量检查。

在旅游业中，需要定期对服务质量进行检查。所有外部授权的质量管理系统（例如ISO 9000：2000）都要求在初始认证中执行"检查"，然后进一步作定期检查。各种质量奖励都要对企业进行一次检查，看其是否有资格"赢得"奖项。例如，饭店有星级评定标准。为维护国家的形象，保护消费者的利益，并指导饭店业的科学发展，许多国家的政府机构和行业组织都颁布和实施了饭店等级制度，以此作为行业管理与行业规范的一种手段。随着饭店等级制度的普及，一家饭店所拥有的等级已成为对其设施与服务质量的鉴定和保证。因此，评定等级后，饭店在进行市场营销时便有了极具说服力的宣传工具，同时，也促使饭店不断完善设施和服务，提高管理水平。

3. 以上各种服务质量评价方法的选择和应用

以上各种基于顾客和基于企业的服务质量评价方法各有利弊，使用的情况也不相同。在实践中，调研人员一方面应有针对性地选择某些方法，另一方面应把多种方法结合使用。

（1）根据本企业服务的性质、服务策略、企业与顾客的关系，有针对性地选择服务质量评价方法。

①根据企业服务的性质选择服务质量评价方法。例如，为少数客户提供复杂服务的企业可采用"服务实绩评论"方法，直接听取每位客户对服务质量的评价意见，与客户商定服务工作的重点，增强双方之间的关系；而以为众多顾客提供标准化产品和服务为主的快餐店则不宜采用这种费时、费钱的方法。

②根据企业的服务策略选择服务质量评价方法。强调服务可靠性的企业可采用"顾客投诉、评论和问询记录"方法，记录、分析顾客的投诉，发现服务体系中的薄弱环节；而强调销售网点优质服务的企业则可以采用"神秘顾客调查"方法，了解每个销售点的每位员工的服务实绩。

③根据企业与顾客的关系选择服务质量评价方法。例如，高度重视关系营销的企业（如银行、移动通信公司）可采用"新顾客和流失顾客调查"方法，调查各类顾客对服务质量的评价，明确哪些因素会影响新顾客对企业的印象、降低老顾客忠诚度、造成顾客流失；而那些不易与顾客保持长期关系的企业（如出租汽车公司）就不宜采用这类调查方法，而更可能考虑采用"交易调查"方法，调查顾客对最近一次服务质量的评价。

（2）多种方法结合使用。

企业可同时采用多种方法，利用某种方法的优点抵消另一种方法的缺点。例如，"交易调查"方法只能提供顾客对服务质量评价的信息，而"员工现场报告"方法则只能提供员工对服务质量评价的相关信息。研究结果表明，服务性企业顾客和服务人员会从各自角度评估服务质量，而且两者对服务质量的评价结果可能不同。因此，企业应同时采用"交易调查"和"员工现场报告"两种方法，同时从顾客和服务人员两个方面收集信息，以便更全面、准确地评价本企业的服务质量。

贝里和潘拉索拉曼认为，几乎所有服务性企业都可采用"交易调查"、"顾客投诉、评论和问询记录"、"整个市场调查"、"员工调查"四类调查方法。同时采用四种方法，管理人员既可了解顾客对某项服务工作的反馈，又可从本企业顾客、竞争对手顾客和本企业员工三个方面获得本企业服务质量评价的全面信息。

（三）服务质量评价不同阶段的方法

根据方法运用的阶段，可把服务质量评价的方法分为信息收集方法和信息分析方法。以上所列各种定性和定量方法、基于顾客和基于企业的服务质量评价方法都属于服务质量评价信息的收集方法。在收集到有用信息后，研究人员需要对信息进行整理、分析和结果显示。在这一阶段，研究人员常采用的方法有平均数、百分比、相关分析、回归分析、因子分析、重要性—绩效分析、排列图等。

本章第三节将对重要性—绩效分析法和排列图法进行详细介绍。其他方法请参考统计学或管理研究方法等相关教材。

二、服务质量评价工作的基本程序

1. 调查顾客期望，确定顾客服务质量评价的依据

根据“符合期望”质量定义，顾客的期望是顾客评估服务质量的依据，因此，企业评价服务质量首先应对顾客期望进行调查。即使在企业采用“符合规格”质量定义对产品和服务整体组合的某些成分进行质量管理的情况下，管理人员也需根据顾客的期望制定各产品和服务成分的标准，因此也应对顾客期望进行调查。

2. 建立服务质量信息系统，采用各种服务质量评价方法，收集服务质量评价信息

有效地收集服务质量评价信息是进行服务质量评价的重要环节。服务性企业应建立服务质量信息系统，使用前述多种调研方法，收集高质量的服务质量信息，以便对企业服务质量作出准确评价。

（1）服务质量信息系统的作用。

美国著名营销学者贝里认为，有效的服务质量信息系统具有以下作用：

①促使管理人员在决策工作中考虑顾客的意见。

②明确顾客重视的服务属性。

③揭示服务改进工作重点，指导资源分配决策工作。

④长期记录本企业和竞争对手企业的服务实绩。

⑤表明服务质量改进措施和服务质量投资的效果。

⑥提供服务实绩数据，以便管理人员确定奖惩金额。

（2）高质量信息的特征。

服务质量信息系统强调信息质量，而不是信息数量。管理人员可根据信息的相关性、精确性、连续性、可信性、易懂性和及时性来衡量信息质量。

①相关性。

相关的服务质量信息有助于管理人员集中精力解决最重要的问题。服务质量信息系统越能使管理人员了解顾客最重视的服务质量维度，管理人员就越可能采取最适当的措施提高服务质量。服务质量各个维度的重要性与顾客对服务质量的各个维度的期望既有联系又有区别。顾客的期望是顾客评估服务质量时使用的比较标准。但是，各类服务属性并非同样重要。服务质量信息系统应收集有关服务质量各个维度重要性的信息，检测本企业和竞争对手企业各维度的质量。

②精确性。

信息的精确性是信息有用的前提。过分简略或过分笼统的信息是无用的。服务质量信息系统必须提供精确、具体的服务质量评价信息，以便管理人员确定服务质量管理工作重点，制定服务质量改进规划，采取具体的措施，提高服务质量。

③连续性。

有效的服务质量信息系统应能不断地提供信息，以便管理人员根据各个时期的服务质量评价资料分析本企业的各项服务质量管理工作的成效。服务质量信息系统应在各个时期采取相同的计量方法，使不同时期的服务质量评价数据具有可比性，以便管理人员了解企业服务质量水平的发展趋势，对信息作出正确的解释。

④可信性。

服务质量信息系统提供可靠的信息，才能调动管理人员和员工的工作积极性。在服务质量评价中得分较低的基层单位管理人员和员工会觉得尴尬，收入也可能会减少。他们往往会怀疑服务质量评价结果的可信性和服务质量信息系统的有效性。高层管理人员可采取以下措施提高服务质量信息的可信性：

- 征求基层单位管理人员和员工对服务质量调研方法和调研内容的意见；
- 调研人员在员工大会上解释调研方法，回答员工的提问；
- 分发调研结果时，调研人员应明确解释调研方法和调研过程；
- 使用多种调研方法，如果不同的调研方法得出相同的结论，则可增强调研结果的可信性；
- 委托外部调研公司收集服务质量评价数据。

⑤易懂性。

信息使用者是否理解信息也是衡量信息质量的一个重要因素。信息使用者往往会认为容易理解的信息更实用和更可信。调研人员应尽量避免采用信息使用者不熟悉的统计术语和符号，以免引起误解、猜测和疑惑。调研人员与信息使用者共同设计服务质量信息系统也是提高信息易懂性的一个方法。

⑥及时性。

服务质量信息系统应根据企业决策和计划工作周期准备好各类服务质量评价数据，并能随时为管理人员提供有关服务质量发展趋势的数据。调研人员可使用电话、电子邮件进行顾客和员工问卷调查，通过企业内部网分发信息，以加快信息收集和发布的速度。

3. 整理、分析服务质量评价信息，向管理人员提交服务质量评价报告

企业的服务质量信息系统不仅应收集服务质量信息，而且还应对收集到的信息进行有效的整理和分析，并以适当的方式显示质量评价结果。服务质量信息系统研究人员通常采用平均数、百分比、相关分析、回归分析、因子分析、价值曲线分析、重要性—绩效分析、排列图等方法，整理、分析服务质量信息，并形成服务质量评价报告，用文字、录像、图表等方式显示服务质量评价结果。

4. 向每一位员工反馈服务质量信息

研究人员不仅应向管理人员报告服务质量评价结果，而且还应向企业的每一位员工反馈服务质量信息。

（1）向员工提供服务质量信息的必要性。

根据授权理论，服务性企业的每一位员工都是企业的决策人员。企业应授予员工服务工作决策权力，以便他们在为顾客服务的过程中能主动地满足顾客期望，创造性地解决服务工作中出现的问题。管理人员与员工分享服务质量信息是企业授权措施得以奏效的重要保障。管理人员为员工提供各类服务质量信息，如顾客期望、顾客对服务质量的评价等信息，有利于员工理解顾客的期望，了解顾客的反应，及时调整服务方式和服务行为，提高顾客感知的服务质量。

（2）向员工提供服务质量信息的渠道和方法。

研究人员可通过培训班、内部通信、录像片等渠道向员工提供服务质量信息。

服务质量信息系统的设计人员要了解信息使用者的需要，才能做好服务质量信息系统设计工作。员工是服务质量信息的使用者，因此，设计人员应了解各类员工需要哪些信息，明确服务质量信息系统应在何时、如何为各类员工提供这些信息。表6－3列出了设计人员应向信息使用者调查的一些问题。

5. 根据服务质量评价结果，确定服务质量改进重点，实施有针对性的质量改进措施

在服务质量评价结果中，对各个评价结果进行比较分析，找到影响服务质量的关键因素，进而有针对性地确定服务质量改进的措施，提高改善服务质量的效果。

6. 定期评价服务质量，分析服务质量评价和改进活动的效果

服务质量评价是一项长期的任务。企业应定期评价本企业的服务质量，并对前后各期的服务质量水平进行比较，了解本企业服务质量发展趋势，分析服务质量评价和改进活动的效果。

表6－3　服务质量信息系统设计人员应向信息使用者调查的一些问题

设计之前	使用之后
• 您想了解顾客哪些情况？ • 哪些信息可帮助您改进服务工作？ • 您希望获得哪些与您或您的班组、部门、公司有关的服务质量信息？ • 如果您目前已获得一些服务质量信息，哪类信息最有用？为什么？哪类信息最没用？为什么？ • 您喜欢哪一种获取服务质量信息的方法？您希望多久获得一次信息？	• 您能否获得服务质量管理工作必需的各类信息（向管理人员调查）？ • 您能否获得您在服务工作中必需的各类信息，以便您为顾客提供优质服务（向第一线员工调查）？ • 您希望获得哪些新的服务质量信息？您为什么需要这些新信息？ • 在您获得的服务质量信息中，哪类信息最有用？为什么？哪类信息最没用？为什么？ • 您能否及时获得有关信息？请说明。 • 您认为本企业应如何提高服务质量信息的实用性？

［资料来源：汪纯孝等．服务性企业整体质量管理（第二版）．广州：中山大学出版社，2001．365］

第二节　SERVQUAL服务质量评价方法

一、SERVQUAL量表的内容

（一）SERVQUAL量表

SERVQUAL评价方法完全建立在顾客感知的基础之上，即以顾客的主观意识为衡量的重点，它是目前被认为从顾客角度评估服务质量最典型的方法。PZB三人在1985年的“差

距模型”基础上，于 1988 年提出 SERVQUAL 量表，SERVQUAL 是 Service Quality（服务质量）的缩写。根据两个阶段的实证研究，PZB 将“差距模型”（第八章第一节）中影响服务质量和顾客服务感知的 10 个维度（可靠性、响应性、能力、可接近性、礼貌、沟通、可信度、安全性、理解、有形性）简化为 5 个维度（有形性、可靠性、响应性、保证性、移情性），将量表的 97 个测试问题精简为 22 个题项，至此形成了被广泛使用的 SERVQUAL 量表（见表 6 –4）。

表 6 –4　SERVQUAL 量表

维度	定义	题项
有形性（Tangibles）	服务中的实体部分，包括服务设施、设备和服务人员的外表	1. 服务设施在视觉上具有吸引力 2. 具有现代化的服务设施 3. 员工仪表整洁 4. 公司的设备与所提供的服务相协调
可靠性（Reliability）	可靠地、准确地提供所承诺的服务的能力	5. 能履行对顾客的承诺 6. 顾客有困难时，表现出关心并提供帮助 7. 公司是可信赖的 8. 准时提供所承诺的服务 9. 正确记录相关的服务
响应性（Responsiveness）	乐于帮助顾客与提供及时的服务	10. 确实告知顾客各项服务的时间 11. 提供及时的服务 12. 服务人员总是乐意帮助顾客 13. 服务人员不会因为忙碌而无法提供服务
保证性（Assurance）	知识和态度使顾客信任、放心	14. 服务人员是可以信任的 15. 从事交易时顾客应感到放心 16. 服务人员有礼貌 17. 服务人员能从企业得到适当的支持，以提供更好的服务
移情性（Empathy）	关心并为顾客提供个性化服务	18. 企业针对不同客户提供个性化服务 19. 服务人员对客户给予个别的关怀 20. 了解顾客特殊要求 21. 重视顾客的利益 22. 企业的营业时间方便所有顾客

［资料来源：Parasuraman A.，Zeithaml V. A.，Berry L. L. SERVQUAL：A Multiple – Item Scale for Measuring Consumer Perceptions of Service Quality. *Journal of Retailing*，1988，64（1）：pp. 12 –40.］

（二）服务质量的评价维度

1. 有形性（Tangibles）

由于服务是无形的，其本质是一种行为过程而不是某种实物，具有不可感知的特性，所以，顾客在很大程度上只能借助那些与服务有着密切关系的有形事物来形成对企业的期望，进而评价企业服务质量的高低。一家企业的有形资产通常包括服务设施和设备、环境布置和卫生、工作人员的仪容仪表、各种指示符号与标志、价目表等。

这些有形资产对顾客感知服务质量有两个方面的作用：一是提供有关服务质量本身的有形线索，二是直接影响顾客对服务质量的感知。

在 SERVQUAL 量表中，与有形性相关的是题项 1 ~4。

2. 可靠性（Reliability）

可靠性是指企业可靠、准确地履行所承诺的服务的能力。这意味着服务企业要一次服务到位，也意味着服务性企业兑现其所有的承诺。服务可靠性要求企业：

（1）以相同的方式无差错、准时地提供承诺的服务。

许多以优质服务著称的企业都是通过“可靠”的服务来建立自己的信誉的。例如，麦当劳的顾客会发现，在去除文化背景因素之后，无论在美国还是在中国都能吃到具有同一质量水平的汉堡包。

（2）避免在服务过程中出现差错。

服务差错给企业带来的不仅是直接意义上的经济损失，而且可能意味着失去很多潜在顾客。在服务过程中，最令顾客恼火的莫过于企业失信。例如航空公司的可靠性表现在安全、准时及快速上。假如一位旅客准备乘坐上午 9：30 的飞机从北京飞往广州参加下午 3：30 的会议，实际上整个航程只需三个多小时，但是，旅客候机却等了六个小时，因为飞机晚点了五个小时。飞机晚点不仅耽误了旅客的行程，而且严重破坏了公司在旅客心目中的形象。在这种情况下，向旅客道歉往往是起不到弥补作用的。

在 SERVQUAL 量表中，与可靠性相关的是题项 5 ~9。

3. 响应性（Responsiveness）

响应性指企业帮助顾客并迅速提供服务的愿望，是顾客感觉到的服务企业的态度，即企业随时准备愿意为顾客提供快捷、有效的服务。响应性要求企业：

（1）提供及时、快速的服务。

例如，及时邮递交易传票，不懈怠地接听顾客的电话等。研究表明，在服务传递过程中，让顾客等候，特别是无原因的等候，会对顾客质量感知造成不必要的消极影响。

（2）随时准备帮助顾客。

服务人员应随时准备好帮助顾客，一旦顾客提出要求，服务人员应马上给予响应，即使顾客没有明确提出要求，服务人员也应该洞察到顾客的需要，自觉提供服务。

（3）出现服务差错时，迅速解决问题。

如在误点的航班上提供补充饮料可以将乘客潜在的不良感受转化为美好的回忆。

在 SERVQUAL 量表中，与响应性相关的是题项 10 ~13。

4. 保证性（Assurance）

保证性是指员工表达所具有的知识、礼节、自信和可信等的能力。保证性包括两个方面：

（1）知识和能力。

是指服务人员履行服务必须拥有的技能和知识。

（2）得体。

是指与顾客直接接触的员工表现出的礼貌、尊重、体谅和友好。

服务人员的友好态度与胜任工作的能力，能够增强顾客对企业服务质量的信心和安全感。当顾客同一位友好、和善且学识渊博的服务人员打交道时，他会认为自己找对了公司，从而获得信心和安全感。友好心态和胜任能力二者是缺一不可的。服务人员缺乏友善的态度自然会让顾客感到不快，而如果他们对专业知识懂得太少也会使顾客失望，尤其是在服务产品不断推陈出新的今天，服务人员更应该拥有较高的知识水平，给顾客以专家的感觉。

在 SERVQUAL 量表中，与保证性相关的是题项 14 ~ 17。

5. 移情性（Empathy）

移情性是设身处地地为顾客着想和对顾客给予特别的关注，表现为对顾客的关心和细致入微的个别关怀，包括：

（1）服务人员接近顾客的能力（可接近性和便捷性）。

（2）服务人员有效地了解顾客的需求（甚至是私人方面的特殊需求）并予以满足，做到换位思考，使整个服务过程富于“人情味”。

在 SERVQUAL 量表中，与移情性相关的是题项 18 ~ 22。

表 6－5　关于顾客如何评价服务质量五个维度的例子

	有形性	可靠性	响应性	保证性	移情性
航空（消费者）	飞机、订票柜台、行李区、乘务人员的制服	飞往指定地点的航班按时起飞和抵达	迅捷的售票系统，快速的空运行李处理	真实姓名，良好的安全记录，胜任的雇员	理解特殊的个人需要，预测顾客需要
医疗（消费者）	候诊室、检测室、设备和书面材料	按约定时间会面，诊断准确	医疗过程不用等待	医生的知识、技能、证书和声誉	理解病人的苦楚，耐心倾听病人的诉说
信息处理（企业的内部顾客）	内部报告、办公区域及员工着装	按要求提供所需服务	对要求及时作出反应，杜绝“官僚主义”，及时处理问题	具有丰富知识的员工，良好的培训、资格	将内部顾客以不同个人来看待，明白个人及部门的需求
网上经济（消费者和企业内部顾客）	网站及附属物的外观	提供正确信息，准确执行顾客要求	快速、易进入、无障碍的网站	网站上可信的信息来源，品牌识别、明显的网站资格	根据需要与他人配合作出反应的能力

（资料来源：丁宁. 服务管理. 北京：清华大学出版社，北京交通大学出版社，2007. 121）

顾客主要从以上五个方面将期望的服务和实际感知到的服务进行比较，最终形成自身对服务质量的判断。期望与感知之间的差距是服务质量的度量，既可能是正面的也可能是负面的。

案例：海尔体贴入微的服务

9 月 6 日下午 3 时左右，海尔天津电话咨询中心的 12 号咨询员小尹还像平常一样认真地接听每一位用户的来电，此时电话又响起，一位手机经销商来电反映有一海尔手机的用户在与外地联系收发短信息时出现了无法接收的情况，通过沟通，小尹判断此问题属于操作问题而非手机故障，因此主动要求与用户本人通话，为其讲解使用方法。但经销商表示用户是位聋哑人，情况特殊无法接听电话，小尹在认真详细地指导经销商操作完毕后，挂上了电话……

挂上电话后，小尹的心情久久不能平静：用户是个聋哑人，手机短信是他与外界联系的重要方式，不能发短信会给这位用户带来多大的不便啊。怎样才能知道用户的问题是否解决了呢？小尹忽然想到了短信息，她想："这位特殊用户购买手机的目的就是通过短信息与外界沟通，我为什么不能用短信息来与用户交流呢？"于是她拿起了自己的手机，将咨询内容编辑成短信发给了用户。但当天并未收到用户的回复，小尹并未就此放弃，反而更着急了。第二天，她再次给用户发出了短信，询问对方是否根据指导的方法操作，问题是否已解决。过了一会儿，终于等到了用户的回复，用户的短信中写道："你好，虽然我们并未见过面，我是一个聋哑人，无法用语言来表达我心中的谢意，我的手机已经能够使用了，你们海尔真是太好了，我以后还会继续选择海尔的产品，谢谢你！"

思考：根据以上案例，理解服务质量的五个维度。

二、SERVQUAL 服务质量评价法的测量程序

SERVQUAL 服务质量量表分为"期望服务"（ES）和"感知服务"（PS）两大部分，每部分均有基于服务质量的五个维度而设计出的 22 个问题，问卷采用李克特的七点尺度量表。其中，期望部分由 22 个问项来测量顾客的期望，感知部分由与期望部分相匹配的 22 个问项来描述顾客感知服务质量实绩，每一题项的服务质量是由一个差距分数（Gap Score，简称 G）所求得，此差距分数代表每个问项的感知服务质量，即 G = PS − ES。

PS 与 ES 是每个题项对应的感知与期望的评价。根据顾客对服务的"感知"与"期望"的差异比较，得出企业的服务质量（见图 6－1）。当 PS > ES 时，G 值为正数，顾客的"感知"超过了"期望"，顾客能够感受到高质量的服务，G 值越大，表明服务实绩超过期望的幅度越大，顾客感知的服务质量越好；当 PS = ES 时，G 值为零，顾客的"感知"等于"期望"，顾客感到服务质量尚可；当 PS < ES 时，G 值为负数，顾客的"感知"低于"期望"，顾客感到服务质量低下，G 值的绝对值越大，表明服务实绩离期望的差距越大，顾客感知的服务质量越差。

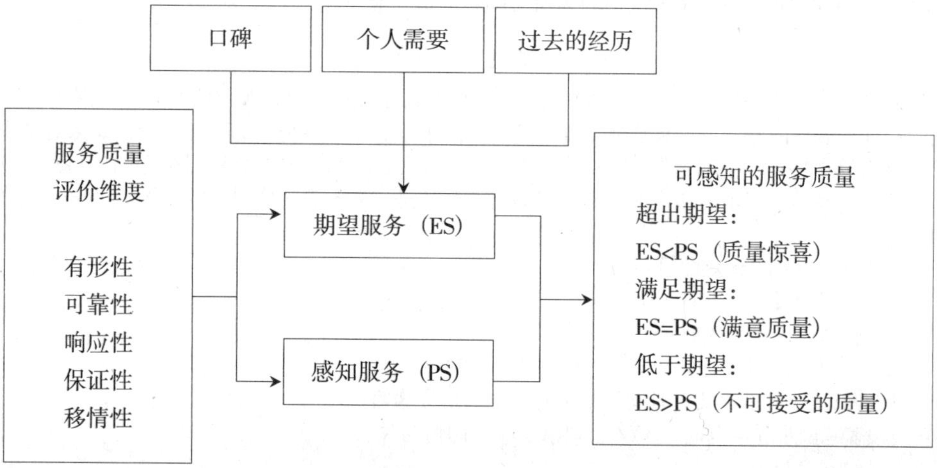

图 6－1 PZB 顾客感知服务质量模型

［资料来源：Parasuraman A.，Zeithaml V. A.，Berry L. L. SERVQUAL：A Multiple－Item Scale for Measuring Consumer Perceptions of Service Quality. *Journal of Retailing*，1988，64（1）：pp. 12－40.］

表 6-6 SERVQUAL 调查问卷

问卷一 顾客期望
说明：这份调查问卷目的是为了收集您对______服务的看法。请对这类企业是否应当拥有下列问题中所描述的特征发表您的看法。在每个问题后面我们设计了从 1~7 这 7 个分数供您选择其一。如果您非常赞同这类企业应当拥有这项特征，您就选择 7；如果您非常反对这类企业应当拥有这项特征，您就选择 1；如果您的期望在这两者之间，那么您就根据您的支持程度选择其中的某个数字。答案没有正确和错误之分，我们所关心的是，最能表达您对提供______服务的企业的服务工作的期望值。 E 1 他们应当拥有现代化的设备 E 2 他们的设备应当在感官上吸引人 E 3 雇员应当仪表整洁 E 4 他们的设备从外观上应当与他们所提供的服务和谐一致 E 5 当他们承诺在某一时间做某事时，他们应当信守诺言 E 6 当顾客有困难和问题时，这些企业应当给予同情与关心 E 7 这些企业应当是可靠的 E 8 他们应当在他们所承诺的时间内提供服务 E 9 他们应当记录准确 E 10 顾客不希望企业告知他们接受服务的精确时间* E 11 顾客期望这类企业的服务人员给予及时的服务是不现实的* E 12 这类企业的服务人员并不需要总是乐于帮助客人* E 13 如果这类企业的服务人员因为太忙而不能及时地满足顾客的要求也没有关系* E 14 这类企业的员工应当是值得信赖的 E 15 顾客在与这类企业的交易中应该感到安全 E 16 这类企业的员工应当是有礼貌的 E 17 这类企业的服务人员应当从他们的公司得到适当的支持，以做好他们的本职工作 E 18 顾客不应当期望公司给予他们个别关注* E 19 顾客不应当期望这些公司的服务人员给予他们个别关注* E 20 希望服务人员知道他们的顾客需要什么是不现实的* E 21 希望这类企业真心地从顾客的最大利益出发是不现实的* E 22 不应当期望这类企业的营业时间为所有顾客提供方便*
问卷二 顾客感知的服务实绩
这份调查问卷目的是为了收集您对 XYZ 公司服务工作的意见。请对 XYZ 公司是否拥有下列条款中所描述的特征发表您的看法。如果您非常赞同 XYZ 公司拥有这项特征，您就选择 7；如果您非常反对 XYZ 公司拥有这项特征，您就选择 1；如果您的感觉在这两者之间，那么您就根据您的支持程度选择其中的某个数字。答案没有正确和错误之分，我们所关心的是，最能表达您对 XYZ 公司的服务工作的评价的数值。 P 1 XYZ 公司拥有现代化的设备 P 2 XYZ 公司的设备在感官上吸引人 P 3 XYZ 公司的雇员仪表整洁 P 4 XYZ 公司的设备从外观上与它所提供的服务和谐一致 P 5 当 XYZ 公司承诺在某一时间做某事时，他们信守诺言 P 6 当顾客有困难和问题时，XYZ 公司给予顾客同情与关心 P 7 XYZ 公司是可靠的 P 8 XYZ 公司在他们所承诺的时间内提供服务 P 9 XYZ 公司记录准确 P 10 XYZ 公司没有告知顾客接受服务的精确时间*

（续上表）

P 11 顾客从 XYZ 公司的服务人员那里得不到及时的服务*
P 12 XYZ 公司的服务人员并不总是乐于帮助客人*
P 13 XYZ 公司的服务人员因为太忙而不能及时地满足顾客的要求*
P 14 XYZ 公司的雇员值得你信赖
P 15 你在与 XYZ 公司的交易中感到安全
P 16 XYZ 公司的员工是有礼貌的
P 17 XYZ 公司的服务人员从公司得到适当的支持，以做好他们的本职工作
P 18 XYZ 公司没有给予你个别关注*
P 19 XYZ 公司的服务人员没有给予你个别关注*
P 20 XYZ 公司的服务人员不知道你需要什么服务*
P 21 XYZ 公司没有真心地从你的最大利益出发*
P 22 XYZ 公司的营业时间没有为所有顾客提供方便*

注：本问卷采用 7 分制，7 表示完全同意，1 表示完全不同意。中间分表示不同的程度。问卷中的内容是随机排列的。*表示这些问项的评分是反向的，在数据分析前应转为正向得分。

三、SERVQUAL 服务质量评价法的应用

在服务性企业管理中，SERVQUAL 量表可应用于以下方面：

（1）更好地了解顾客的期望与质量感知过程，从而达到提高服务质量的目的。

（2）利用 SERVQUAL 评价方法，计算各服务质量维度的得分水平，明确在各个服务质量维度中，对顾客感知服务质量影响较大的维度，从而使企业找出影响服务质量的关键问题，采取有针对性的措施，有重点地进行弥补。

（3）通过对不同顾客群对服务质量维度重要性的认知的分析，找到在不同文化背景下，顾客感知服务质量方面存在的差异。不同文化背景的顾客，对服务质量的要求是存在差异的。经过对不同文化背景的顾客的抽样调查，我们可以排列出这些顾客对服务质量的五个维度的感知情况，从而决定企业服务质量改进的重点所在。

（4）对同一行业中不同企业的服务质量作出比较。利用 SERVQUAL 评价方法，结合其他评价手段，可以计算出本企业现在的服务水平以及同其他同类企业之间的质量差距，从而更好地作出质量改进决策。

（5）集团公司也可运用 SERVQUAL 评价模型对各个分店的服务质量进行比较分析。

（6）定期利用 SERVQUAL 评价方法，并将其与其他评价方法结合，可以较为准确地预测企业服务质量的发展趋势。

（7）企业可以根据顾客对 SERVQUAL 量表的评分对顾客进行分类。例如，如果某类顾客评分高，同时又多次购买企业的服务，那么该类顾客成为企业忠诚顾客的可能性就比其他类型的顾客大得多。

（8）企业还可以使用 SERVQUAL 评价方法对企业员工进行问卷调查，了解员工对服务质量的看法。

总之，SERVQUAL 是一个具有多个项目的简明量表，可以用于评价和改善服务质量，可以阶段性地考察服务质量趋势，可以评估特定企业的每个维度的服务质量和总体质量，能

明确影响服务质量感知的维度的相对重要程度，各个公司和行业可以用它来更好地测量顾客对服务质量的期望和感知。

但有一点值得注意，在应用于不同的行业时，SERVQUAL 量表中的某些问题可能会变得不适用，服务质量的五个维度也可能发生变化。例如，对一个通过电话为顾客提供机票预订服务的企业来说，有形性就可能不是构成顾客感知服务质量的主要维度；又如，询问一个快递公司的顾客"该公司是否拥有现代化的设备"（P1），顾客可能也会感到无法回答。因此，PZB 指出，研究人员把 SERVQUAL 量表用于不同行业的服务质量调查时，可能需要根据行业的特性对量表进行调整。

案例：艺术与设计博物馆的质量评估

艺术与设计博物馆是芬兰赫尔辛基的一家私人小型博物馆，建立于 20 世纪纪初，一直致力于展示艺术与设计方面的最新成果。博物馆每年都要举办三四场大型展览，平时还有一些小展示会和馆藏展览。博物馆内设有一个小咖啡厅和一个小礼物店。

起初参观者主要是专业设计人员，大多为中年妇女。但随着展出次数的日益增多和博物馆名气的扩大，来自社会其他阶层的参观者也多起来。博物馆近期进行了一次内部装修，并聘请了一位客户联络经理，加大博物馆的宣传力度，最近一年的广告费已超出过去几十年的总和。这些努力取得了明显的成效，前来参观的人数已达 10 万。这个数目在赫尔辛基只有 5% 的博物馆能达到。

博物馆的经费有 60% 由政府拨款，40% 必须由营业收入来填补。营业收入的来源有门票收入和咖啡厅以及礼物商店的消费，另外还有开展一些与展览相关活动时产生的其他收入。其主要竞争对手是赫尔辛基的一些专业型博物馆。

为提高服务质量、增强竞争力，博物馆决定建立一个质量评估系统以发现质量问题。该系统运用了 SERVQUAL 的基本方法和服务差距理论。首先，博物馆设计了 SERVQUAL 调查表，用以了解顾客对博物馆服务的期望和实际感知。该调查表的格式与计分方法与本章前文所列相同，具体内容则根据博物馆的服务特点另行设计如下：

1. 门票服务

①容易得知门票价格的信息。

②门票价格"物有所值"。

③购票时不需等候很长时间。

④能通过因特网和电话提前购票。

2. 信息服务

①展览区域标志明显。

②抵达博物馆时，有足够的媒体传送展览信息。

③信息能用顾客所熟悉的语言表达。

④有讲解导游服务。

⑤展品的信息传送很充分。

⑥对展品的讲解十分清楚。

⑦有多种讲解媒体（如录像讲解）。

⑧有自助服务设备。

⑨很容易从员工处得知额外的信息。

⑩员工能热情友好地为顾客提供信息帮助。

3. 经历与环境

①参观路线很清晰。

②走廊很宽敞。

③照明充足。

④有令人愉快的背景音乐。

⑤展品摆放整齐，易区分。

⑥有机会与展品进行互动式交流。

⑦可触摸、闻、倾听展品。

4. 设施设备

①设施设备上有明显标志。

②洗手间容易找到，也很卫生。

③食品质量不错。

④食品和饮料的品种较多。

⑤在咖啡厅能抽烟。

⑥小礼品很符合顾客需求。

⑦小礼品物有所值。

5. 满意度

①服务能满足顾客需求。

②整体服务很出色。

③顾客愿意再次光临。

④顾客愿意向亲戚朋友推荐这个博物馆。

有2/3的顾客填写了调查表。博物馆对这些信息进行了分析，找到涉及服务质量五个方面的差距，即顾客的期望和实际感知之间的差距。质量问题主要集中在讲解语言的多样性、设施标志的明显度和参观过程的互动性三方面。

SERVQUAL是有效地评估服务质量的方法。建立以SERVQUAL为依据的质量评估系统能帮助服务组织了解其服务质量的实际状况，并以此确定主要质量问题，采取针对性改进措施。

思考：根据以上案例，分析如何利用SERVQUAL量表进行服务质量的测量。

四、基于SERVQUAL的其他服务质量评价方法

SERVQUAL评价方法自从诞生以来，就受到学术界广泛的关注，许多学者对SERVQUAL评价法从各个方面进行了检验，提出了许多修正意见。PZB从20世纪90年代起，对SERVQUAL评价法进行了多次的修改（见本章拓展阅读）。一些学者也针对

SERVQUAL 评价法存在的问题提出了改进意见，形成了一系列基于 SERVQUAL 的服务质量评价方法。下面介绍其中比较有代表性的 SERVPERF 评价方法和 Non-difference 评价方法。

（一）SERVPERF 服务质量评价方法

1. SERVPERF 服务质量评价法的产生

克罗宁和泰勒（Cronin 和 Taylor，1992）将 SERVQUAL 的方法用在不同的行业，认为 SERVQUAL 量表在开发过程中存在概念性和测量性问题。因此，为了克服 SERVQUAL 所固有的缺陷，他们提出了仅仅基于服务实绩感知的另外一种测量方法——绩效感知服务质量度量法，即 SERVPERF（Service Performance 的缩写）。

SERVPERF 摒弃了 SERVQUAL 所采用的差异比较法，而是只利用一个变量，即顾客感知的服务实绩来计量顾客感知服务质量。以克罗宁和泰勒为代表的学者认为，服务质量属于顾客对企业服务的一种长期态度，而客户满意度则是根据某一特定的服务经历所形成的一种短暂判断。直接测量服务质量认知结果的方法（SERVPERF）比较能够反映出消费者对各种服务质量的长期态度。

此项研究整理出以下四种衡量服务质量的方式：

（1）SERVQUAL：服务质量 = 顾客对服务实绩的感知 - 顾客期望；

（2）加权重的 SERVQUAL：服务质量 = 重要性 ×（服务实绩 - 顾客期望）；

（3）SERVPERF：服务质量 = 顾客对服务实绩的感知；

（4）加权重的 SERVPERF：服务质量 = 重要性 × 顾客对服务实绩的感知。

Cronin 和 Taylor（1992）在四个先前没有进行实证研究的服务行业中对这四种衡量服务质量的方法进行了实证检验。研究发现，基于服务表现感知的 SERVPERF 量表的解释能力要优于 SERVQUAL 量表，其次是加权重的 SERVQUAL，最后是加权重的 SERVPERF。

此外，在研究过程中，克罗宁和泰勒分别采用因子分析、T 检验、幅合效度和方差检验等方法，对这两种评价方法的信度与效度进行了研究，实证研究表明，SERVPERF 无论在信度还是效度方面确实都优于 SERVQUAL。并且，Grapentine 和 Terry（1998），以及台湾学者苏云华（1997）通过相同方法进行实证比较后，支持了 SERVPERF 优于 SERVQUAL 的观点。

2. SERVPERF 与 SERVQUAL 的联系与区别

（1）SERVPERF 与 SERVQUAL 的联系。

从继承和发展的角度来看，SERVPERF 与 SERVQUAL 有不少重叠之处。

①维度和计量指标相同。

SERVPERF 继承了 SERVQUAL 对服务质量维度的划分与度量指标的设定。在 SERVPERF 的研究过程中，仍然采用了 SERVQUAL 所采用的五个维度和 22 个问项的研究模式，而且所有的问项和语气没有任何改变。在问项的衡量尺度上，也是采用李克特的七点尺度。

②概念界定和维度内涵相同。

两者对服务质量概念的界定和对各服务质量维度内涵的解释完全相同，甚至连问项中正负问项所占的比重也相同（分别为 60% 与 40%）。

（2）SERVPERF 与 SERVQUAL 的区别。

①计量法则不同。

PZB坚持，服务质量是服务实绩与顾客期望比较的结果。SERVQUAL评价法的基本法则是：服务质量=顾客对服务实绩的感知-顾客期望。而克罗宁和泰勒认为，虽然期望对顾客感知的服务质量会有所影响，但顾客对服务实绩的感知减去顾客期望的衡量方式并不适用于服务质量的测量。服务质量只直接受到顾客感知的服务实绩的左右，因此，SERVPERF评价法只是利用了一个变量，即顾客感知的服务实绩来计量顾客感知服务质量，即SERVPERF的基本计量法则是：服务质量=顾客对服务实绩的感知。

②调查的变量不同。

由于SERVQUAL评价法的基本法则是服务质量=顾客对服务实绩的感知-顾客期望，因此，采用此评价方法的研究人员必须同时调查顾客期望和顾客感知的服务实绩两个变量，然后以两者之差计量服务质量。而SERVPERF评价法则只需要调查顾客感知的服务实绩，并以此直接计量服务质量。

③数据量不同。

SERVPERF只采用一个变量计量服务质量，用此方法设计的问卷包含22个问项，问卷调查结果产生22组数据，比起SERVQUAL的44个问项，44组数据，整整少了一半，既缩短了受访者回答问卷的时间，又简化了研究人员处理数据的程序。

综上所述，SERVPERF最大的特色在于其在对服务质量进行测评的时候，没有对顾客的期望进行测量。此模型比较简单，降低了调查的工作量，在比较不同企业的服务质量以及同一企业不同时期的服务质量上有着良好的应用前景，但是存在着因信息量较少而导致分析能力较差的缺陷。

（二）Non-difference服务质量评价方法（“非差异”评价方法）

1. Non-difference评价方法的产生

如上所述，许多学者对SERVQUAL评价法使用实绩感知减去顾客期望作为理论基础测量服务质量这种做法的合理性提出质疑。Carman（1990）建议解决这个两难问题的一个方法是直接询问顾客对特定服务的实绩感知和顾客期望之间的差值，而不是分别询问实绩和期望后人为地计算二者之间的差值。Babakus和Boiler（1992）的观点也与之不谋而合。根据上述建议，布朗、丘吉尔和彼得（Brown，Churchill & Peter，1993）提出了Non-difference（非差异）评价法，即直接询问顾客感知的实绩与期望之差，并以此评价顾客感知的服务质量。

2. Non-difference与SERVQUAL的联系与区别

（1）Non-difference与SERVQUAL的联系。

①计量法则相同。

两种评价方法的基本法则都是：顾客感知的服务质量等于顾客感知的服务实绩与顾客期望之差。

②维度和计量指标相同。

Non-difference评价法同样采用SERVQUAL量表的五个维度和22个问项。

③概念界定和维度内涵相同。

（2）Non-difference与SERVQUAL的区别。

①调查的变量不同。

采用SERVQUAL评价法，研究人员需要同时调查顾客期望和顾客感知的服务实绩两个变量，然后以两者之差计量服务质量。而采用 Non-difference 评价法，研究人员则只需要直接调查顾客感知的服务实绩与期望之差这一个变量，并以此直接计量服务质量。

②提问和打分的方式不同。

与 SERVQUAL 问卷不同，Non-difference 评价法问卷的每个问题都用 How 的表达式来提问（如“员工有多愿意帮助我”），而打分则采用 7 分值法（从“远比我期望的低”为 1 分到“远比我期望的好”为 7 分）。布朗、丘吉尔和彼得的实证研究结果表明，此种方法能够解决 SERVQUAL 量表分值差异引起的问题。

③数据量不同。

尽管 Non-difference 评价法同样采用 SERVQUAL 量表的 22 个指标，但是，SERVQUAL 需要对顾客期望与绩效感知分别进行度量，并计算两者之差得到感知服务质量，共牵涉到 66 组数据；而 Non-difference 评价方法则只对期望及实绩之差进行度量，涉及的数据只有 22 组。从这个角度而言，后者类似于 SERVPERF，比较简捷实用。

五、基于 SERVQUAL 的服务质量评价方法的总结

表 6－7 将顾客感知服务质量中的三种主要评价方法进行了归纳和总结。在这三种度量方法中，SERVQUAL 评价法奠定了基本的理论和方法基础，而 SERVPERF 评价法则以其简捷、方便和高信度受到许多学者的推崇，相比之下，Non-difference 评价法的影响则相对小得多。

表 6－7　三种主要服务质量评价方法总结

	SERVQUAL	SERVPERF	Non-difference
服务质量决定因素	顾客对感知的服务和服务的期望实绩二者间的差异（PS－ES）	顾客感知的服务实绩（由顾客来认定）	顾客心中对服务实绩与自身期望之间差距的评价
方法表达	问卷	问卷	问卷
基本问项	44 项	22 项	22 项
是否跨行业运用	是	是	是
问项是否要随不同产业而调整	未强制规定，但可调整	未强制规定，但可调整	未强制规定，但可调整
问项字句	正负面问项各约占 60% 及 40%	正负面问项各约占 60% 及 40%	正负面问项各约占 60% 及 40%
问项是否和 SERVQUAL 相同	——	和 SERVQUAL 量表的服务实绩部分相同	询问方式完全不同，但各询问事项相同
变量数	*Va*：顾客的期望 *Vb*：顾客感知的服务实绩	*Va*：顾客感知的服务实绩	*Va*：顾客感知的服务实绩与自身期望的契合程度
问项尺度	七度	七度	七度

（资料来源：韦福祥．服务质量评价与管理．北京：人民邮电出版社，2005）

另外，从图 6－2 还可以看出 SERVQUAL、SERVPERF 及 Non-difference 三种方法在运用

上是非常相似的，皆是以 SERVQUAL 的 22 个问项为基础问项，只是在测量的方式上有所不同：SERVQUAL 是分别测量顾客的期望与感知的服务实绩；SERVPERF 方法是因为顾客的期望不易测量，所以只测量顾客感知的服务实绩；而 Non-difference 方法是直接测量顾客心中期望与实绩的契合程度。在实际运用中，研究人员要根据研究目的来选择具体的研究方法。如果研究人员只是想对服务质量的变动趋势进行预测，那么 SERVPERF 方法是最优的；如果研究人员想进行服务质量方面差距的计量和诊断，那么 Non-difference 方法是最好的；如果研究人员在对服务质量差距进行计量和诊断的同时，还希望了解顾客的期望，那么 SERVQUAL 方法则是最理想的。

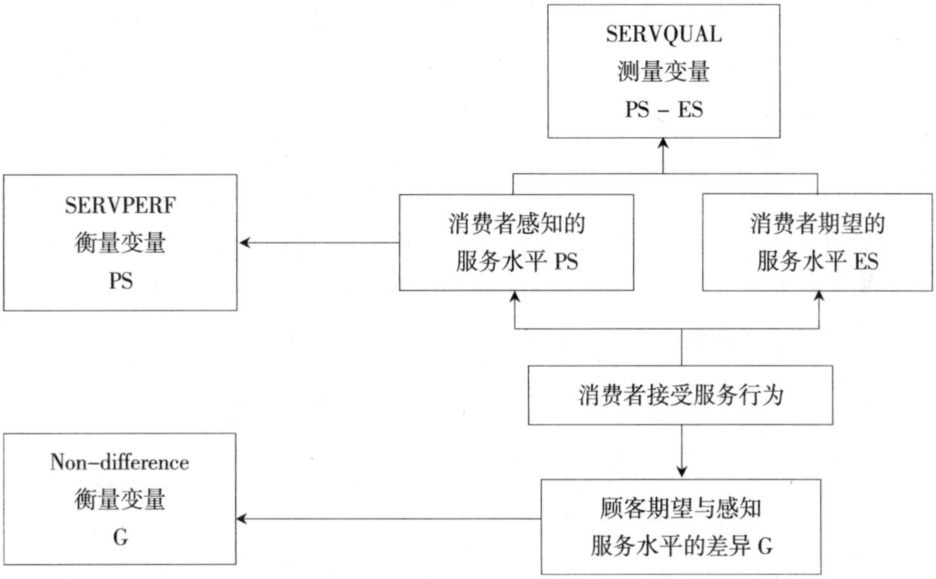

图 6－2　三种主要评价方法关系图

（资料来源：包道明．以竞争标杆评分法衡量服务品质、顾客满意及回购倾向之研究——以成大医院为例．台湾国立成功大学公管所硕士学位论文，1999）

第三节　其他服务质量评价方法

一、关键事件技术

关键事件技术（Critical Incident Technique，简称 CIT）是通过记录服务过程中成功或失败的事件和行为来发现质量问题或质量优势，从而对服务质量现状作出评价，并采取措施提高顾客感知质量和满意度的一种分析方法。目前，关键事件技术已经成功应用于服务消费行为研究（Bitner，Booms & Tetreault，1990；Kelley，Hoffman & Davis，1993）和组织行为研究（Bitner，Booms & Mohr，1994），CIT 的可靠性和有效性已得到一定的证明（Ronan & Latham，1974；White & Locke，1981）。当研究的目标包括管理的有效性和理论发展时，关键事件技术尤其适用。

（一）CIT 的基本程序

（1）设计开放式表格，收集员工或顾客在近期内所经历的具体服务事件。内容包括事件发生的原因、过程，造成这种局面的特定环境等，并要求顾客给出个人感受和看法。

（2）对调查表进行分类。分类的依据可以依照比特纳等人（Bitner，Booms & Tetreault，1990）所创建的分类系统来进行。

（3）对分类后的调查表进行分析，从而得出质量现状的结论和改进策略。

CIT 方法首先是询问顾客（包括内部和外部顾客）对服务质量的看法，即哪些服务环节（包括服务结果）与服务标准不一致，是良好还是不好。这些经常与服务标准产生偏差的服务环节或过程就是所谓的关键事件。然后被调查者要具体说明为什么他会将这些环节列入关键事件范畴。最后，研究人员要对顾客对关键事件的描述进行分析，以找出服务质量问题及这些问题产生的原因。对评价良好的服务环节同样要找出原因并将其标准化，以指导以后的服务过程。

利用关键事件方法可以使营销人员得到服务失误的大量数据，同时可以寻找到改进服务质量的新方法。有一些问题，如服务资源缺乏、服务人员技术低下或态度恶劣等都是造成关键事件评价不好的原因，而关键事件评价低下的直接后果是顾客感知服务质量的低下。对关键事件研究所得出的结论通常向企业昭示了自身应当采取什么样的质量改进措施，所以，管理人员可以利用对关键事件的研究为提高顾客感知服务质量策略的制定提供依据。CIT 方法对于内部顾客同样适用。

（二）CIT 的应用

下面以苏珊·凯温妮（Susan M. Keaveney）所做的关于服务业顾客转换服务供应商行为的一项研究为例来说明 CIT 是如何应用的。

1. 资料收集

（1）资料收集的程序。

采访者是美国一所大学的 50 名研究生志愿者，他们报名参加了服务营销调查班。为参与研究，每位采访者联系 10 人。由于大部分采访者都是公司的全职员工，所以他们主要从同事、邻居和其他渠道收集事件，并且要求应答者在采访者面前以标准格式记录他们的关键事件。根据弗拉纳根（Flanagan，1954）建议，样本的标准为："如果新增 100 个关键事件样本后只增加两个或三个关键性行为，那么样本就达到了足够的覆盖面。"因此，关键事件的收集和分析分两个阶段进行。首先，在第一阶段凯温妮收集了 300 个"分类样本"；然后，在接下来的第二阶段中她又收集了另外 226 个额外的"确认样本"，两阶段共计 526 个样本。

（2）问卷设计。

问卷的第一个问题是要求应答者在问卷给出的 25 种服务中，选出自己在过去 6 个月中曾经购买过的服务。提出此问题基于两个原因：第一，由于被调查者可能不清楚"服务"的具体含义，该问题为应答者提供了 25 种服务的具体类型；第二，由于此调查的对象是服务业顾客，此问题使研究者可以据此核实应答者是否在过去的 6 个月中进行过服务消费。

6 个月的时间期限足够让被调查者可靠地回忆起在此期间购买过的所有服务，甚至包含不太经常购买的服务类型（如医院）。接着访问者要求应答者回答如下问题：

● 请回想一下你最近一次转换服务供应商的情形。也就是说，你原来是一家服务性企业的顾客，可是后来你不再向这家企业购买，而改购了另外一家同类服务性企业的服务，成了另一家企业的顾客。

接着一系列探索性的问题促使被调查者提供详细的描述：

● 请用你自己的话告诉我们发生了什么？是什么事情促使你转换服务供应商？

● 试着准确地告诉我们：在哪里，发生了什么，你说了什么，你感觉如何，服务人员说了什么等。

从以上问卷问题可以看出，研究人员并没有要求应答者分析为什么发生了这样的事件，他们只是要求应答者讲述事件发生的全过程。分析、评价、提取和推理等工作由研究人员来完成。

2. 数据质量

研究人员对10%的被调查者进行电话回访，并要求他们：（1）证实是他们亲自回答的问卷；（2）确认他们“转换事件”中的服务。如果某位受访者不能证实是他自己填写的问卷，那么这位受访者对应的采访者所提交的所有调查问卷都将被取消。在此研究中，有一组调查因为不能事后证实而被删除，删除后的有用答卷合计共有516份。此外，由于受访者没有转换服务，或者回答模糊等原因，评判员又删除了48份答卷，最后得到468份答卷。

在此研究中，受访者提出在过去6个月中消费了45种不同的服务，包括美容美发（67）、汽车修理（67）、保险代理（54）、干洗店（50）、休闲餐厅（27）、医生或医疗服务（27）、牙科医生（16）、旅行社（15）、银行（14）、电话服务商（14）、快餐店（12）、家务管理（10）。不经常提及的有垃圾清理服务（9）、日常料理服务（8）、房地产代理（7）、服装店（7）、健康俱乐部（6）、草坪整理服务（6）、航空公司（6）、饭店（5）、会计师（4）和水管工人（4）。不足4人指出了其他23种服务。

3. 数据分析

（1）分析单位。

关键事件技术要求研究人员对开放式问题的回答进行有意义的分类，使建立在宽泛基础上的回答成为更相关、更可取的信息点（Flanagan，1954）。利用关键事件进行数据分析的第一步是要决定分析的基本单位（Holsti，1968；Kassarjian，1977）。关键事件可以被定义为任何事件，即事件的集合或系列事件，只要它发生在客户与一个或多个服务性企业之间，并导致客户转换服务供应商。

（2）类别开发和信度检验。

图6-3所描述的关键事件技术将编码后的分析单位进一步分成不同的大类和小类，具体的做法描述如下：

两位裁判（A和B）独立地为1~300份答卷进行独特和详细的分类（271起有用的关键事件包括462个关键行为）。根据韦伯（Weber，1985）的研究，需要检验裁判本身的信度来考察同一个裁判是否会在经过一段时间之后仍然把同一现象归到同一类中（主要就是经过一个月之后的测试—重复测试信度检验），不过这种做法在关键事件研究中很少见。一个严格的分类体系同样需要做到“不同的裁判之间不存在相互矛盾的看法”（Hunt，1983），也就是要进行裁判间信度检验。裁判间信度检验考察的是不同的裁判是否会把同一现象归到同一类事件中。裁判间信度超过0.8被认为是可以接受的（Bitner，Booms & Tetreault，

1990)。如果 A 与 B 的分类结果的一致度超过 0.8，那么他们的分类结果就是可靠的，成为分类标准（Latham & Saari，1984)。

然后，两位新的裁判（C 和 D）将上述关键事件（或行为）分到裁判 A 和 B 得出的大类和小类中。在这一过程中，裁判 C 和 D 尽可能开发新的种类。如果 C 与 D 裁判间的信度超过 0.8，他们的分类结果就会与标准相比较。最终，第五个裁判（E）进行最后的分类。裁判 E 与上述分类结果的一致度超过 0.8，则进入确认样本的分类过程。

（3）类别确认与信度检验。

如果在增加 100 个新事件时并不增加任何新的种类，这说明样本的规模对于进行关键事件分析已经足够大了，这也意味着关键事件至少需要 100 个确认样本。此研究中收集了两个确认样本（事件 301 ~ 400 和 401 ~ 516)，产生了 197 起有用的关键事件和 376 个关键行为。首先，裁判 A 和裁判 B 将第 301 ~ 400 份答卷提取到前面解释过的分类系统中去，旨在开发新的种类。这一过程中没有新的种类出现，就说明没有必要进行另一个确认样本分析。其次，可采用一个预防措施——对第 401 ~ 516 份答卷重复进行这一确认过程，看是否再次没有出现新的种类。最后，裁判 C 和 E 对第 301 ~ 516 份答卷进行分类。全部裁判内部的信度平均值达到 0.88 的较高水平。表 6 - 8 给出了服务转换事件的最终分类结果。

（4）内容效度。

关键事件技术的效度检验主要考察其内容效度。Flanagan（1954)，Ronan 和 Latham（1974）认为当确认样本中的关键行为能够完全被划分到分类样本所开发出来的分类体系的大类或者小类中时，说明关键事件分类体系的内容效度是令人满意的。如图 6 - 3 和表 6 - 8 所示，在两个确认样本的分类过程中都没有新的种类出现，说明该服务客户转换行为的分类体系具有较高的内容效度。

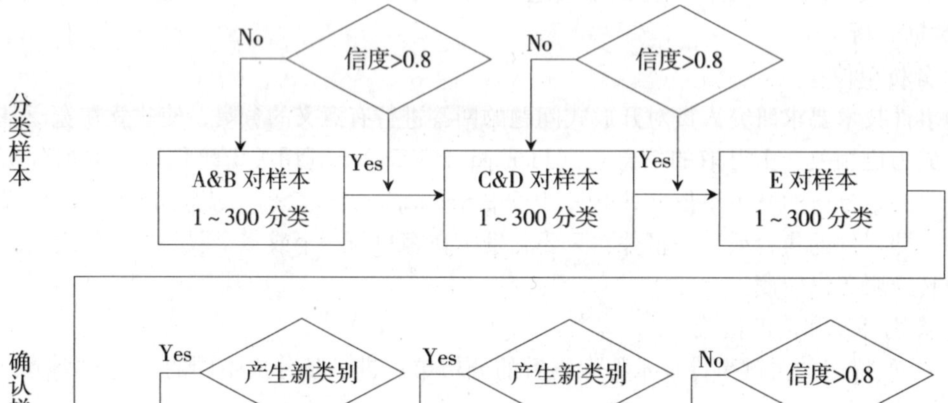

图 6 - 3　关键事件的分类过程

（资料来源：［美］约翰·E.G. 贝特森，K. 道格拉斯·霍夫曼. 服务营销管理. 邓小敏等译. 北京：中信出版社，2004. 486)

表6－8　服务转换事件的分类

服务转换类型	分类样本[a]			确认样本[b]			总样本		
	关键行为数	关键行为%	关键事件%[c]	关键行为数	关键行为%	关键事件%[c]	关键行为数	关键行为%	关键事件%[c]
1. 定价	79	17.1	29.0	61	16.2	31.0	140	16.7	29.9
2. 不便利性	48	10.4	17.7	49	13.0	24.9	97	11.6	20.7
3. 核心服务失败	120	26.0	44.3	88	23.4	44.7	208	24.8	44.3
4. 服务交流失败	95	20.6	35.1	65	17.3	33.0	160	19.1	34.1
5. 对服务失败的反应	50	10.8	18.5	31	8.2	15.7	81	9.7	17.3
6. 竞争	20	4.3	7.4	28	7.5	14.2	48	5.7	10.2
7. 道德问题	19	4.1	7.0	16	4.3	8.1	35	4.2	7.5
8. 无意识的转换	11	2.4	4.1	18	4.8	9.1	29	3.5	6.2
9. 其他	20	4.3	7.4	20	5.3	10.1	40	4.7	8.6
行为总数	462	100.0		376	100.0		838	100.0	
a 关键事件1～300									
b 关键事件301～516									
c 百分比，由于每个客户转换关键事件中包含多个关键行为，因此关键事件百分比总数超过100%									

（资料来源：［美］约翰·E. G. 贝特森，K. 道格拉斯·霍夫曼. 服务营销管理. 邓小敏等译. 北京：中信出版社，2004. 488）

二、重要性—绩效分析方法

重要性—绩效分析是分析顾客对企业提供的服务的重要性和绩效的感知，有助于服务性企业顾客讨论他们的需要与感受。该方法适用于以下情况：

（1）在质量改进的早期，确定对顾客满意度有潜在的重大影响方面的时候；

（2）征求顾客意见，试图从顾客那里获得改进质量的线索的时候；

（3）管理层需要根据顾客的意见确定质量改进措施的优先顺序的时候。

（一）重要性—绩效分析方法的程序

1. 数据收集

（1）确定你的顾客、产品和服务。常用的方法有头脑风暴法、NGT、多轮投票法、需求矩阵和需求—测量树法。

（2）选择重要顾客，让他们给服务打分，分值范围从1～5。让顾客同时给服务对于他们的重要性和服务的好坏（绩效）打分，如表6－9。

表 6－9　重要性—绩效分析的分值

重要性	绩效
5＝必需 4＝重要但不是必需 3＝有一些重要 2＝愿意拥有，但不必需 1＝不需要	5＝大大超过期望 4＝超过期望 3＝产品和服务足够 2＝有待提高 1＝缺乏一致性

2．记录顾客的打分情况

表 6－10　重要性—绩效分析打分表

属性序号	属性说明	重要性评分	绩效评分
1	饭菜可口	4. 50	2. 65
2	待遇优惠	4. 10	2. 75
3	服务殷勤友好	3. 40	3. 10
4	上菜准确	3. 35	3. 50
5	饭菜分量足	3. 30	2. 00
6	上菜迅速	3. 25	3. 30
7	到达方便	2. 50	2. 05
8	餐具高档	2. 30	2. 50
9	就餐气氛好	2. 10	2. 25
10	可满足顾客个性化需求	2. 10	3. 50

注：重要性采用“极重要、重要、稍微重要、不重要”四点尺度来评价。
绩效采用“优、良、中、劣”四个等级评价，同时提供“无法判断”一栏。

（二）重要性—绩效分析

根据表 6－10 中这 10 项因素的评价数据，可以绘制出四个象限的重要性与绩效图，如图 6－4。

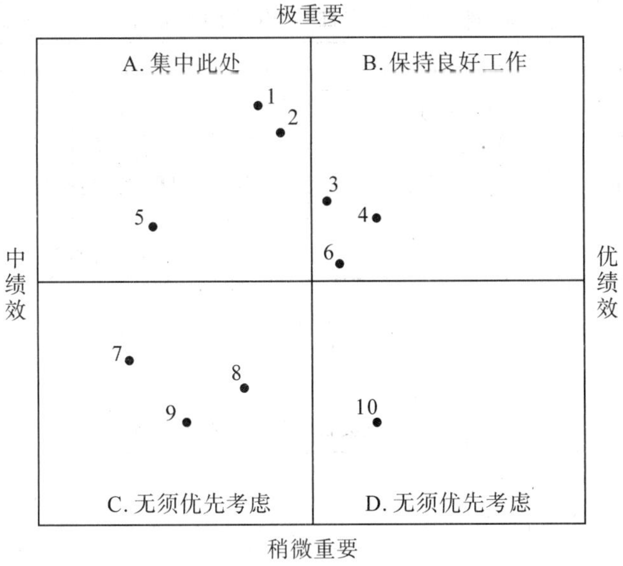

图 6－4 餐馆服务质量的重要性与绩效图

（1）象限 A 表示没有达到期望水平的重要服务因素，包括因素 1、2、5，餐馆应在这些因素上改进服务部门的绩效。

（2）象限 B 表示服务部门做得很好的重要服务因素，包括因素 3、4、6，餐馆要努力将高绩效保持下去。

（3）象限 C 表示服务部门在次要的服务因素上表现糟糕，包括因素 7、8、9，但由于它们不甚重要，所以改正的需求不是特别迫切。

（4）象限 D 表示服务部门在次要的服务因素上表现非常出色，包括因素 10，但这属于一种不必要的过度行为。该餐馆应将更多的精力集中于改进其重要服务属性。

重要性—绩效分析还可以在每个项目上与附近的同类企业进行对比。

三、排列图分析方法

排列图又称主次因素图、帕累托图，即利用帕累托曲线来发现和解决质量问题。帕累托曲线是意大利经济学家在研究社会财富分配时采用的图表，后被美国质量管理学家米兰运用于质量管理，是找出影响服务质量主要因素的一种有效方法。

（一）排列图分析法的步骤

我们以饭店为例，用排列图分析饭店服务质量问题的程序共分四个步骤：

（1）确定饭店服务质量问题的信息收集方式。具体方式有：质量调查表、顾客投诉表、顾客意见表、各部门的检查记录等。

（2）对收集到的有关质量问题的信息进行统计、排列，制作统计表。如表 6－11 所示，在表上计算出比率和累计比率；衡量饭店服务质量的因素一般有服务态度、服务技巧、语言水平、菜肴质量、饭店设备等。对一些出现次数较少的质量问题可以将其归为一类。

（3）根据统计表绘制排列图。帕累托图是一个直角坐标图。左侧纵坐标表示问题数量；

右侧纵坐标表示累计比率；横坐标表示影响质量的各种因素。按频率的高低，从左到右依次画出长柱排列图，然后将因素频率逐项相加并用曲线表示（见图 6－5）。

（4）进行分析，找出主要质量问题。排列图上累计比率在 0%～70% 的因素为 A 类因素，即主要因素；在 70%～90% 的因素为 B 类因素，即次要因素；在 90%～100% 的因素为 C 类因素，即一般因素。找出主要因素就可以抓住主要矛盾。从图中可知 A 类因素是菜肴质量问题，这个主要矛盾一经解决，即可解决问题的 67.1%。

表 6－11　服务质量问题统计

质量问题	问题数量/个	比率/%	累计比率/%
菜肴质量	235	67.1	67.1
服务态度	62	17.7	84.8
外语水平	29	8.3	93.1
娱乐设施	17	4.9	98.0
其他	7	2.0	100.0
合计	350	100.0	100.0

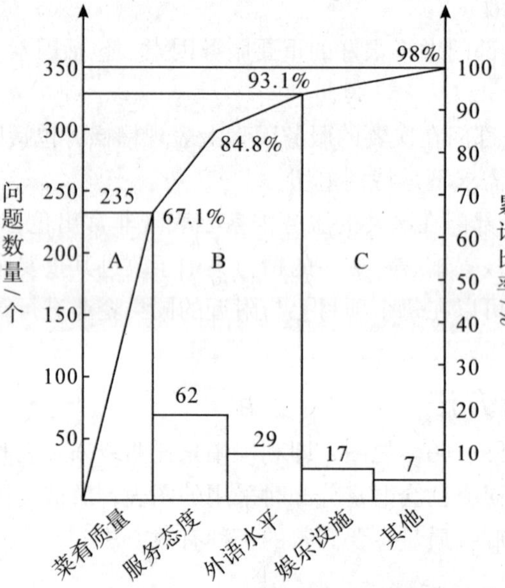

图 6－5　服务质量问题排列图

在运用排列图进行质量分析时应注意：主要因素一般为一两项，至多不超过三项，否则将失去突出重点的意义。对不重要的问题可设立“其他”栏，其他栏通常排在最后。

【本章小结】

1. 服务质量评价的主要定性方法包括深入访谈、专题座谈会和关键事件技术，服务质量评价的定量方法主要是问卷调查法。定性方法和定量方法各有优缺点，适用的情况也不相同。在实践中，调研人员应同时采用两类方法评价服务质量。

2. 基于顾客的服务质量评价方法主要有交易调查、新顾客与流失顾客调查、服务实绩评论、顾客投诉、评论和问询记录、整个市场调查等。基于企业的服务质量评价方法主要包括：员工现场报告、员工调查、神秘顾客调查、经营数据记录系统分析和质量检查。

3. SERVQUAL，SERVPERF 及 Non-difference 三种方法在运用上皆是以 SERVQUAL 的 22 个问项为基础问项。只是在测量的方式上有所不同，SERVQUAL 是测量消费者的期望与知觉；SERVPERF 方法是因为消费者的期望不易测量，所以只测量消费者的知觉；而 Non-difference 方法是测量消费者心中期望与知觉的契合程度。

【拓展阅读】

1. SERVQUAL 量表的研究开发过程

SERVQUAL 方法的研究开发过程如图 6－6 所示。

由 PZB 在 1985 年所做的研究揭示了顾客在评价服务质量时使用的标准，有 10 个方面使用的频率最高，即决定服务质量的 10 个因素。这 10 个方面是：

（1）有形性：指服务的实物特征，如实物设施、员工形象、提供服务时所使用的工具和设备、服务的实物表征（卡片等）及服务设施中的其他东西。

（2）可靠性：指绩效与可靠性的一致，如公司每一次服务要及时、准确地完成，准确结账，企业财务数据和顾客记录数据准确，在指定的时间内完成服务等。

（3）响应性：指员工提供服务的意愿，如及时服务、迅速回复顾客打来的电话、提供恰当的服务等。

（4）沟通性：用顾客听得懂的语言表达和耐心倾听顾客的陈述，包括介绍服务本身的内容，介绍所提供服务的费用，介绍服务与费用的性价比，向顾客确认能解决的问题。

（5）可信性：信任、诚实和心中想着顾客的利益，体现在组织名称、组织声誉及与顾客接触的员工的个人特征等方面。

（6）安全性：指摆脱危险、冒险、疑虑的自由度，如人身安全、财务安全和信任程度。

（7）胜任能力：掌握所需技能和知识的程度，包括与顾客接触的员工所具备的知识和技能、运营支持人员的知识和技能、组织的研究能力等。

（8）礼貌：包括客气、尊重、周到和友善，如考虑顾客的利益，与顾客接触的员工的外表干净、整洁。

（9）移情性：尽力去理解顾客的需求，如了解顾客的特殊需求、提供个性化的关心、认出老主顾等。

（10）可接近性：包括易于接触和方便联系，如通过电话很容易联系到服务，接受服务等待的时间不长，运营时间便利，服务设备安置地点便利等。

步骤 1：把服务质量定义为，顾客对某一具体组织提供的服务的感知与他对该组织提供同样服务的期望的差异

↓

步骤 2：识别出构成服务质量领域的 10 个方面

↓

步骤 3：产生代表 10 个方面的 97 个项目

↓

步骤 4：从一个对 200 个顾客进行的问卷回答的样本中收集期望和感知数据，其中每一个顾客都是现有的或最近的用户，他们所接受的服务属于下列服务之一：银行、信用卡、电器维修和维护、长途电话和保险经纪人

↓

步骤 5：通过重复下列程序，精选项目

- 对每一个方面都要进行 α 系数的计算和整体关系衡量
- 删除与整体关系不大且删除后会增加 α 系数值的项目
- 进行因素分析以进一步核实总的评价方法中应包括的范围和方面
- 重新分配项目以及重新设计每一方面中必要的项目

↓

步骤 6：识别出代表 7 个方面的 34 个项目

↓

步骤 7：从 200 个顾客的问卷回答中选出 4 组独立的样本，使用 34 个项目收集期望和感知数据（每个样本中包含了现有的和最近的顾客，这些顾客都是一些国内著名公司的客户，这些公司提供的服务属于下列四种服务之一：银行、信用卡、电器维修和维护以及长途电话）

↓

步骤 8：对 4 组数据的每一组进行研究，使用步骤 5 中的程序评价并进一步筛选 34 个项目

↓

步骤 9：识别出更精简的 5 个方面 22 个项目的调查问卷（SERVQUAL）

↓

步骤 10：评价 SERVQUAL 方法的可靠性、因素组成结构及对有关 22 个项目的原始数据（在步骤 4 中收集的）的重新分析，以核实此评价方法的内部一致性和包含内容方面的完整性

↓

步骤 11：评价 SERVQUAL 方法的有效性

图 6－6　开发 SERVQUAL 方法的过程图

三位研究人员从不同的角度和侧面罗列了代表服务质量10个方面的97个条款（每个方面大约包括10个条款），构成了SERVQUAL评价模型的雏形。每个条款都由两部分组成：一部分用来衡量顾客对某一特定档次服务产品的质量的期望，另一部分用来衡量顾客对这一服务产品的感知。其中，大约一半的条款用正面的语言来表达，其余的用反面的语言来表达。同时，赋予每个条款7个分数，“非常赞同”为7分，“非常反对”为1分，中间程度可以用2~6分中的任一分数来表达。注意，对于用反面语言表达的条款（用圆括号及圆括号内的短线表示出来），在进行数据分析之前应将评价分数颠倒过来。把表达期望的条款放在一起构成SERVQUAL评价模型的前半部分；相应地，把表达感知的条款放在一起构成模型的后半部分。

三位研究人员选择了5个不同的服务业务——电器维修和维护、银行零售、长途电话、保险经纪人和信用卡业务，每项业务都分配了一个40人的成人用户组（25岁以上，按男女性别平均分），他们在最近的三个月中都接受过被调查公司的服务。三位研究人员共进行了200份问卷调查，以便通过对数据的集中、分析，确定哪些条款是构成服务质量的核心部分，从而开发一个精练、精确的评价模型。问卷包括97项期望陈述部分和97项感知陈述部分。对前半部分来说，问卷的回答者被要求指出公司在其提供的服务业务中应该提供的服务水平；对后半部分来说，问卷的回答者首先被询问的是，他们是否已经使用该公司的服务，然后要求回答者表达他们对该公司服务的感知。

这一阶段最后产生的结果是形成了一个包括7个不同方面的、34项条款的服务质量评价模型。最初的10个方面的其中5个方面——有形性、可靠性、响应性、移情性和可接近性——继续保留独立的地位。而剩下的5个方面——沟通性、可信性、安全性、胜任能力和礼貌——集中起来共同组成两个不同的方面，即把原来5个方面中的条款进行重新分配，组成两个方面的条款束。这意味着服务质量可能有7个相对独立的方面。

为了进一步评价拥有34项条款的评价方法，三位研究人员再次进行了大量数据收集工作。收集的数据是从对美国国内4家著名的公司——一家银行、一家信用卡公司、一家提供电器修理维护服务的公司和一家长途电话公司——进行的有关服务质量的问卷调查中得到的。这个过程的结果产生了一个更加精练的评价模型（SERVQUAL），这个评价模型拥有22项条款，分布在5个方面：有形性、可靠性、响应性、移情性和保证性。即前面7个方面中的前三项独立构成单独的方面，第四项和第五项合并成一个独立方面，第六项和第七项合并成一个独立方面。

（资料来源：宋彦君．TQM、ISO 9000与服务质量管理．北京：机械工业出版社，2005. 220~222）

2. SERVQUAL服务质量评价法的修正与拓展

（1）修正SERVQUAL。

面对SERVQUAL量表受到的一些质疑，PZB于1991年再度对SERVQUAL量表进行研究，以两家银行、一家电话维修公司、两家保险公司为样本，调查分析后提出“修正SERVQUAL（Revised SERVQUAL）”量表。每家公司寄出的问卷数量高达1 800份以上，每家公司收回的问卷份数分别为290到487份不等。尽管此次调查问卷的回收率（21%）低于1988年（23%），但超大容量的样本数保证了调查的稳定性和分析的可信度。另外，PZB经过研究还证明了修正SERVQUAL评价方法的信度和效度均优于原始SERVQUAL。

修正SERVQUAL量表和SERVQUAL量表于本质上并无太大的差异，仍然是以感知减去期望为理论基础测量服务质量。但两者有下列几点不同：在修正SERVQUAL量表中，负面性问句均改为正面性问句，以减少受测者产生题意不清的困扰；将衡量期望的理想标准改为预测性的标准，即将"应该"或"应当"（should）字样改为"能够"、"将会"（would，will）这类用词；在有形性和保证性的问项中各替换了一个问句。

PZB（1991）还指出，SERVQUAL量表是研究服务质量的基本框架，研究者可依研究对象实际状况稍做修饰与增补，若要加入其他的服务质量题项，则应将其归入最适当的服务质量维度中，否则应将其分开处理，因为这些无法归入SERVQUAL维度的题项，不是完全属于服务质量的概念性范畴。

（2）扩展SERVQUAL量表。

无论是原始SERVQUAL量表，还是修正SERVQUAL量表，都是两栏式的量表。1994年，PZB从容忍区间（Zone of Tolerance，简称ZOT）的概念中延伸出三栏式量表，即同时询问"理想服务"、"适当服务"以及"认知服务"三个项目。所谓容忍区间是指顾客渴望的服务与适当的服务之间的差距，这个差距是由渴望的服务与适当的服务之间的不同引起的。所谓渴望的服务是指公司企业应该提供给顾客的服务水平，或者说是顾客心目中理想的服务水平。而适当的服务则表示顾客愿意接受的最低服务水平。因此顾客所期望的水平并非一个点，而是一个区间。

因此，在扩展SERVQUAL量表中，问卷由两栏变为一栏、两栏和三栏三种，从而形成了三套问卷，一套是结合差异分数的阐述，另外两套是结合服务质量的直接衡量。其中三栏式是询问"感知服务与理想服务"、"感知服务与适当服务"之间的差距，而双栏式则是只询问"感知服务与理想服务"之间的差距，PZB认为三栏式的量表能够提供更好的信息诊断价值。然而这三位学者也发现，虽然三栏式量表可以提供较为详尽的资料供管理者参考，但在调查工作的执行上却容易产生难以执行的困难。而在兼顾管理目的的情况下，企业在进行服务质量的调查时，至少也应使用询问渴望服务与认知服务的双栏式量表，这样才能得到较佳的诊断价值。

这三套表格所包括服务质量的22个特性与SERVQUAL评价方法中的基本一样。但是，有几个小的改动：第一，22个特性中有3个得到了修改，减掉了多余的部分，使之更加清晰明了；第二，为了适应扩大的期望概念，使三套表格中的陈述语言达到一致，缩短了问项的陈述；第三，顾客反应尺度由7度改为9度，为问卷的被测试者提供了更为广泛的选择范围，使我们能更加准确地掌握两种期望水平的不同。

本次拓展研究的样本数容量巨大，原始SERVQUAL的样本数为200个，到修正SERVQUAL时，样本数增加到1 800个，而在SERVQUAL扩展研究中，4家公司所采集的样本数量达到了 3 069 个，发出的问卷份数更是高达 12 470 份。庞大的样本容量数对保证研究的信度、效度和科学性起到了非常重要的作用。此外，PZB 还对调查问卷的科学性和难易程度进行了测试（见表 6－12）。如果问卷设计得过于复杂，被访者不能正确理解问项的含义和内容，或者问句过于冗长，顾客在回答时非常困难，这些都会影响顾客回答时的自信，从而造成非理性判断或随机填写现象的出现。计算问卷回答容易程度和自信程度，是对问卷设计质量和调查结果的信度、效度的一种有益补充。

表 6－12　不同问卷回答容易程度和自信程度表

	回答容易程度	回答自信程度
一栏问卷	6.9	7.4
两栏问卷	5.4	6.2
三栏问卷	6.6	7.4

注：容易度和自信度的度量制度为 1～9，1 为非常困难或非常不自信，9 为非常容易或非常自信。

（资料来源：韦福祥．服务质量评价与管理．北京：人民邮电出版社，2005）

在 PZB 的研究中，以前还从未进行过问卷错误率的测试。但在这次的调查中，他们不但研究了问卷的难易程度，还对问卷回答的错误率进行了统计，并分析了错误出现的原因（见表 6－13）。

表 6－13　不同行业、不同问卷被访者回答错误情况统计

	两栏问卷	三栏问卷
计算机制造商	8.6%	0.6%
零售连锁店	18.2%	1.8%
汽车保险	12.2%	1.6%
人寿保险	9.9%	2.7%

（资料来源：韦福祥．服务质量评价与管理．北京：人民邮电出版社，2005）

3. ［美］A. 佩恩．服务营销．郑薇译．北京：中信出版社，纽约：西蒙与舒斯特国际出版公司，1998

4. ［美］马克·戴维斯，贾内尔·海内克．服务管理——利用技术创造价值．王成慧，郑红译．北京：人民邮电出版社，2006

【思考与练习】

1. 定性研究和定量研究的区别是什么？
2. 服务质量评价的定性和定量研究方法有哪些？

3. 简述服务质量评价工作的基本程序。
4. 服务质量评价的五维度是什么？
5. 如何利用 SERVQUAL 进行服务质量的评估？
6. SERVQUAL 评价法的优缺点是什么，可以进行哪些改进？
7. SERVPERF 与 SERVQUAL 的区别和联系分别是什么？
8. 简述关键事件技术的基本程序。
9. 关键事件技术方法对企业管理有什么意义？
10. 重要性—绩效分析方法中的象限各自代表什么含义？
11. 简述排列图分析方法的步骤。

第七章　服务设计

【学习目的】

通过本章的学习，要了解服务设计的概念；熟悉服务设计的方法；重点掌握服务设计的工具和排队系统设计的相关内容。

【学习要点】

1. 服务设计的基本过程及服务系统具体要素的设计
2. 服务设计的方法
3. 服务流程设计的工具
4. 排队系统的设计和顾客等待的管理

【关键词】

服务设计　服务流程设计　服务流程图　排队系统

第一节　服务设计的概念和内容

正如第四章所言，顾客购买的并不是产品或服务本身，而是产品和服务所带来的利益和价值。顾客购买产品和服务是为了解决难题，满足需求，获取利益。因此，服务性企业只有通过为顾客提供解决方案，满足顾客的需求，才能创造价值。为了实现这个目的，服务必须是精心设计的一个过程。对一个成功的服务性企业而言，服务必须是提前规划的，而不是即兴产生的。服务设计是服务质量管理工作的重要内容，它并不是一件一劳永逸的事情。顾客的需求总是在不断变化，随着顾客需求的变化，一些原有的服务也会过时，因此，企业必须不断地完善现有的服务体系并进行服务创新。一个服务性企业是否具有顽强的生命力和持久的竞争力，取决于该企业能否捕捉住顾客需求的变化，发现新需求的端倪，并通过开创新服务或完善现有服务来满足这些需求。因此，服务设计是服务性企业的一项持久的经营管理工作。

一、服务设计与质量管理的过程

图 7－1 列出了服务设计与质量管理的全过程，包括确定服务理念、设计服务系统、监控服务过程、评价服务质量、诊断服务问题和补救服务差错六大步骤。

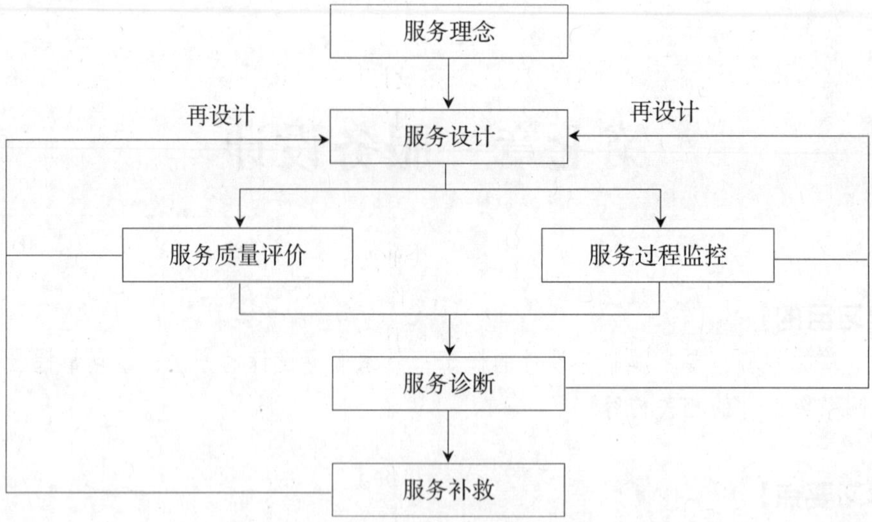

图 7-1　服务设计与质量管理的过程

(一) 服务理念的确定

服务理念是服务性企业管理人员根据目标市场顾客的需要为服务工作确定的一系列指导原则，包括企业的服务愿景和服务概念。

1. 服务愿景

服务愿景也称企业使命。格鲁努斯把服务企业的愿景和使命界定为：以价值创造的方式，通过服务过程来支持目标顾客的价值生成过程。服务愿景或企业使命是企业服务设计和管理工作的指南。

企业可以通过对以下问题的回答来创建以服务和顾客为中心的企业使命：

(1) 企业将对顾客的何种活动进行支持；

(2) 这种支持是如何为顾客的日常生活带来价值的；

(3) 需要为顾客服务过程提供哪些资源，设计哪些流程和互动过程。

2. 服务概念

在企业使命的框架下，必须有一套具体的服务开发和设计的指导原则，这就是服务概念。服务概念的含义是指组织将以何种方式、何种理念来完成其特定的使命。服务概念必须包含以下信息：

(1) 企业将为特定的顾客群提供什么服务；

(2) 如何提供这些服务；

(3) 利用哪些资源要素来提供这些服务。

服务概念必须具体、可行而且容易理解。例如，一家汽车租赁企业将其服务概念界定为："我们要为那些临时有运输困难的顾客提供即时的运输服务。"根据这个服务概念，企业将为那些有临时运输困难的顾客服务，提供的是运输服务，而且是即时的运输服务。这意味着企业对这些问题的解决必须迅速而且是顾客容易获得的。

企业可以根据不同的细分市场顾客的需要分别界定服务概念。也就是说，企业的服务概念可以不止一个，但这些概念必须与企业的使命紧密相关。

（二）服务设计

服务理念是服务设计的前提和指南。服务设计的内容包括服务组合设计、服务体系设计、服务环境设计和服务流程设计四个方面的内容。本章将详细介绍服务设计的概念、内容、方法和常用工具。

（三）服务过程监控

在服务设计完成并实际投入运营的过程中，企业必须随时对服务过程进行监控。监控的目的是及时发现服务运营过程中出现的质量问题，以便作出诊断和补救，预防服务过程的失控。

企业可借鉴制造性企业的质量控制方法，如用统计流程控制（SPC）对服务过程进行监控。统计流程控制的具体方法见本章拓展阅读。

（四）服务质量评价

企业可采用本书第六章所介绍的服务质量评价方法，了解本企业当前的服务质量水平，明确本企业服务系统的长处和弱点，找出服务质量管理工作中存在的问题。

（五）服务诊断

对服务监控和服务评价中发现的服务质量问题，企业管理人员应高度重视，调查、分析产生问题的原因，发现企业服务系统存在的漏洞，以便采取措施对服务系统进行完善或再设计。第八章将介绍服务质量诊断和改进的相关知识。

（六）服务补救

当发生服务差错时，企业应主动采取补救措施，使顾客恢复对企业的信心。第九章将详细介绍服务补救的内容。

二、服务设计的定义

在现有的文献中，国内外学者对服务设计提出了许多不同的定义。从这些定义所涵盖的内容分析，服务设计有广义和狭义之分。美国学者赫斯克特（James L. Heskett）认为，广义的服务设计指服务性企业根据顾客需要所进行的对员工的培训与发展、工作的分派与组织，以及设施的规划和配置。

狭义的服务设计指服务流程的设计。菲茨西蒙斯（James A. Fitzsimmons）把服务设计定义为“服务提供系统的设计”，而肖丝丹克（Shostack G. Lynn）则把服务设计定义为“服务系统设计”，并提出服务设计的四个基本步骤：①确认服务过程；②识别容易失误的环节；③建立时间标准；④分析成本收益。

三、服务设计的内容

服务性企业的服务系统由服务组合、服务体系、服务环境和服务流程四大部分构成。因此，服务设计也就包括对以上四方面内容的设计。

（一）服务组合

1. 基本服务组合的构成

基本服务组合由核心服务、助消服务和产品以及辅助服务和辅助产品组成，如图 7－2 所示。

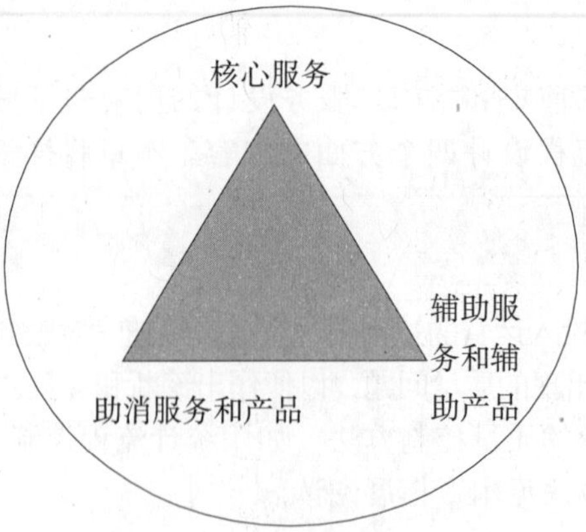

图7－2　服务组合的构成

（1）核心服务。

核心服务是服务性企业为顾客提供的主要服务。提供核心服务是服务性企业在市场上存在的原因。如民航公司的核心服务是客运服务，如果不能提供客运服务，那么这家民航公司就没有存在的必要，或者就不能成为民航企业。同样，酒店的核心服务是住宿，如果不能提供住宿业务，这家酒店就不存在了。有些企业同时提供多种核心服务，如移动通信服务公司可能同时把电话服务和短信服务看成是企业的核心服务。

（2）助消服务和助消产品。

助消服务和助消产品是企业为帮助顾客消费核心服务所提供的服务和产品，也称为便利服务和便利产品、配置性服务和配置性产品。之所以称之为助消服务和产品，是因为如果没有助消服务和产品，顾客就无法消费核心服务，如酒店为了向客人提供住宿服务，必须为客人提供入住登记、结账等助消服务。又如，银行客户要使用自动柜员机就必须购买储蓄卡，储蓄卡就可看做是银行向顾客提供的助消服务。

（3）辅助服务和辅助产品。

辅助服务和辅助产品是指为了向顾客提供额外利益而追加的服务或产品。辅助服务和辅助产品又称为支持性服务和支持性产品。与助消服务和助消产品一样，辅助服务和产品也是核心服务以外的一种附加服务和附加产品，但它的功能与助消服务和产品不同。辅助服务和产品的作用不是使顾客对核心服务的消费更加便利，而在于能够增加企业所提供的服务组合的整体价值，并将企业的服务与竞争对手的服务区分开来。如酒店提供的餐饮服务和娱乐服务可以看成是辅助服务；客房的洗发水、擦鞋纸等可看成是辅助产品；秘书服务则可以看成是移动通信公司提供的辅助服务。

2. 服务组合的设计

企业应在对企业自身和顾客进行充分研究的基础之上，设计出本企业的服务组合，明确要为顾客提供哪些核心服务、助消服务和产品、辅助服务和产品。

（1）明确企业的核心服务。

核心服务是服务性企业提供的主要服务，是企业存在的根本理由。它回答的是购买者真正想要得到的基本服务和核心利益是什么。企业管理人员应根据企业的服务愿景和服务概念，明确企业的核心服务，并把核心服务的设计放在核心地位。

（2）有效区分企业的助消服务（或产品）和辅助服务（或产品）。

对许多服务性企业来说，助消服务（或产品）和辅助服务（或产品）的界限并不十分清晰。

①对于不同类型的服务性企业，同类服务可能是助消服务，也可能是辅助服务。例如，宽带上网服务对于商务型酒店来说是助消服务，而对于经济型酒店来说就是辅助服务。

②对于不同类型的顾客，同类服务可能是助消服务，也可能是辅助服务。例如，入住酒店的休闲度假旅游者可能不会消费酒店商务中心提供的服务，而商务旅行者则很可能会需要这类服务。酒店的商务服务对于前者来说是辅助服务，而对于后者来说则是助消服务。

③随着时间的推移，助消服务和辅助服务可能会相互转变。例如，现代酒店在客房浴室中摆放洗浴用品是普遍的做法，这些产品属于助消产品。但是，当年凯悦酒店开创性地采取这种做法的时候，这些产品属于辅助产品，酒店把它视为一种差异化竞争手段。而自 21 世纪以来，随着绿色酒店概念的兴起，各种洗浴用品又有从助消产品向辅助产品回归的趋势。

从管理的角度来说，助消服务（或产品）和辅助服务（或产品）都十分重要。服务性企业必须提供助消服务（或产品），否则顾客将无法消费核心服务。没有辅助服务，顾客仍然可以消费核心服务，但企业整体服务组合的吸引力将会大大削弱。因此，企业管理人员应区分助消服务（或产品）和辅助服务（或产品），精心设计企业的这两类服务，将本企业的整体服务组合与竞争对手的服务组合区分开来，增强企业的竞争力。

（二）服务体系

肖丝丹克（Shostack G. Lynn）运用“视野分界线”，从顾客的可视性出发，将服务体系划分为顾客看得见的和顾客看不见的两个部分，即前台操作体系和后台辅助体系，如图 7－3 所示。

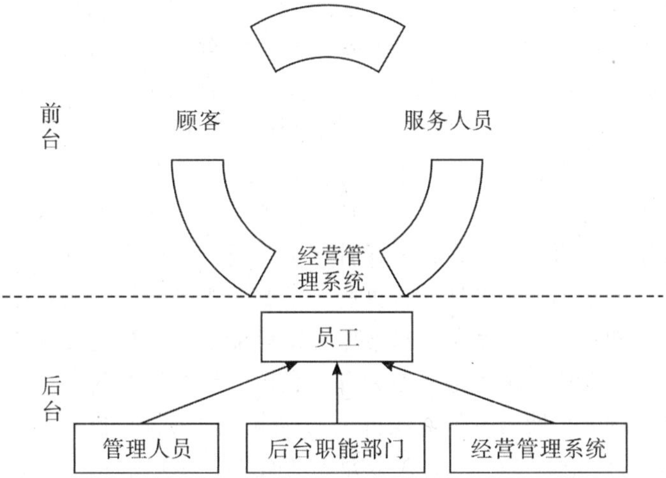

图 7－3 服务系统

1. 前台操作体系

前台操作体系的基本职责是为顾客提供优质服务，保证服务结果的质量。同时，前台操作体系还应为顾客提供优质交往服务，保证服务过程的质量。因此，管理人员应以服务过程设计工作的任务为依据，来确定前台操作体系所需要的人力资源和物质资源的数量，以及企业应如何综合使用这些资源以达到为顾客提供优质服务的目的。前台操作系统设计的目标就是要处理好顾客、服务人员和经营管理系统之间的关系。

（1）顾客。

顾客不仅仅是消费者，同时也是服务工作的参与者，他们有时要配合服务，有时要自助服务，所以有学者认为顾客称得上是“兼职服务人员”。鉴于此，企业的前台操作体系设计必须方便顾客消费，帮助顾客参与操作。在前台操作体系设计中，关于如何对待顾客，具体主要有以下三点：

①鼓励顾客积极参与。如大学食堂在显眼处放置托盘返还架和废物贮藏架，鼓励学生和教师用餐后自行返还托盘和带走垃圾。

②提供必要信息，使顾客理解他们应完成的服务工作。如超市在供顾客使用的储物柜上粘贴提示，告诉顾客如何使用储物柜存储物品。

③帮助顾客掌握必要的知识和技能。如银行工作人员指导顾客如何填写单据，使顾客掌握单据填写的基本技能。

排队系统设计和顾客排队等待时间的管理是服务设计的重要内容，本章第四节将介绍排队系统和顾客排队等待时间管理的相关内容。

（2）服务人员。

如同眼睛是心灵的窗户一样，前台就是企业的窗口，而前台服务人员正是企业的形象代表，他们的一举一动都透露出企业的服务素质，是企业形象的象征。前台服务人员与顾客直接进行面对面的接触，他们最了解顾客的需求并且能够最为迅速地察觉出顾客需求的变化，能将顾客的需求信息及时反馈给各部门，以使企业能够以顾客需求为中心，生产出适应顾客需求的产品和服务。同时，由于服务人员是服务的直接提供者，他们最能及时发现服务工作中的问题，将这些问题进行处理、解决就能最迅速、最有力地控制服务质量，这对提高企业服务质量，增进顾客的满意度有着重要作用。此外，前台服务人员在为顾客服务的过程中，不仅仅是为其提供了服务，还与其进行了情感的交流和沟通，能在顾客心目中留下深刻的印象，其高水平服务最易在顾客群体中形成“口碑效应”，促进企业产品和服务的宣传，为企业开拓更为广阔的市场。

在前台操作系统中，服务人员工作的设计至关重要。企业应认真设计前台服务人员的服务流程，并通过严格的培训和考核使服务人员熟谙整个服务流程，在服务过程中能严格执行该流程。同时针对不同顾客的个性化需求和服务中可能出现的某些突发性问题，应对服务人员适当授权，以便于其能快速灵活地进行处理。具体分析有以下两点：

①树立优质服务理念，使服务人员能自觉地为顾客提供优质服务。

②对前台服务人员授权，鼓励其及时发现服务差错，采取补救措施。

（3）经营管理系统。

经营管理系统包括经营管理制度、服务操作程序、服务工作中需使用的技术和物质资源。经营管理系统在前台操作系统中的地位也不可忽视，可以说它是一个“硬件依托”，对服务人员的服务和顾客感知的服务质量有着非常重要的影响。

经营管理系统中的经营管理制度必须以服务为导向。服务性企业应杜绝管理人员仅仅使用烦琐的规章制度和操作程序控制服务人员工作的现象。在倡导个性化的今天，顾客的个性化需求越来越多样，只靠规章制度和操作程序来指导服务人员的工作已经远远不能满足需求。因此，企业管理人员应以标准化的规章制度和操作程序为基础，删除其中不必要的规章制度和操作程序，将服务工作决策权转移到前台服务第一线，对服务人员授予必要的工作决策权，以便员工创造性地、主动地、灵活地为顾客提供优质服务。

2. 后台辅助体系

后台辅助体系对前台操作系统的服务质量有着很大影响。后台辅助系统中辅助性工作的高质量完成是前台操作系统为顾客提供优质服务的保证。芬兰著名服务营销学家格鲁努斯（Gronroos）认为，后台辅助系统应该为前台操作系统提供以下三类支持：

（1）管理人员的支持。

管理人员的支持是三类支持中最重要的一类。管理人员应重视企业文化的作用，加强企业文化的建设，将优质服务纳入企业的核心价值观，树立成为全体员工的共同信念和行为准则，并鼓励全体员工以此为服务导向，竭尽所能地为顾客提供优质服务。

在服务工作中，管理人员一定要支持服务人员的工作，并为服务人员创造良好的工作环境。管理人员应该关心服务人员的工作状态、在工作中遇到的问题甚至是生活情况。要积极听取服务人员的意见，为服务人员的工作提供方便，并对其工作给予及时的指导和帮助，在服务人员遇到重大问题时，能迅速挺身而出，帮助其妥善解决和处理。

（2）后台职能部门的支持。

只有后台职能部门的员工真心支持前台服务人员的工作，前台服务人员才能为顾客提供优质服务。后台职能部门的支持是前台服务人员做好工作的必要条件。例如，酒店的维修部如果不能及时将客房设备维修好，客房部的服务人员就不能为顾客提供优质服务；厨房清洁工若不及时将餐具清洗好，餐厅服务人员也就无法保证服务质量。因而，后台职能部门的员工应该把前台服务人员和其他职能部门的员工当作“内部顾客”，并为其提供优质服务。

（3）经营管理系统的支持。

“科学技术是第一生产力”。现代科技成果的作用在服务性企业中所起的作用可以说是越来越明显。新技术和新设备在服务性企业中的应用，极大地提高了企业的服务质量、工作效率和企业的获利能力。此外，高新科技成果的使用还改善了服务人员的工作条件，调动了服务人员的工作积极性。例如，酒店客房管理系统的使用毋庸置疑是酒店发展史上一次重要的变革，它不仅提高了酒店的工作效率，同时还给服务人员的工作带来了许多便利。

（三）服务环境

服务系统中的环境要素指企业向顾客提供服务所需的支持性设施、设备以及企业内部的装潢和布置等，包括存在于服务提供地点的所有物质形态的资源。

服务性企业的实体环境对顾客感知的服务质量有着重要的影响。首先，顾客到服务现场参与服务和享受服务，实体环境是服务过程的关键部分，对顾客所感知的服务质量起到重要影响。其次，实体环境对服务人员而言也非常重要，工作环境是否舒适，设施、设备是否方便、好用，直接影响着服务人员的工作效率和服务质量。但是，服务环境的营造要适当和得体，如果包装得过于刻意就会使顾客产生距离感，使他们认为把高价转嫁到了自己头上。根据比特纳（Mary Jo Bitner）的观点，服务环境包括环境氛围、符号和标志、布局陈设三部分。

1. 环境氛围

服务的环境氛围会对处在服务现场的人（包括顾客、服务人员、管理人员等）的感官产生重要影响。企业最常采用的环境氛围设计方法主要是针对顾客的视觉、听觉及嗅觉进行的。

（1）视觉。

研究表明，在服务环境中，视觉效果对顾客的感官刺激最直接也最强烈，它比其他感官传递的信息更多。因此，对环境氛围在视觉效果上的设计是企业众多环境氛围设计中最常用的方法。在视觉设计上，主要是要注意颜色和空间。

①颜色。

颜色分为暖色和冷色两大色系。暖色系包括红色、黄色和橙色等颜色，它能让人感到温馨舒适，但同时也会给人一种非正式感；而冷色系则包括蓝色、绿色和紫色等颜色，它使人感到疏远冷漠，但同时也能给人一种正式的感觉。在服务环境的颜色处理上，一定要注意服务场所所选择的颜色应与企业所提供的服务性质相匹配，不能随心所欲。如酒店大堂的颜色最好多使用暖色系的颜色，使旅客能有宾至如归的感觉；而邮局这种提供功能性服务的环境中则最好以冷色系的颜色为主打颜色，给顾客以正式和严肃的感觉。

②空间。

服务环境空间的大小给顾客传递着不同的信息。顾客通常认为空间规模越大，有形展示（如招牌等）越大，他们的购买风险就越小。其实，服务环境空间的大小也有一定的尺度，如果空间过大则会显得空旷和冷清，缺乏人气。

③颜色与空间大小的关系。

服务环境的颜色和空间的大小之间有着一定的关系，服务环境设计为淡色系会使其空间显得大些，若设计为深色则会使其空间显得小些。如一些实际空间小的企业将其服务环境装饰为淡色系，会使顾客感受到的空间比实际空间要大，突破了实际空间的限制。

（2）听觉。

服务环境氛围在听觉效果上的设计主要体现在音乐的播放上。国外学者的研究结果表明：服务环境中的音乐能显著影响顾客的情绪和逗留时间。顾客会认为播放音乐的商店对自己的感受十分在意，能增强其受尊重感。此外，音乐节奏的快慢与顾客逗留时间的长短密切相关，如表 7 - 1 所示。快节奏的音乐会使顾客心情急躁，加快购买速度，产生想快速离开的想法。相反，慢节奏的音乐则有利于延长顾客的逗留时间。

表 7 - 1　背景音乐对餐厅客人逗留时间的影响

变量	慢节奏音乐	快节奏音乐
服务时间	29 分钟	27 分钟
客户用餐时间	56 分钟	45 分钟
未就座就离开餐厅的客户	10.5%	12%
食物购买量	55.81 美元	55.12 美元
酒吧购买量	30.47 美元	21.62 美元
估计总利润	55.82 美元	48.62 美元

(3) 嗅觉。

服务环境氛围在嗅觉效果上的设计也是服务环境设计的一个重要环节，其主要体现在气味的设计上。企业的环境氛围会受到气味的强烈影响，而顾客感知的服务质量也与气味有紧密联系（见表7-2）。

表7-2 商场气味对顾客感知服务质量评估的影响

顾客评分		无气味（平均值）	有气味（平均值）
商店	不受欢迎/受欢迎	4.27	5.10
	不喜爱/喜爱	4.65	5.24
	形象：过时的/现代的	3.76	4.72
商店环境	无吸引力/有吸引力	4.12	4.98
	不舒服的/舒服的	4.84	5.17
	沮丧的/高兴的	4.35	4.90
	阴暗的/明亮的	4.00	4.58
	无趣的/有趣的	4.03	4.87
	不悦的/愉快的	4.47	5.15
商品	式样：陈旧的/时髦的	4.71	5.43
	选择：不足的/充足的	3.80	4.65
	质量：低/高	4.81	5.48

行业透视

日本松竹电影公司日前推出了一种可根据电影画面发出不同香味的服务。在展播由好莱坞当红小生科林·法瑞尔主演的惊险影片《新世界》时，日本东京的观众成为全球首次体验这种服务乐趣的观众。

在影片中，“香味通信”系统将根据不同场景发出六种不同香味，使观众得到身临其境般的体验：如果出现爱意绵绵的场景，“香味通信”系统便会发出芬芳的花香；一旦出现催人泪下的场面，观众则会闻到夹杂有薄荷和迷迭香的香味；倘若剧中人物难掩心中喜悦，夹杂着橙子和柚子的香味便会扑鼻而来；而观众如果闻到飘着桉树和茶树清香的香草味，那不必多说，电影中一定出现了愤怒场面。

据介绍，香味来自于影院后排座椅下面的特殊装置，工作人员通过控制存在装置中的不同油类混合物来产生不同的香味。率先推出“香味电影”的一家影院表示，首场电影将设置33个“香味座椅”，售价和普通座位一样都是每张15美元，售票情况良好。松竹电影公司将根据观众反应来决定是否大范围推广这种服务。

（资料来源：《东南早报》2006年4月22日）

2. 符号和标志

符号和标志，包括服务企业内部的各种符号、标志和指示牌等，在服务环境中的主要作用是向顾客传递信息和方便顾客消费。例如，一些商店在地面或墙体上设计了大量的路线指示牌或区域指示牌，以便顾客快速找到自己所要去的商品区域。如果服务环境中的符号模糊、指示不清，就会导致顾客对企业的运营产生怀疑甚至感到愤怒，从而使顾客感知的服务质量也大打折扣甚至会遭到顾客毫不留情的投诉和指责。

3. 布局与陈设

布局和陈设是指服务环境中各设施的布置、摆放及装饰，它在实体环境中也有不可忽视的作用。良好的布局和陈设不仅能提高服务人员的工作效率，而且能满足顾客的心理需求，提高顾客的感知质量。如在电话接线员的面前放一面镜子可促使其发出微笑的声音；而将银行现金出纳的各个抽屉根据用途用不同颜色的纸条标示，并配以相应颜色的钥匙，能提高出纳员办理业务的速度。

（四）服务流程

服务是由活动或一系列活动所构成的过程。换言之，服务是一种操作过程，大多数服务都是操作流程的产物，是服务流程创造了服务。服务流程设计是服务设计的核心。狭义的服务设计就是指流程设计。本章第二、第三节将详细论述服务流程设计的方法和工具。

第二节　服务流程设计的方法

服务流程设计的方法主要有四种：服务工业化方法、服务自助化方法、技术核心分离法，以及以上三种方法的结合——集成设计法。

一、服务工业化方法

（一）服务工业化方法的含义

服务工业化方法，也称生产线方法，其理论基础主要来自于莱维特（Theodore Levitt）的“服务工业化”观点，其中心思想是应用制造业的经验来管理服务运营，从系统化、标准化的观点出发，将小规模、个人化、无定形的服务系统改造成大规模、标准化、较稳定的服务系统，以提高服务效率，保证服务质量的一致性。

20 世纪七八十年代，服务工业化方法在发达国家的服务业中兴起并迅速普及。银行自动柜员机（ATM）的应用就是一个典型的例子。20 世纪 70 年代末到 80 年代初，美国的 ATM 数量以每年40%的速度增长，而在加拿大这个数字更达到77%。表7－3 列出了当时一些主要服务行业采用服务工业化方法的例子。

表7－3　主要服务行业采用工业化方法的范例

行业	应用范例	行业	应用范例
银行	·电子现金汇兑系统	航运	·联合订票系统
	·ATM		·自动收费装置
	·电脑清算系统		·自动售票系统
	·标准化服务流程		·全球资源管理

（续上表）

行业	应用范例	行业	应用范例
公共管理	·废弃物自动处理	通信	·自动应答系统
	·城市资源统一管理		·电话查询系统
			·故障自动诊断
医疗	·急救调度系统	零售	·自动售卖机
	·自动看护装置		·商品价格自动清算
	·远程诊断系统		·POS
	·标准诊断程序		·商品集中采购—配送
旅店	·门禁刷卡	餐饮	·自动烹调设备
	·呼叫—应答系统		·标准化食品
	·标准客房服务		·速食业标准化管理

（资料来源：刘丽文，杨军．服务业营运管理．北京：中国税务出版社，2005. 64）

（二）服务工业化方法的内容

（1）重新分析服务产品，减少其中的可变因素，尽量使之标准化，为顾客提供一致、稳定的服务。

（2）应用系统化的方法组织和控制营运过程的各阶段特征，增加系统运转的稳定性，提高系统营运效率。

（3）分析服务运转的各个阶段特征，在适当的地方采用技术和设备代替人力劳动，减少人为失误。

（4）精确分析和计算，确定设施的选址和布置。

（5）分析工作流程，进行工作设计，使人员的工作效率得到提高。

（6）在系统分析的基础上建立明确的分工。

（7）制定统一、明确的服务人员工作标准流程和服务标准操作规范。

（8）用制造业的思想分析服务业管理和行销等各个环节。

行业透视

麦当劳公司是应用服务工业化方法的典范。这一点在麦当劳法式薯条的生产中得到了完美体现。麦当劳对法式薯条的加工尺寸、一包法式薯条的数量和存放薯条的盘子这些细节都予以了关注和设计。马铃薯经过预制、半加工和冷冻后，被加工成合适尺寸的薯条就能一烹而得，不用再因薯条过大或过小而修正尺寸。如果一包薯条的数量太多，存放的薯条会变得潮湿，太少则要不断制作新的配料，麦当劳经过摸索得出经验，对一包薯条的数量也进行了适当规定。为了防止装得过多的薯条掉到地板上造成浪费或弄脏环境，麦当劳的法式薯条都放在靠近柜台的一个大且平的盘子里，并且服务员都使用特制的漏勺来保证售出的每一份薯条的数量大致一样。麦当劳公司对法式薯条生产的每一个细节都进行了策划和设计。

（资料来源：王丽华．服务管理．北京：中国旅游出版社，2007. 200）

（三）服务工业化方法的特点

1. 明确细致的分工

建立明确细致的分工是工业化方法的基本思想，它不仅可以简化员工的工作和加强员工的专业技能，而且能够减少对高水平综合技能人员的依赖，从而降低营运成本。同时，明确细致的分工是服务工业化方法中十分重要的一个环节，它直接影响到服务的后续设计和营运效果。只有在分工明确细致的基础上，才能制定相应的标准规范，找出可以由机械代替的工作。

2. 应用技术设备代替人力劳动

用技术设备代替人力已成为制造业发展的源泉和动力，此方法同样也可应用于服务业，如银行用自动记账机来代替出纳员。在应用技术设备代替人力劳动时，要考虑技术设备的应用范围、应用程度和应用环节等各方面因素。同时，必须考虑应用技术和设备的操作难易性问题，因为不易操作的技术和设备反而会使系统的营运水准降低。

3. 服务的标准化

服务标准化就是通过制定相应的流程和规范，使服务过程更易于控制，达到稳定服务质量和提高营运效率的目的。当服务变成事先设定好的常规工作后，员工的工作效率会更高，而顾客的流动也将更为有序。肯德基、麦当劳这些西式快餐店比普通餐馆提供的食物种类少得多，因而它们比普通餐馆更容易进行服务的标准化，这正是它们能以更快的速度为顾客服务的一个重要原因。

4. 规范化的服务行为

规范化和质量是工业生产的优势所在，工业化设计思想要求减少人为因素，保证服务的一致性和稳定性。在为员工制定明确的服务流程和操作规范后，必须对员工进行培训，使服务流程和操作规范得以贯彻实施，让员工的服务行为规范化。服务行为规范化针对的是常规服务，而对于个性化服务而言，适当授权给员工就显得很有必要。

（四）服务工业化方法的优缺点

1. 服务工业化方法的优点

服务工业化方法的广泛采用是20世纪七八十年代“服务业革命”的主要标志之一，并对当时的世界服务业产生了巨大的影响：快餐业的标准化使麦当劳、肯德基等品牌迅速全球化；银行业的标准化使自动柜员机和电脑清算系统被大量采用；零售业的标准化使超市得以迅速发展。从整体来看，服务工业化方法为当时的服务业带来许多正面的效果。

（1）加快了服务业员工的工作效率，提高了服务的准确率和控制水平。服务业用技术设备代替人力劳动，使服务过程更易于控制，也提高了服务系统的营运效率。

（2）改变了服务业组织管理混乱不堪的局面。通过细致的分工，使责、权、利更加明确，营运体系的设计也更为科学。

（3）实现了规模经济，促进了大型服务企业的形成。虽然技术的应用和设备的维护需要大量的投资，但由于技术设备的应用提高了工作效率，使处理的工作量大幅度增加，这样平均费用就大为降低，从而实现了规模经济。

（4）提高了对顾客的服务水准。如ATM的长营业时间和快执行速度使顾客享受到了时间的便利。

（5）降低了顾客的服务支出。工业化方法的应用，在降低服务性企业管理费用和营运费用的同时，也减少了顾客的花费。

（6）促进了员工知识结构的改变。工业化方法的应用，要求服务业员工有较高的技术水准和操作技能，加强了员工的学习和培训，使员工的知识结构得到了改变。

（7）自动化的设备取代了许多原有的简单重复劳动，使服务业中劳动力的就业结构发生了很大的改变。这其中一部分劳动力就会面临失业的压力，促使他们不断努力学习和掌握新技能。

2. 服务工业化方法的缺点

服务工业化方法使制造业丰富的管理和设计经验在服务业中得到了应用，为当时的服务业带来了许多益处，促进了服务经济的发展。即使在今天的许多服务行业里，当时引入的各种服务自动化设备经过多次改良后仍发挥着重要作用。但是，服务工业化方法在应用过程中也暴露了许多无法克服的缺陷。

（1）服务工业化方法对设施和设备过分依赖。自动化设施和设备一旦出现故障，往往很难在短时间内修复，给顾客和服务人员带来了相当大的麻烦。如银行 ATM 的机器故障会对顾客造成较大的影响；而银行电脑系统的故障可能会令整个营业点的工作进入瘫痪状态。

（2）自动化设备的人—机界面的使用往往不够方便（在设备开发使用的初期尤其如此）。时至今天，中国的许多老年人仍然因为不会使用 ATM 而宁愿排队等待银行营业员的人工服务。

（3）由于人与机器之间很难进行充分的沟通，顾客在有疑问或遇到麻烦时无法得到及时的帮助。

（4）自动化机器设备和标准化服务流程在面对顾客的非标准化、个性化需求时变得无能为力。不能满足顾客的个性化需求，这是服务工业化方法最大的缺陷，也是服务自助化方法出现的根本原因。

二、服务自助化方法

（一）服务自助化方法的定义

服务自助化方法，也称定制化方法或顾客参与服务法，其中心思想是把顾客作为企业的一种生产资源纳入服务系统中，让顾客在服务流程中扮演积极角色，鼓励顾客积极参与服务过程，并给予顾客适度的控制权，以满足顾客的偏好，从而提高服务系统的运营效果。

服务自助化方法的设计基于对顾客行为的以下认识：

对于大多数的服务方式和系统，当顾客出现时，服务才开始。顾客在服务运营流程中，不仅充当被动接受服务的消费者，在需要的时候，也可以成为一个积极的参与者。这样，顾客就成了“合作生产者”，这种自助服务法就有可能将某些服务活动直接转移给顾客从而提高生产率，而顾客也可以参与活动使服务更符合自己的偏好。因此，进行服务系统设计时要认真考虑顾客偏好，将其作为生产资源纳入到服务系统中去，既可以提高顾客满意度，又可以提高服务系统的运营效率。具体需要认识的四点是：

（1）顾客对参与服务活动要具有一定的兴趣，其意愿不仅仅在于被动地接受服务。

（2）顾客希望参与到服务活动中，让自己能主动控制服务的进程，并且使服务能更符合自己的偏好。

（3）顾客愿意自己承担一部分服务工作以节省时间和费用，并且可以获得更大的自由。

（4）顾客可以主动地避免使用服务高峰期的设备和设施，这有利于服务产能的动态平衡。

（二）服务自助化方法的内容

（1）根据所提供的服务类型，研究目标顾客的需求和心理特质，分析其偏好；

（2）分析顾客在服务提供过程中的行为，考虑各种可能出现的情况；

（3）对服务提供的整个流程进行分析，确定哪些工作可以由顾客承担，或者可以让顾客拥有更大的控制权；

（4）确定顾客在不同的服务提供环节中所能达到的参与程度；

（5）对服务过程进行时间、地点等分析，找出耗时过多或者造成顾客不满意的环节；

（6）根据以上分析，重新设计或者改进服务提供系统，使其为顾客的参与和控制留下更大的空间，并能够使定制化的服务高效率地进行；

（7）安排顾客学习。由于顾客需要更多地参与和发挥自己的积极主动性，所以必须掌握更多的知识和技能，以避免由于顾客的参与而造成系统营运效率降低；

（8）举办一些活动，并且采取一定的措施来吸引和帮助顾客主动参与服务活动；

（9）为服务员工制定相关的服务措施和操作规范，使其在定制化的服务中发挥更积极有效的作用；

（10）制定有关的管理措施，对服务过程实施监督和控制，提高服务品质，改进服务效率。

（三）服务自助化方法的特点

1. 要求顾客承担员工的部分工作

服务自助化方法用顾客的劳动代替员工的劳动，技术的进步也促进了顾客的参与。银行的 ATM 和长途直拨电话就是很好的例子。顾客成为合作生产者，并且从低成本的服务中得到好处，一部分顾客很欣赏这种自助服务。

2. 要求顾客在参与中学习

由于在定制化服务系统中需要顾客的主动参与，且顾客拥有自主权和控制权，因此顾客的表现会最终影响到服务的水准和效率。所以顾客需要在服务的参与过程中不断学习。一个好的服务自助化系统除了要为顾客的学习创造良好的条件外，还应该采取措施吸引和鼓励顾客进行学习。

3. 要求员工与顾客高度互动

在定制化的服务系统中，了解顾客的特点和需要，并提供相应的服务等一系列重要内容主要由员工完成，而且由于员工与顾客的高度互动，员工的服务技能与工作表现直接决定了顾客得到的服务水准，对服务系统的营运效率也有重要的影响。因此在定制化的服务系统中必须充分重视员工的功能和地位。

（四）服务自助化方法的优缺点

1. 服务自助化方法的优点

（1）能让顾客拥有更大的控制权和自主权。顾客自助地承担一部分工作，可以调动他们的主动性，这样的例子有很多：快餐业中食客主动把盘子收拾到清洁处；超市里顾客主动把商品拿到收银台等。

（2）引导顾客主动调节服务的供需平衡。在需求的时间、地点变化幅度较大的行业里，这方面有很多的实际应用的例子。如公共交通系统告知顾客哪些线路会在哪些时段过于拥挤；网络服务提供商在不同时段制定不同收费标准，等等。

（3）引导顾客表达自己的个性化需求，并给予充分满足。如饭店设置顾客资料管理系统，将顾客的饮食习惯和偏好的资料储存于电脑之中，使老客户无论何时住进饭店，均可以享受到最适合自己的服务，提高顾客的满意度。

2. 服务自助化方法的缺点

（1）服务系统的营运效率降低。与标准化的服务系统相比，顾客的参与必然会导致服务过程中不确定性因素的增加。这样必然会损失掉一部分的效率。

（2）服务系统的管理难度加大。一方面，顾客需求的多样性会使服务过程的管理和控制更加复杂；另一方面，对员工来说，需要调动他们的积极性来应对这种改变，提高员工的忠诚度和满意感，这也增加了管理的难度。

三、技术核心分离法

（一）技术核心分离法的含义

技术核心分离法的理论基础源于蔡斯（Rucgard Chase）对服务系统特点的分析。蔡斯认为，管理人员可根据服务系统各组成部分与顾客接触的程度将服务传递系统分为与顾客高接触的部分和与顾客低接触的部分，即前台和后台。根据该观点，技术核心分离法的中心思想是，在与顾客高度接触的前台，企业应当采用以顾客为中心的设计观点，以满足顾客的个性化需求为出发点，灵活地为顾客服务，从而提高顾客感知的服务质量；而在后台则应用工业化的设计方法，充分利用现代技术的优势，提高工作效率。可见，技术核心分离法是服务工业化方法和服务自助化方法的结合。

（二）技术核心分离法的内容

技术核心分离设计主要有以下几个步骤：

（1）观察服务系统，区分高接触部分与低接触部分，分析各种工作和相应人员的特点，确定各自的归属。

（2）在两个子系统内部，分别找出最关键的营运目标，并据此确定各子系统以及下属各单位的工作任务。

（3）确认并建立两个子系统之间的衔接，辅助两者之间的协调。

（4）对高接触部分进行设计。要仔细评估与顾客接触各个环节的重要程度，加强能够提高服务水准和满意度的接触环节。如鼓励员工发现顾客的真实需要，认真听取顾客的批评和意见等；减少影响服务效率的不必要接触，如使用自动查询系统、自动售卖机等。

（5）对低接触部分进行设计。要遵循工业化设计的概念，采用新技术和自动化设备，制定时间和费用标准，进行工作设计，精确控制系统的资源、流程和产出等。将后台部分与前台部分分开，并整合后台工作，以降低费用，提高效率。

（6）用整合性的眼光全面观察和评估组成服务的各个模组，找出衔接不善或未能使系统的综合营运水准达到理想目标的环节，全面改善整个服务系统。

行业透视

20世纪60年代，花旗银行采用的是传统的直线职能制组织结构形式，其主要缺点是各部门及其管理者之间相互独立，无法实现有效的协调和整体控制，管理费用昂贵，效率较低。

花旗银行直线职能制组织结构形式的缺点在现代技术的改进之后变得更为突出，为了弥补这些缺陷，20世纪70年代初，花旗银行按照工业化思想，参照“工厂”的模式改造组织结构。改造后的组织结构类似于制造业中的“生产线”，它依业务进行划分（类似制造业中的按产品划分），为每一种业务组合建一条“生产线”，各种业务的服务提供过程也类似于制造业中产品在生产线的制造过程，由该业务的管理者对其实施精确的控制。它的设计思想和管理思想都很明确，即运营部分就是一座“工厂”。这种组织结构确实使新技术的效果得到了改进，并提高了控制程度和营运效率。

但到了70年代中期，花旗银行的管理者发现，各条“生产线”提供的标准产品已不能适应公司客户的需求，而若要求“生产线”提供多样化的服务，则又会牺牲营运效率与服务效果。花旗银行由此认识到定制化服务的重要性，并于70年代中后期再次改进了组织结构。这次改进在以往的基础上更强调了前后台的划分和分别处理。前台部分按照不同的行销区域划分为国内业务、国际业务、公司业务等类型，对不同市场的设计、营运和管理进行了相关的改进，使其更适应不同的需求；后台部分的改进一方面继续强调“技术核心”部分的营运效率，另一方面改善了与前台部分定制化服务的衔接，引进了能够与多样化前台服务配合的比较灵活的组织结构和应用技术，在营运流程与工作设计等方面也进行了相关的改进。

（资料来源：刘丽文，杨军．服务业营运管理．北京：中国税务出版社，2005. 68～69）

（三）采用技术核心分离法须注意的问题

在应用技术核心分离法进行服务设计的过程中，有以下三个须特别注意的方面：

1. 准确确定服务系统中各部分与顾客接触的程度

服务系统中各部分与顾客的接触程度实际上代表了顾客在该部分系统中的参与程度和顾客对服务过程与结果的影响程度。服务系统与顾客接触的程度是高接触部分和低接触部分的区分标准。在技术核心分离设计方法中，高接触部分和低接触部分的设计是主要部分，必须对两者各自的设计特点有明确的认识，才能掌握设计关键，强化组织性能。表7－4更详细地列出了服务系统中高接触和低接触部分的设计特点。

表7-4　服务系统中高接触和低接触部分的设计特点

设计思想	高接触部分	低接触部分
设施地址	接近顾客	不用接近
设施布局	考虑顾客的生理和心理需求及期望	提高生产能力
组织目标	最佳服务效果	最高运营效率
组织结构	人与人交流	人与机交流
产品设计	服务环境和实体产品决定了服务的性质	顾客在服务环境之外
过程设计	生产环节对顾客有直接影响	顾客不参与大多数处理环节
进度表	顾客包括在生产进度表中且必须满足其需要	顾客主要关心完成时间
生产计划	订单不能被搁置，否则会丧失许多生意的机会	出现障碍或顺利生产都是可能的
工人技能	直接人工构成了服务产品的大部分，因此必须能够很好地与公众接触	工人只需生产技能
决策过程	根据现场的具体情况，灵活性强	受预定决策影响大
质量控制	质量标准取决于评价者，是可变的	质量标准是可测量的、固定的
时间标准	由顾客需求决定，时间标准不严格	时间标准严格
工资支付	易变的产出要求计时报酬	固定的产出要求计件报酬
能力规划	为避免销售损失，生产能力按满足最大需求标准设计	储存一定的产品以使生产能力保持在平均需求水平上
预测	短期的、时间导向的	长期的、产出导向的

（资料来源：王丽华．服务管理．北京：中国旅游出版社，2007. 204～205）

2. 根据前后台的不同设计特点，分别设计服务操作流程

由于前后台的设计特点不同，必须抓住其特点和区别，采用不同的设计概念，分别设计前台和后台的服务操作流程。

3. 确保前后台的衔接和协调

前后台的衔接是影响服务系统整体执行效率的关键因素之一。因此，要找出前后台的边界部分，保证实现物料与咨询两者之间的及时、准确传送，明确环境、顾客、前台、后台之间的相互作用关系，应用整体强化的方法，确保前后台的衔接和协调，使服务系统的服务营运效率达到较高水准。

（四）技术核心分离法的优缺点

1. 技术核心分离法的优点

技术核心分离法的应用体现出服务业为了提供定制化服务和提高运营效率的双重目标而作的努力。一方面，它通过灵活应对顾客的前台营运方式提升了企业满足顾客个性化需求的能力；另一方面，它又在后台营运中充分利用了现代技术的优势，提高了服务效率。

2. 技术核心分离法的缺点

（1）顾客的个性化需求得到满足的程度还不充分，没有充分地发挥顾客参与的作用。

与定制化设计方法相比，它还不能达到很高的顾客满意度。

（2）技术核心分离设计方法没有充分考虑员工的积极性和创造力对改进服务水准和营运效率的重大影响，在其设计体系中缺乏相关的考虑，其直接后果是难以有效地提高员工的满意度和忠诚度。因而不仅在前台难以达到较高的服务品质，后台部分的营运水准也受到限制。

（3）前台部分和后台部分不易整合。

（4）技术核心分离法的应用使设计和管理的难度增加。许多企业不能有效地应用两种思路分别设计前后台部分，并使两者易于协调。

纵观以上三种传统设计方法可知，这三种方法各有特点，适用于不同的服务行业。三种方法中，服务工业化方法适用于标准化的大规模服务性企业；定制化方法适用于顾客个性化需求程度较高的服务性企业；而技术核心分离法则适用于介乎两者之间的、前后台有较明显区分界限的服务性企业。在选择服务设计方法时，企业管理人员应根据行业的发展趋势和企业自身的具体特点组合应用，以寻求最有效的设计方法。

四、集成设计法

（一）集成设计法的含义

从前面的论述可知，以上三种服务设计的传统方法都有着其优点和适用情况，但也存在不可避免的缺点。第四种方法——集成设计法则是对以上三种方法的综合利用，是服务设计的现代方法。集成设计法的中心思想是：将完整的服务与产品整体组合和服务的传递系统看成一个有机的整体来考虑。将服务运营活动划分为前台和后台两部分，在前台充分运用以顾客为中心的设计方法，在后台尽量运用工业化方法，并且强调员工在服务系统中的重要作用，授予员工一定的决策权。通过这样的设计同时实现提高服务运营效率和顾客感知服务质量的双重目标。

（二）集成设计法的内容

1. 完整服务产品和服务提供系统的统一

采用不同的服务提供系统就会带来不同的服务特色和形成不同的服务产品。因此，在服务设计中必须把两者作为一个有机的整体看待。

2. 前台运营和后台运营的划分

在前台的主导思想应该是充分考虑顾客的个性化需求和感受，发展顾客的参与，取得更高的顾客满意度和忠诚度；而在后台，则应重视服务流程的规范化和标准化，并充分利用现代技术来提高效率，以降低服务成本，改进运营绩效。

3. 倡导内部顾客服务思想

采用“内部顾客”的概念，为各个部门找到其“内部顾客”，以满足“顾客”的需求为设计和运营的目标。并且内部运营中的“服务质量”也可以得到很好的界定，有利于明确债权关系，减少并迅速改正内部运营中的失误。

4. 员工授权管理

员工的表现对顾客的满意度和企业的劳动生产率起着决定性的作用。因此必须改善企业的内部环境，改善员工之间的工作关系，通过授予员工必要的决策权来提高员工的满意度和忠诚度，以有效地提高运营效率和服务质量。

5. 后台设计中信息技术的运用

有效的信息处理对于改进服务企业的运营效率有十分重要的意义，是实现后台高效运营的重要手段。因此，在后台的运营设计中，可以把后台进一步划分为两个层次，即“信息核心”部分和其他部分。“信息核心”部分处于中心地位，执行运营过程中的中心信息处理，并使服务系统的各个部分高效地协同运营。

集成设计法的基本过程如图 7－4 所示：

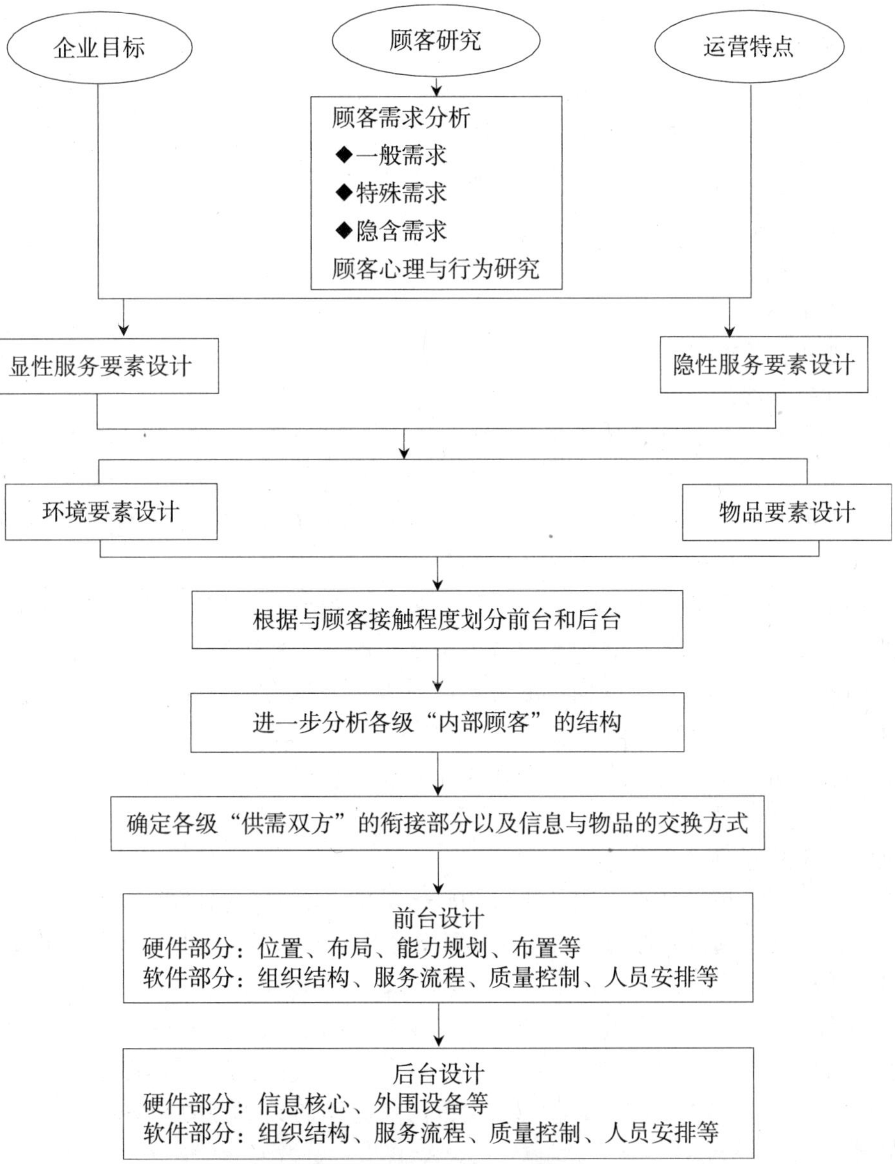

图 7－4　集成设计法的基本设计过程

（资料来源：王丽华．服务管理．北京：中国旅游出版社，2007. 209）

第三节　服务流程设计的工具

本节介绍服务流程设计的两个常用工具：服务流程图和质量屋。

一、服务流程图

（一）服务流程图的概念

服务流程图又称服务蓝图，它将服务理念和设计思路转化为服务传递系统，是一种准确地描述服务系统以便于系统参与人员客观地理解、操作的示意图。服务流程图按其表明内容的详细程度可分为概念性流程图和细节性流程图。概念性流程图是对服务系统的总体描述，细节性流程图是对服务系统的某一部分的详细描述。

（二）服务流程图的构成

服务流程图包括“四条线”和“四个部分”（见图7-5）。

1. 服务流程图的四条线

（1）相互交往分界线。相互交往分界线将顾客的行为与服务人员的行为分隔开来。顾客的行为列在这条线的上面，服务人员的行为列在这条线的下面。

（2）视野分界线。视野分界线将前台服务工作和后台服务工作分隔开来。前台服务工作指服务人员当众完成的工作，或顾客可以看见的服务活动。在视野分界线以上，顾客和员工、不同类型的有形环境打交道。一般来说，服务流程图的大部分都在视野分界线以下，因为服务过程的大部分通常都是顾客无法看到的。

（3）内部相互交往分界线。内部相互交往分界线将后台和辅助职能部门分隔开来。辅助职能部门（内部服务人员）必须为服务人员提供服务工作中需使用的各种材料，并为服务人员（内部顾客）提供优质的内部服务，以便服务人员为外部顾客提供优质服务。内部相互交往分界线将内部顾客和内部服务人员分隔开来。

（4）执行分界线。执行分界线将管理人员的计划和组织职能与员工的实际操作活动划分开来。

2. 服务流程图的四个部分

（1）顾客活动。顾客活动是服务流程中顾客的活动，它包括顾客在购买、消费和评价服务过程中的步骤、选择、行动和互动，它围绕着顾客在采购、消费和评价服务过程中采用的技术和评价标准展开。

（2）前台员工活动。前台员工活动是顾客能看到的服务人员表现出的活动，它围绕前台员工和顾客的相互关系展开。

（3）后台员工活动。后台员工活动是支持前台活动的员工行为，它围绕支持前台员工的活动展开。

（4）支持活动。支持活动是指服务性企业的其他成员为支持前后台的服务人员所采取的一切活动，包括职能部门的辅助活动和管理人员的管理活动。

（三）服务流程图的作用

（1）服务流程图便于高层管理者进行统筹规划。服务流程图给管理者提供了服务系统的全景，全面、明确又简洁，使高层管理者容易把握服务过程中各项工作之间的关系，进而有利于统筹规划。

（2）服务流程图可以协助中基层管理者了解本部门的工作流程，从而能够有针对性地制订管理方案。例如，营销和销售经理可以在服务流程图上确定服务组织和顾客之间的可能接触点，确定各接触点的信息交流方式。

（3）服务流程图可以协助管理者发现和确定可能的服务失误点，从而能够有针对性地进行服务保险设计。例如，纽约的花旗银行在大厅地毯下面铺设电线，用来测量顾客排队等候的时间，当顾客等候时间太长时，该行会采取增添柜台等措施。

（4）服务流程图可以方便企业重新设计服务程序。服务流程图可以作为开发服务专家系统的基础。例如，美国运通在服务流程图的基础上，开发出了帮助顾客进行信贷决策的专家系统。

（四）服务流程图的绘制

服务流程图的设计理念来自于系统分析方法和工程设计。其总体设计思路是要将顾客的参与和服务的提供结合起来，将服务系统的“流程”和“结构”结合起来。在系统分析中，服务流程图一般用两种方法来表示流程的进行，一种是顺序，即先做什么，后做什么；另一种是条件，即如果是这样，那么如何。在流程图中，顺序用“□”表示，条件用“◇”表示。

服务流程图设计要符合两个要求：经济性要求和对称性要求。经济性要求是指图上任何两点之间的距离是最短的且没有多余路线或行为框；对称性要求是指要把与决策框相关的、重要性相等的逻辑路线放在同一行，即每个决策框引出的所有逻辑线必须平行排列。

服务流程图用水平和垂直两个方向的设计将“流程”和“结构”结合起来，如图 7 – 5 所示。

服务流程图的绘制包括以下六个步骤：

（1）识别需要制定流程图的服务过程。首先要分析建立服务流程图的目的，根据不同的目的来确定是绘制概念性服务流程图还是细节性服务流程图。

（2）识别顾客的服务经历。服务过程因细分市场不同而不同，因此为某位特定的顾客或某类细分顾客开发服务流程图将十分有用。要识别不同顾客的服务经历，有针对性地设计单独的服务流程图。

（3）从顾客角度描绘服务过程。此步骤要求明确顾客是谁，同时仔细分析顾客是如何感受服务过程的，包括描绘顾客在消费和评价服务的过程中所进行的各种选择和做出的各种行为。

（4）描绘前台和后台员工的行为。画上相互交往分界线和视野分界线，从顾客与服务人员的角度出发绘制服务过程。向一线服务人员和顾客询问，从而识别前台服务和后台服务。

（5）连接顾客行为、服务人员行为和支持功能。在视野分界线下画出内部相互交往分界线，识别服务人员行为与内部支持性辅助部门的联系。

（6）描绘各类有形证据。添加各类有形证据，说明顾客在各个服务环节所看到的东西以及顾客经历中每个步骤所得到的有形物质，包括服务过程的照片、幻灯片或录像等影像资料。

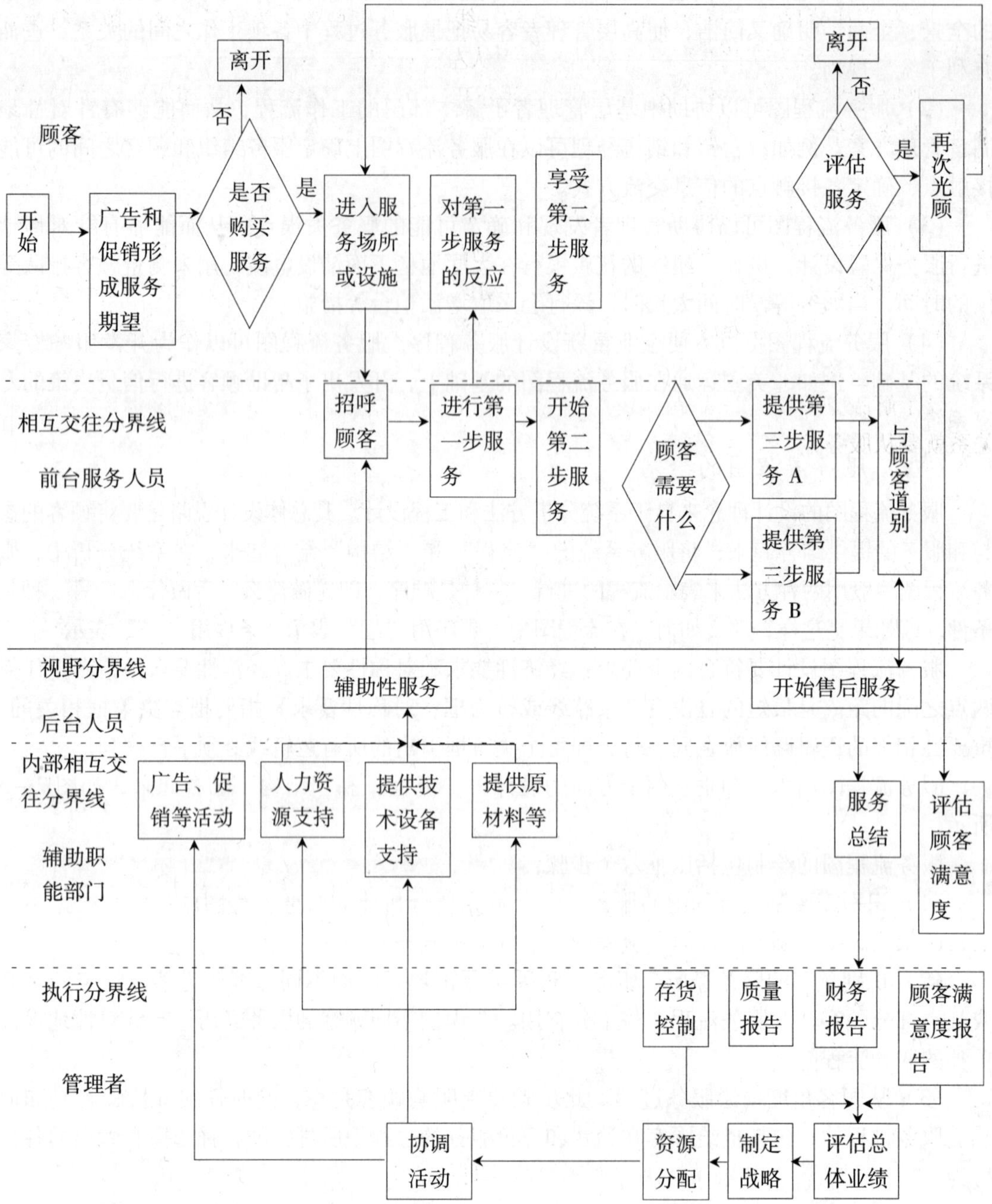

图7－5　服务流程图

（资料来源：宋彦军．TQM、ISO 9000与服务质量管理．北京：机械工业出版社，2005.232）

（五）服务流程图的解读

服务流程图自上而下分为三层，分别表示一般服务系统的构成：服务接触、后台支持性工作和管理活动。值得注意的是，流程图的结构层次刚好是传统组织机构图的倒置，一线员工在上，管理者在下，体现出直接服务者在服务性企业中的重要作用。

“相互交往分界线”将顾客的消费行为和一线服务员的服务行为联系起来，顾客行为在此线之上，员工行为在此线以下，他们的行为从左至右依次进行。

“视野分界线”将服务系统的前台和后台分开。“可视”是相对顾客而言，顾客的可视部分是服务系统的前台，而在“可视线”之下，是顾客看不到的部分，也就是服务系统的后台。

“内部相互交往分界线”将服务系统的后台和组织内的其他支持性功能部门分开。支持性部门包括营销部门的广告支持、采购部门的物品供应、人力资源部门的业务培训等。

“执行分界线”将管理职能活动与业务活动区分开来，“执行分界线”之下是管理者的管理职能活动，包括计划活动、组织活动、控制活动等。“执行分界线”只出现在概念性服务流程图中，在细节性服务流程图中可以省略。

要了解服务的基本路线和过程就要从水平方向解读服务蓝图；要了解服务提供的前后台关系就要从服务蓝图垂直方向解读。

二、质量屋

顾客是接受服务的对象，顾客需求对服务质量的高低影响极大。要使顾客满意，为顾客提供高品质的服务，就必须在设计阶段把顾客的需求因素考虑进来。将顾客的需求与产品设计相结合成为服务质量特性设计的一大重要任务。质量屋正是能将顾客需求和服务设计结合的工具。

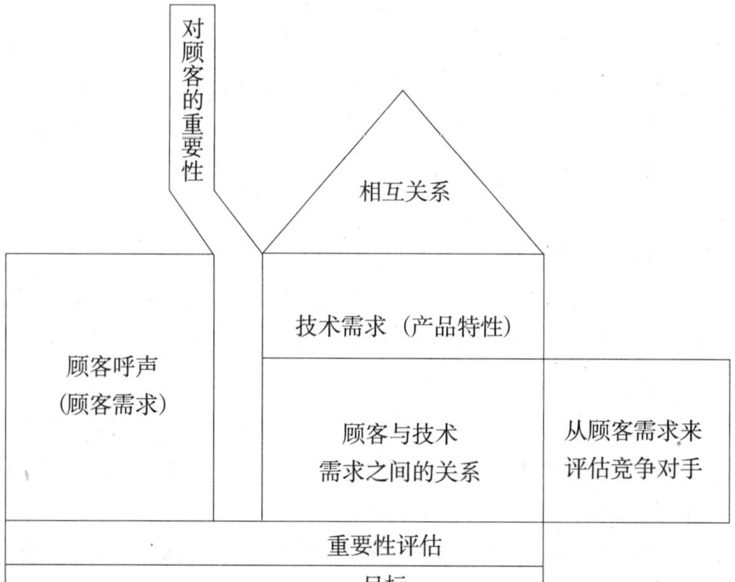

图7-6 质量屋

［资料来源：Haksever等．服务经营管理学（第2版）．北京：中国人民大学出版社，2004.220］

（一）质量屋的概念和内涵

质量屋（the House of Quality，简称 HOQ）是质量功能展开（Quality Function Deployment，简称 QFD）方法的基本工具，是一种确定顾客需求和相应产品或服务性能之间联系的图示方法。质量功能展开是日本玉川大学的赤尾洋二教授（Yoji Akao）为将顾客需求融入产品设计中而提出的一套系统方法。它在设计阶段应用，旨在将顾客需求和产品设计有机结合，以保证在产品或服务的开发过程中，公司能聆听到“顾客的声音”，其最终目的是要设计、生产能充分满足顾客需求的产品和服务。质量屋是质量功能展开的核心。

质量屋是一种直观的矩阵框架表达形式。建立质量屋的基本框架，给以输入信息，通过分析评价得到输出信息，从而实现一种需求转换。质量屋通常由以下几个广义矩阵部分组成：WHATS 矩阵，表示需求什么；HOWS 矩阵，表示针对需求怎样去做；WHATS 的相关关系矩阵，表示 WHATS 项的相关关系；HOWS 的相互关系矩阵，表示 HOWS 阵内各项目的关联关系；评价矩阵，表示 HOWS 项的组织度或技术成本评价情况；竞争性或竞争力或可行性分析比较。质量屋建立完成后，通过定性和定量分析得到输出项——HOWS 项，即完成了由“需求什么”到“怎样去做”的转换。

（二）质量屋的组成

质量屋是驱动整个质量功能展开过程的核心，它是一个大型的矩阵，由七个不同的部分组成。这七个组成部分分别是：

（1）顾客需求。即顾客呼声（Voice of the Customer，简称 VOC），通常它们可用亲密度图和树图表示。不同的产品有不同的顾客需求。例如，对于汽车来说，顾客需求可能是车门容易开启；对于银行来说，顾客需求可能是取款不用排队等。质量功能展开用来部署顾客需求，而不是收集顾客需求。收集顾客需求是另一个相对独立的过程。

（2）产品特性（技术需求）。它们也可以用亲密度图和树图表示。产品特性是我们用以满足顾客需求的手段，产品特性也因产品不同而有差异。例如，对于车门，产品特性可能是关门所需的力量；对于割草机，产品特性可能是转动轴所需的推力。产品特性必须用标准化的表述。质量功能展开中是利用顾客需求来产生产品特性的。

（3）顾客需求的重要性（对顾客的重要性）。我们不仅需要知道顾客需求些什么，还要知道这些需求对于顾客的重要程度。

（4）计划矩阵。该矩阵包含一个对主要竞争对手产品的竞争性分析。

（5）顾客需求与产品特性之间的关系。这是矩阵的本体（中间部分），表示产品特性对各个顾客需求的贡献和影响程度。

（6）特性与特性之间的关系。一般来说，一个特性的改变往往会影响另一个特性。通常这种影响是负向的，即一个特性的改进往往会导致另一个特性变坏。该特性关系图使我们能辨别这些特性之间的影响，以求得折中方案。

（7）目标值。即 HOWS 输出项矩阵，包括重要性评估、从技术需求来评估竞争对手和目标。这是上述各部分对产品特性影响的结果。

（三）质量屋的优点

（1）促进生产流程过程中与顾客群的相互交流和团队合作。运用质量屋，可以促进营销与设计、设计与制造这一系列过程中和顾客的交流，有助于产品设计和制造都符合顾客需求。

（2）促成组织激励新设计思路和理念的运用。运用质量屋，可以强化设计人员以顾客需求为导向的设计观念，同时设计人员通过与顾客的交流，可以得到新的设计思路。

（3）有助于新产品及早投入市场，赢得竞争优势。质量屋的应用促进了采购和供应过程中企业员工与顾客的交流，能够获得顾客意见，有助于企业新产品的上市。

（四）质量屋的应用步骤

虽然质量屋最早是为有形产品设计而开发的工具，但其也可应用于服务传递系统的设计。下面以一家干洗公司的干洗服务为例来说明质量屋的应用。这家干洗公司是一家为顾客提供干洗服务的公司，其主要竞争对手是其他提供同类服务的干洗公司。这家干洗公司为巩固和加强竞争地位，决定运用质量屋来分析和评估自己的服务系统，为设计新的服务产品提供依据。其运用质量功能展开方法所形成的质量屋如图 7－7 所示：

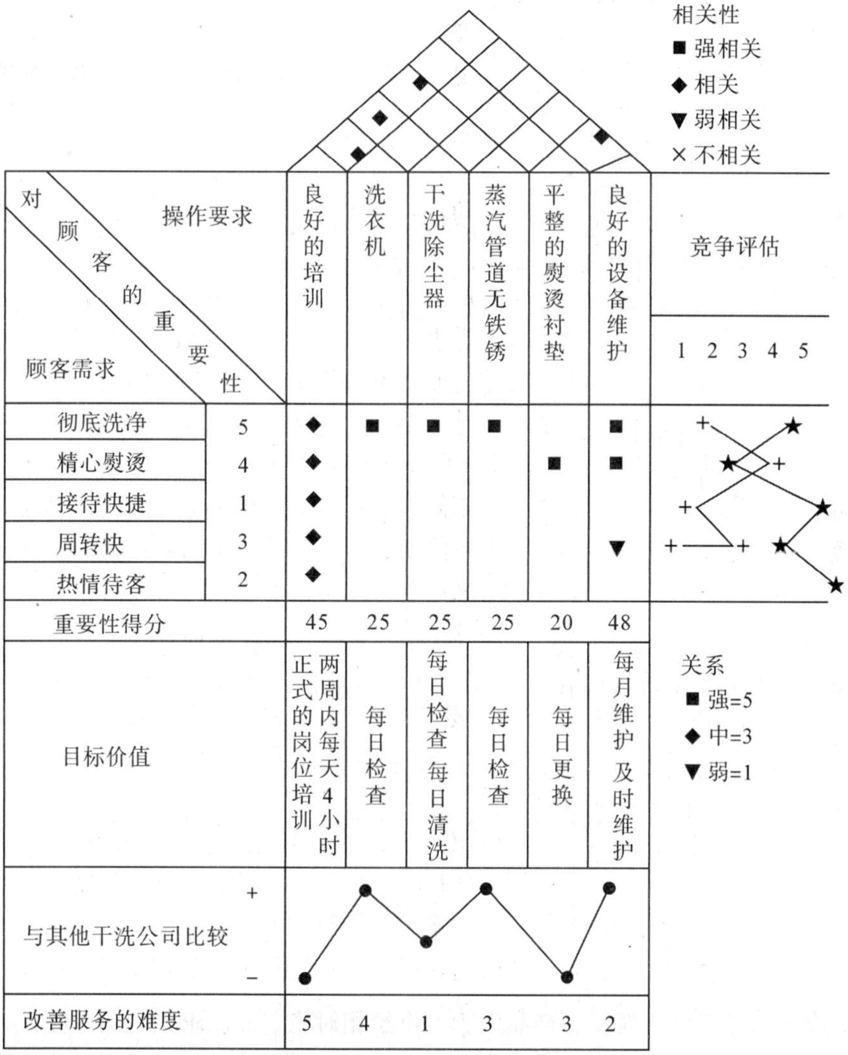

图 7－7　干洗服务的质量屋

［资料来源：Haksever 等．服务经营管理学（第 2 版）．北京：中国人民大学出版社，2004．219～220．有改动］

（1）确定项目的基本目的。在本例中，研究的目的是为了分析该干洗公司的服务系统在竞争中的优劣。

（2）分析顾客对服务的期望。顾客对服务的期望包括彻底洗净、精心熨烫、接待快捷、周转快和热情待客。要了解顾客对服务的期望，可以通过发放调查表、与顾客面谈等方式进行调查。

（3）描述服务的组成要素。服务组成要素的表示方法有多种，这里列举一种简明的方法，即良好的培训、洗衣机、干洗除尘器、蒸汽管道无铁锈、平整的烫熨衬垫和良好的设备维护。

（4）确定服务各要素之间的关联程度。这些关联程度在质量屋的“房顶”上表示出来，如强相关、相关、弱相关和不相关。

（5）明确服务要素与顾客期望之间的关联程度，如彻底洗净与洗衣机、干洗除尘器、蒸汽管道无铁锈和良好的设备维护均呈强相关，表示它们之间关系最为紧密；精心熨烫与良好的设备维护、平整的熨烫衬垫呈强相关。

（6）评估服务要素的重要性。要分析顾客对各服务要素重要性的评估，因为它反映了服务各要素在满足顾客需求方面表现出的不同的重要性。在图上的“烟囱”部位分析并列出了顾客对服务期望组成要素的重要性的打分，如顾客认为彻底洗净最重要，对其评分为5；精心熨烫次重要，对其评分为4。这些评分可以通过顾客意见调查获得。服务要素的重要性评分可通过将这些评分乘以步骤5中给出的评分来获得。如服务要素良好的培训的重要性得分为：

$$5 \times 3 + 4 \times 3 + 1 \times 3 + 3 \times 3 + 2 \times 3 = 45$$

良好的设备维护的重要性得分为：

$$5 \times 5 + 4 \times 5 + 1 \times 3 = 48$$

（7）分析改善服务要素的难度。在质量屋底部，分析改善服务要素的难度系数。

（8）分析竞争形势。在研究顾客对企业竞争对手的服务评价后，将评价结果与顾客对本企业服务的评价进行对比，得出本企业在服务上的优势和劣势。这一结果在图形的右边以五分制坐标图标出，“+”表示竞争对手的得分，“★”表示本干洗公司的得分。另外还应在服务要素上与竞争对手进行对比，这在图的下方显示出来，“+”表示强于竞争对手，“-”表示弱于竞争对手。

（9）总结通过制图所获得的信息。如重要性最大的服务要素、企业在市场竞争中的位置等，通过总结从质量屋中所获取的信息，找出企业下一步改进和努力的方向。

第四节　排队系统设计

服务具有不可储存性，对服务产品而言，供给相对稳定而需求则充满弹性，并且瞬间变化。在某一时点上，当服务的供给小于服务的需求时，后到的顾客就必须排队等待，于是便出现了排队现象。在大多数服务上，排队是客观并且不可避免的，它影响着服务的过程质量。企业要为顾客提供优质服务，就必须对排队进行管理，也就必须设计合理的排队系统，在降低成本的同时，缩短顾客的等待时间。但值得注意的是，无论企业将排队系统设计得多合理，顾客还是不可避免地要排队。出现这种情况时，企业就要学会适当管理等待过程，保证顾客在等待的过程中愉快舒适，以提高其感知的服务质量。

一、顾客的等待心理

对等待心理的实验研究最早可以追溯到1955年。其中，大卫·迈斯特尔（David Maister）在1984年对等待心理作了比较全面的研究和总结，提出了被广泛认可和采用的等待心理八条原则。另外，在此基础上M. 戴维斯和J. 海尼克（1994）、P. 琼斯和E. 佩皮亚特（1996）分别对顾客排队等待心理理论又作出了两条补充。总的来说，顾客的等待心理有以下十大原则：

（一）无所事事的等待比有事可干的等待感觉时间要长

无所事事或空闲让人感觉很难受。企业必须以积极的方式来填充等待的时间，使顾客感到有事可做，这些措施包括提供读物、生活娱乐设施、工艺品和背景音乐等。

（二）过程前、过程后等待的时间比过程中等待的时间感觉要长

研究表明：与服务还没有开始的情况相比，顾客感到服务已经开始时会更能容忍较长时间的等待。因此，企业可考虑在顾客等待时提前开始服务，如餐厅为仍在门口等位的顾客点餐。

（三）焦虑使等待看起来比实际时间更长

服务开始之前，顾客往往会感到焦虑，这种焦虑会使其感觉等待的时间变长。因此，管理者必须识别出这些焦虑，并采取相应的措施来减轻这些焦虑。例如预约、派员工前去与顾客沟通等。

（四）不确定的等待比已知的、有限的等待感觉时间更长

与知道自己还要等多久的顾客相比较，那些不知道还要等待多久的顾客感觉其等待的时间更长。因此，企业应尽量告知顾客可能的等待时间，并且保证在告知时间之内结束顾客的等待，为顾客提供服务。

（五）没有说明理由的等待比说明了理由的等待感觉时间更长

如果顾客所接受的服务被延迟，而他却不知道服务延迟的原因，顾客会感到焦虑，会感到等待的时间很长。但若企业主动告诉顾客等待的原因并予以解释，顾客通常会接受并报以理解。

（六）不公平的等待比公平的等待感觉时间要长

顾客在等待时看到有人插队或其他不公平的现象都会感到恼怒，感觉受到了不公平待遇，这样会使他们感到的等待时间比实际的等待时间长。

（七）服务的价值越高，人们愿意等待的时间就越长

顾客排队等待的服务价值越高，顾客愿意付出的等待时间就越多。

（八）顾客独自一人等待比有伙伴陪同的等待感觉时间要长

等待中的顾客会因为相互之间不认识而感到孤独，尤其是顾客之间没有交流也没有其他

分散其注意力的事情时更是如此。

（九）令人身体不舒适的等待比舒适的等待感觉时间要长

令人身体不舒适的等待容易使顾客产生焦虑，而焦虑则会使人感到等待的时间延长。因此，服务性企业应为等待的顾客提供舒适的环境，减少他们的不舒适感。

（十）不熟悉的等待比熟悉的等待感觉时间要长

对等待过程不熟悉，很容易让顾客产生焦虑，焦虑使顾客感到等待时间延长。

二、排队系统的构成要素

排队系统有效性的四个关键要素是顾客源、到达过程、排队结构和排队规则。

（一）顾客源

顾客源由有服务需求的顾客构成，可以是人，也可以是物，如宠物店的顾客就是各种类型的宠物。在大多数情况下顾客源是人，而且由于人的参与使服务质量的感知更加直接。顾客源可分为两类：同质的顾客群和异质的顾客群（见图7-8）。同质的顾客群需求相似，对等待时间的期望也相似，不必对其分别建立排队系统；而异质的顾客群因为需求不同，所以有必要为不同的顾客群分别建立排队系统，如医院就有普通门诊和急诊之分。

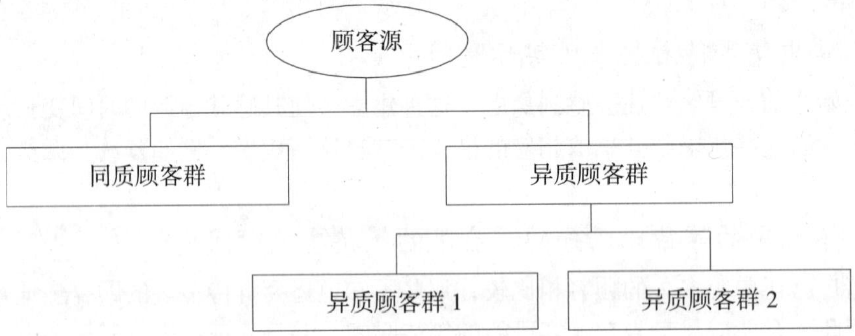

图7-8　顾客源分类图

（二）到达过程

影响顾客到达过程的两个重要因素是到达时间和到达方式。到达时间分为随机和确定两种情况，到达方式分为单个和成批两种方式。

到达时间确定的服务，企业容易控制，也较容易管理。企业（如酒店预订）可采用预约方法来减少客人排队，但大多数情况下，排队系统的到达时间都是随机的，顾客自己也不知道自己什么时候需要服务，很难预约，这就增加了管理的难度。如医院的急诊病人，商店的顾客等。排队理论主要研究到达时间随机型的排队系统。

到达方式在一般情况下是单个的，即顾客一个一个地来。有时也是成批的，如中午结伴到餐厅吃饭的上班族。经验表明，顾客在集体中等待比单个等待时感觉时间过得更快。

（三）排队结构

排队结构指排队的数量、位置、空间要求及其对顾客的影响。常见的排队结构包括：多个队伍结构、单个队伍结构和拿号队伍结构（见图 7－9、图 7－10）。

1. 多个队伍结构

多个队伍结构是最古老的一种排队结构，即多个窗口，顾客自己选择排哪个队，而且可改变，但要付出代价，如排到新队尾。

（1）多个队伍结构的优点。

①不同队伍可以提供不同服务员。例如超市的快速结账口，购买商品数量较少的顾客可以在快速结账口结账，避免顾客为购买很少商品而等待很长时间。

②使劳动力的区分成为可能。例如，银行安排比较有经验的出纳员负责对公业务窗口或贵宾（VIP）窗口。

③不同的服务人员可从事不同类型的服务工作。例如银行可安排不同窗口的工作人员负责不同的业务。

④顾客可以选择自己喜欢的服务员。如医院提供一般门诊和专家门诊，顾客可以根据其需要选择某一特定的服务员。

⑤可以使顾客的回避行为得到缓解等。如果顾客到达时看到只在一个服务台前排了一条长长的队伍，他们通常会认为需要等待很长时间，于是决定不加入队伍。而排成多个队伍的话，队伍长度会有所缩短，顾客的回避行为也就得到了缓解。

（2）多个队伍结构的缺点。

①容易造成顾客心理上的不安，顾客常常会觉得别的队伍比较快。

②顾客可能会后悔选错队伍或选错服务人员，容易产生心理上的不公平感。

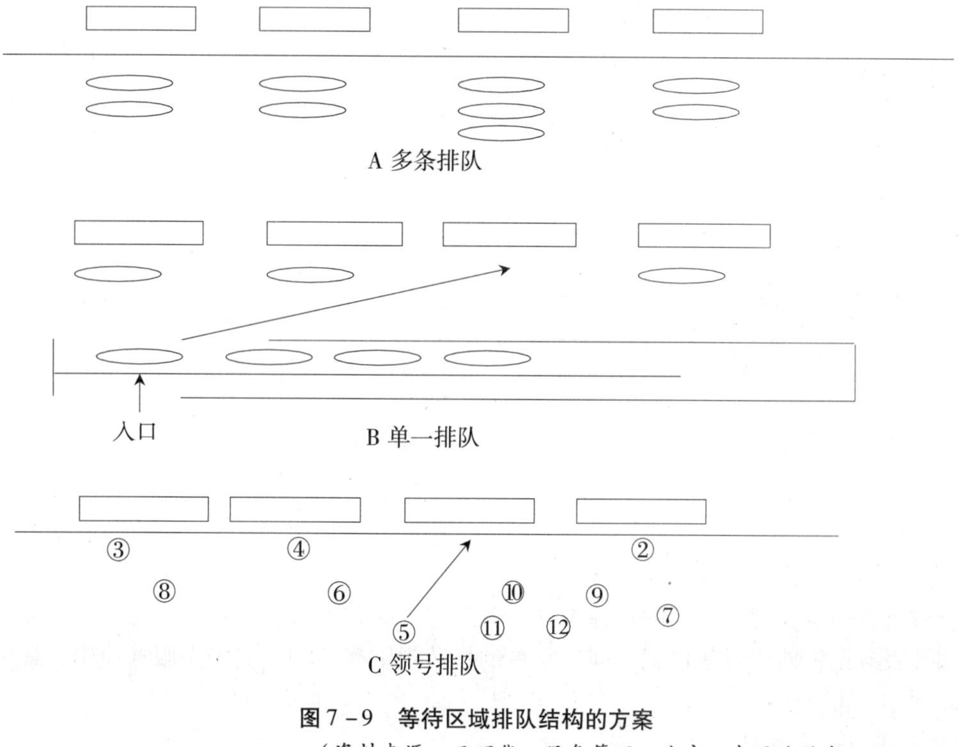

图 7－9　等待区域排队结构的方案

（资料来源：王丽华．服务管理．北京：中国旅游出版社，2007. 353）

2. 单个队伍结构

单个队伍结构的服务场所只有一个窗口，强迫顾客排成一队，前面的先接受服务。

（1）单个队伍结构的五大优点。

①能保证公平。单个队伍结构使所有顾客都遵循先到达者先接受服务的原则，从而能保证公平性。

②不会让顾客产生后悔感。只有一条队伍，顾客不会因看到别人加入的队伍移动得更快而着急。

③在一定程度上能解决堵塞问题（只有一个入口，且按照安排好的路线排队）。

④每位顾客进行交易的时候，他身后没有人紧邻着他，提高了服务的私密性。

⑤缩短了顾客排队等待的平均时间，较有效率。

（2）单个队伍结构的三大缺陷。

①企业难以分区管理。

②顾客没有选择权。由于只有一条队伍，顾客只能加入这条队伍，失去了选择权。

③顾客回避的可能性提高。当一条队伍的长度比较长时，顾客很可能放弃排队。

3. 拿号队伍结构

拿号队伍结构由单个队伍结构变形而来，其优势在于顾客可以在排队期间自由活动，企业可以在顾客等待过程中进行交叉销售，营销其他产品或服务。但拿号队伍结构要求服务性企业为等待顾客提供宽阔的活动空间、舒适的环境，并且企业要增添拿号设备。对顾客来说，拿号队伍结构一个明显的缺点是顾客必须随时警觉自己的号码是否被叫到，否则就有可能错过接受服务的机会。

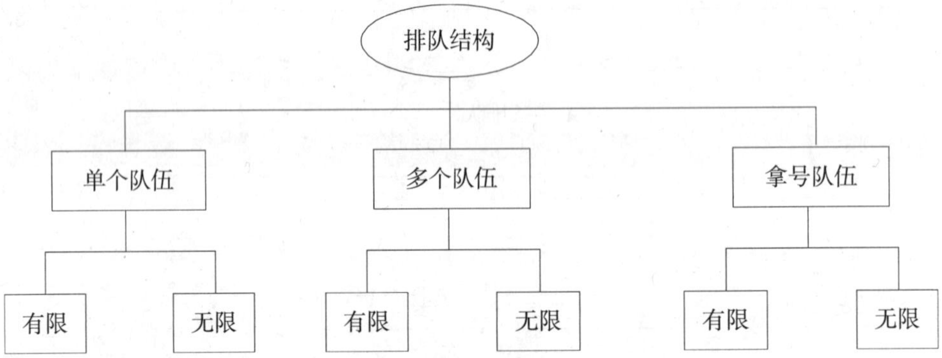

图7－10　排队结构分类图

（四）排队规则

排队规则又称优先法则，是确定顾客服务顺序的规则集合。排队规则对排队系统的整体绩效有着重大影响。优先法则的选择不同，队列中的顾客人数、平均等候时间、等候时间变动范围及服务设施使用效率也就不同。常见的排队规则有三种：先到先服务原则、最少加工时间原则和先占优先权原则。

1. 先到先服务原则

这是最常用的排队规则，在该规则下，企业只按排队顾客到达的先后顺序提供服务，而对顾客的其他特征不予以考虑，这种规则被普遍认为是最公平的规则。

2. 最少加工时间原则

最少加工时间原则在许多后台操作系统中被广泛采用，如在计算机装机服务中就常采用最少加工时间原则来确定为顾客提供装机服务的顺序。但如果后来的顾客占用时间过长，先来的顾客就会有意见，解决这一问题的具体做法是将到达的顾客按一定的属性分为若干个优先级别，然后再按先到先服务原则提供服务。如超市按照顾客购买的商品件数来进行划分，对商品件数十件以下的顾客予以优先服务，而商品件数十件以上的顾客暂后处理，并且这两种顾客都要按先后顺序排队。

3. 先占优先权原则

先占优先权原则是指某些顾客拥有特权，随来随服务的原则。通常用在企业的 VIP 顾客、医院的急救病人身上。

服务性企业要根据自身特点，认真分析顾客源、到达过程，决定排队规则和排队结构，设计出适合本企业的排队系统（见图 7－11）。

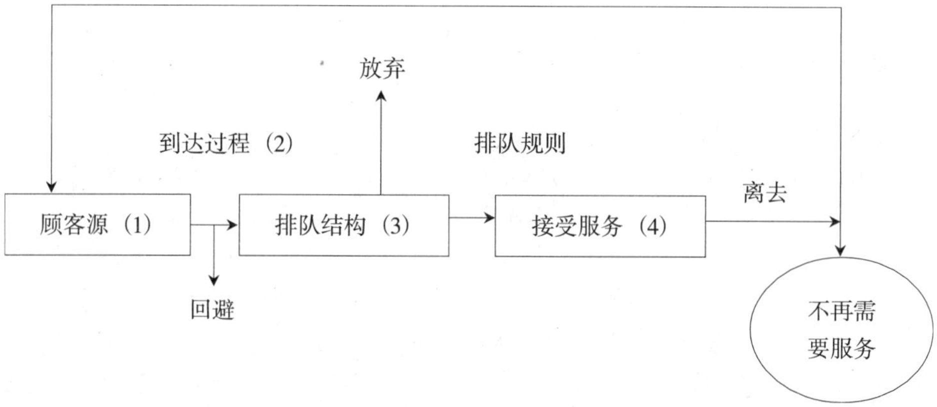

图 7－11 排队系统示意图

三、顾客等待的管理

无论服务企业的排队系统设计得多么合理，顾客都不可避免地要等待，这时就必须对其等待过程进行管理。从主客观的角度出发，顾客的等待时间可以分为客观化的实际等待时间和主观化的感觉等待时间。由于不同的人对等待时间的看法不同，因此相同的实际等待时间对不同顾客来说，其感觉等待时间却有可能不同。如焦虑者和百无聊赖者在实际等待时间相同时，其感觉等待时间不同。从这里可以看出，企业顾客等待管理的重点是缩短顾客的感觉等待时间。顾客等待的管理要注意以下五点：

1. 企业要充分了解顾客等待时的心理

如前所述，一般情况下，企业的服务价值越高，顾客愿意等待的时间更长。例如，在看病时，很多病人都愿意花更多的时间来等待医术更好的医生。为了了解顾客的等待心理，企业要对顾客进行细分，细分依据包括顾客性格特点和办理业务时间长短等。不同性格的顾客对等待的态度不同。对银行顾客的研究结果表明，自信者等待过程中比较有耐性，会与他人交流，而烦躁者却常因不甘心等待而放弃、回避。办理业务时间的长短也影响顾客的等待心理。

2. 企业要注意充实顾客的等待时间

顾客空闲等待时比占用等待时间时感觉的等待时间更长，所以企业可以设计出各种能占用顾客等待时间的有趣活动，缩短感觉中的等待时间。如理发店可以采用播放音乐、提供杂志等方式来分散顾客的注意力，使顾客保持心平气和；而银行可利用舒适的沙发来促使顾客相互交谈认识。这些措施都有助于缩短顾客感觉中的等待时间。

3. 企业应注意顾客在服务前比服务中感觉等待的时间要长

企业应该提早与顾客接触，使顾客随时得到必要信息，做到心中有数，让顾客觉得服务已经开始，不再是漫无止境的等待。

4. 企业应该尽力消除顾客的焦虑情绪

焦虑会使顾客觉得等待的时间更长，因此企业应尽力消除顾客在等待中的焦虑情绪。

5. 提高自身的服务价值

为了弥补顾客在等待过程中所花费的时间成本和缓解顾客的不满情绪，在经济允许的情况下，企业可以提高自身的服务价值，如赠送小礼品、举办免费讲座等。

案例：服务是个“易碎品”

不用真诚的心对待顾客服务的服务者，就好比过去曾有过的“野蛮装卸工”一样，将自己所肩负的物品仅仅当作“物品”，而不是对顾客的“责任”。

日常生活中，“服务很差”的抱怨声司空见惯。星级酒店大堂里的指示标志得仰着脖子才看得清；机场服务区大排长龙，火急火燎的客户不停地看表；商家提供的服务登记表含糊不清不说，用来填写的栏目还狭小异常，非得靠“微雕绝技”才能填写清楚。

IT 服务中“难为”客户的事情也不少见。服务管理顾问安博士讲了这样一件事：“太原有一位客户，他的一台网络设备计算机出了点问题，其信息中心主任四处求援，人都快急疯了！后来一问才知，厂商根本没有备机。”

精准服务，拒绝“闪失”

2006 年 9 月底，上海举行了 F1 大奖赛。世界顶级车王精妙绝伦的表演，让超过 10 万的现场观众大饱眼福。人们在震耳欲聋的轰鸣声中捕捉疯狂速度带来的快感的同时，对“6 秒钟加油换胎”的神奇本领赞不绝口。

舒马赫的红色战车进入维修站的刹那间，22 名维修技师蜂拥而上，抬车架，换轮胎，加油，走人。6 秒钟的时间完成一系列规定动作，观众眼花缭乱，技师有条不紊。

6 秒钟的时间，不允许有丝毫的“闪失”，“与任何团体竞技体育项目一样，比如将足球、篮球精准地传递给同伴，需要精湛的功夫，”安博士说，“把服务也如此精准地传递给车手和座驾，需要千万次的修炼和高度一致的配合。”

服务其实是个易碎品，任何一次服务传递过程中的“闪失”，都可以令客户对整个服务抱怨和不满。“这些可能存在的‘闪失’，在 IT 服务传递系统中不胜枚举，”安博士掰着指头说，“客户等着维修服务器，工程师可能找不到关键的软件，或者有软件缺文档；老板急催着的财务报告死活打印不出来，电话打了 N 个，谁也解决不了……”

怎么把服务传递给你

舒马赫是世界F1车坛当之无愧的王者。然而，支撑王者风范的，却是法拉利车队上下数百人的团队。

把服务传递给客户需要这样一个高效运转的服务体系。服务传递系统是一个整体，它囊括了服务设施、有形资产、人员和运作流程。说到“服务传递”，安博士对这个词的译法有自己的看法。

安博士的观点是，“服务传递”含有较强的“过程”、“系统”的意味，而“服务提供”则缺少这种色彩。“当然，关键的问题是‘怎么把服务传递给客户’，也就是如何设计服务的传递系统。”

成功的服务传递系统中，最关键的因素就是让客户感觉到整个服务系统对自己是“友善的”。

“友善或是不友善不在你怎么说，而在怎么做，”安博士说，“比如你走进任何一家酒店，如果很难发现上二层咖啡吧的滚梯，这就能够说明很多了。”

描绘符合“客户导向”的服务传递系统

按照服务管理教科书给出的定义，“服务是一个由支持性设施内，使用辅助物品实现的显性与隐形利益构成的‘包’”。但是，不管什么样的服务设施、物品和服务感受，对客户来说，最重要的是服务品质和一致性。“道理很明显，”安博士解释说，“在服务系统中，客户一直伴随、参与服务传递的过程，客户能随时感知服务品质的好坏。”

认识到“服务包”的构成还不够，还要小心区分服务的“结构要素”和“管理要素”，这是描述服务提供者“服务蓝图”的基础。服务的结构要素实际上定义了服务传递系统的整体规划，包括服务台的设置、服务能力的规划；服务的管理要素则明确了服务接触的标准和要求，规定了合理的服务水平、绩效评估指标、服务品质要素等。

“对于IT服务管理者来说，这些名词多少有点生疏，”安博士结合自己所做的咨询案例说，“有大量号称提供‘IT服务’的公司，对服务的理解仍然是‘产品导向’的。”

“产品导向”的“IT服务提供商”往往停留在“产品的售后服务”阶段。“他们在几年保修、备件供应、软件升级上下工夫，但忽略了客户真正的需求。”

符合“客户导向”的服务传递系统，首先关注的是识别与理解客户需求，然后对这种需求作出符合服务水平、品质要求的快速响应。介入服务的每个人、每个环节都必须把“客户满意”作为自己“服务到位”的标准。

思考：1. 描绘IT服务蓝图应侧重于哪些关键因素？

2. 在进行服务传递系统设计时，如何考虑客户满意这一要求？

（资料来源：丁宁．服务管理．北京：清华大学出版社，北京交通大学出版社，2007）

【本章小结】

1. 服务设计与质量管理的全过程，包括确定服务理念、设计服务系统和监控服务过程等六大步骤。服务业的服务系统由服务组合、服务体系、服务环境和服务流程四大部分构成。

2. 服务流程设计的方法主要有四种：服务工业化方法、服务自助化方法、技术核心分离法和集成设计法。

3. 服务流程设计的主要工具是服务流程图和质量屋。

4. 排队系统有效性的四个关键要素是顾客源、到达过程、排队结构和排队规则。排队结构可分为多个队伍结构、单个队伍结构和拿号队伍结构。

【拓展阅读】

统计流程控制（SPC）

统计流程控制（SPC）是一种通过对重复运行的流程进行实时监控，以确定该流程是否正常，亦即是否处于控制之下的定量分析方法。SPC 实时收集分析流程数据，将当前运行数值与预先设定的绩效基准数据进行比较，然后通过简单的统计方法确定流程运行是否发生了变动。通过监控，管理人员或员工能够识别流程变动中哪些属于流程固有的随机变异，哪些属于流程运行变异。

例如，理财公司的经理想监控每个月顾客对服务的满意状况。通过每月抽查200位顾客的评价资料，该经理知道认为服务“非常好”的顾客比例是90%。当然这并不意味着每个月的抽样结果都恰好如此。认为“非常好”的顾客比例大约在84%～96%之间波动。同时，经理注意到，在某些特殊情况下，顾客满意度水平会有所下降。例如，当公司聘用了一名新的理财顾问，而他因正在接受培训，对理财业务还不是很熟悉时，顾客满意度会明显下降。又如，当公司引进了一项新的理财产品，而顾客又不是很了解时，顾客满意度的平均水平要远低于90%的正常预期水平。

上述简单的例子说明了流程固有随机变异与特定因素引起的非随机变异的区别。特定因素或非随机因素包括员工因素、设备因素、材料因素等。

统计流程控制常用的工具是统计流程控制图（SPC 图）。图 7－12 给出了一个银行对顾客等待时间进行统计流程控制的例子。

根据银行以往的统计，在办理银行业务时，顾客的平均等待时间是 4.21 分钟，然后据此计算出控制极限，通常取值区间是均值的 ±3 个标准差，这样保证了 99.73% 的分布置于这一区间内。银行每周抽取 10 位顾客，对其办理业务的等待时间进行记录，然后计算样本均值，并把每一周抽查的样本均值标记在 SPC 图上。

SPC 图的横轴表示时间，纵轴表示相对于流程均值的变异。当所有的样本均值点都绘制出来以后，观察流程变异是否属于随机变动。显然，在图 7－12 中，第 1 周、第 16 周、第 22 周的样本均值在正常控制范围以外，因此需要对这几周的情况进行非随机原因调查，明确为什么这些时间内的顾客等待时间会落在控制限之外。

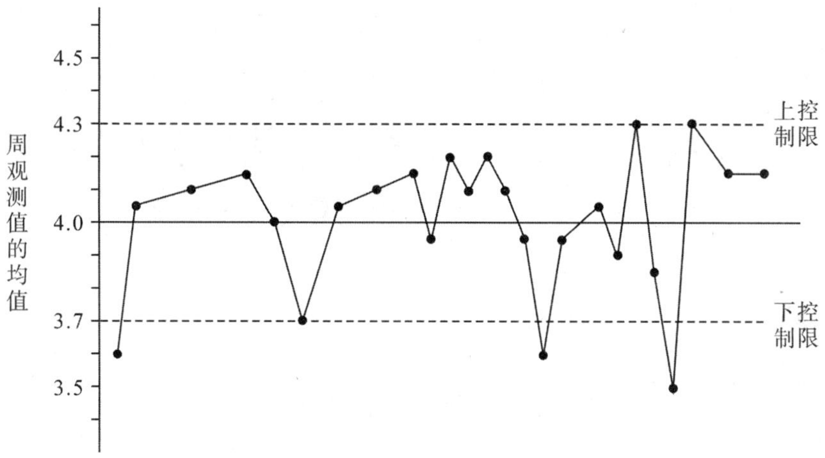

图7－12 SPC在监控一段时间内的全面过程评估中的应用

1. 关于服务系统的设计，国内学者曾做过详细的分析和论述，包括服务传递系统的具体设计和服务设施的设计等，现推荐由清华大学出版社和北京交通大学出版社在2007年联合出版的《服务管理》供读者阅读。

2. 国外学者对排队系统的设计进行了深入的研究，现推荐由Haksever等著、中国人民大学出版社2004年出版的《服务经营管理学》供读者阅读。

【思考与练习】

1. 请简述服务设计的基本过程。
2. 请概括服务设计四大方法的中心思想，并比较四种方法的优缺点。
3. 选择一种熟悉的服务流程并绘制其服务流程图。
4. 简述顾客等待的管理中所需要注意的问题。
5. 比较各种排队结构的优缺点。

第八章　服务质量诊断与改进

【学习目的】

通过本章的学习，要掌握 PZB 服务质量差距模型的类型和作用、服务质量差距的分析与管理；熟悉服务质量管理规划的重点和服务质量改进规划的流程；了解服务性企业如何征求顾客和员工的意见，学习其他企业的经验以及激励员工做好服务工作，进而提高服务质量。

【学习要点】

1. 服务质量差距模型的类型
2. 服务质量差距的分析与管理
3. 服务质量改进规划

【关键词】

服务质量差距模型　服务质量改进规划　服务质量管理规划

第一节　服务质量差距模型

一、服务质量差距模型的提出

在美国市场营销协会的资助下，美国的服务管理研究组合 PZB（Parasuraman，Zeithaml & Berry）对服务质量进行了一系列研究。他们通过对零售银行、信用卡、证券经纪和家电维修四个服务行业的实证研究，提出了“服务质量差距模型”（Gap Model）（见图 8－1），其目的是分析服务质量问题产生的原因并帮助服务性企业的管理者了解应当如何改进服务质量。

模型的上半部分与顾客有关，下半部分与企业有关。顾客对服务质量的期望是口碑传播、个人需求、过去的经历等几个方面共同作用的结果，同时还受到企业与顾客沟通时所做的营销宣传的影响。顾客实际感知的服务就是顾客对服务的体验，它是服务企业一系列内部决策和活动的结果。管理者对顾客期望的感知决定了企业所制定的服务标准，一线员工按照服务标准向顾客提供服务，顾客则根据自身的体验来感知服务的生产和传递过程。该模型还指出，营销传播对顾客的服务感知和服务期望都会产生影响。

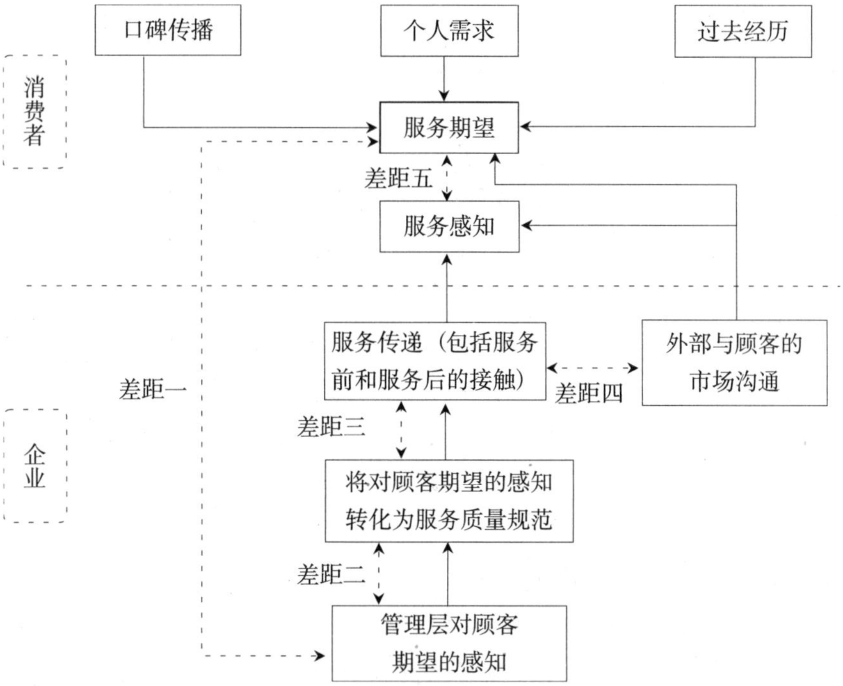

图 8－1　服务质量差距模型

［资料来源：Parasuraman A，Zeithaml V A，Berry L L. A Conceptual Model of Service Quality and Its Implications for Future Research. *Journal of Marketing*，1985，49（3）：pp. 41－50.］

二、服务质量差距的类型

如图 8－1 所示，服务性企业中可能存在着五种服务质量差距，这五种差距的名称和含义分别是：

（1）差距一 —— 管理者认识的差距：指管理者对顾客期望的理解与顾客实际期望之间的差距。

（2）差距二 —— 服务质量规范的差距：指服务组织制定的服务质量规范与管理者对顾客期望的认识之间的差距。

（3）差距三 —— 服务传递的差距：指服务在传递的过程中表现出的质量水平与服务组织制定的服务质量规范之间的差距。

（4）差距四 —— 市场信息传播的差距：指服务组织在市场传播中关于服务质量的信息与组织实际提供的服务质量之间的差距。

（5）差距五 —— 顾客感知服务质量的差距：指顾客实际感知的服务质量与自身期望的服务质量之间的差距。

差距一、二、三、四属于企业差距，差距五属于消费者差距。显然，差距五是差距一到差距四积累的结果，前面四个差距的大小决定了差距五的大小，而差距一到差距四最终要通过差距五体现出来。五种差距之间的关系见图 8－2。

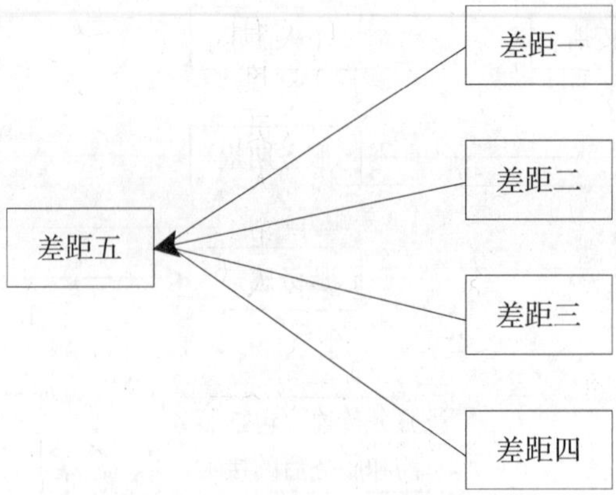

图 8-2　各服务差距之间的关系

三、服务质量差距的分析和管理

（一）差距一——管理者认识的差距

差距一是由于服务性企业的管理人员不能准确地理解顾客对服务的期望而造成的差距。引起这类差距的主要原因有：

（1）企业没有进行市场调研和需求分析；

（2）企业进行了市场调研和需求分析，但得到的信息不准确；

（3）企业从市场调研和需求分析中获得的信息是准确的，但管理人员对这些信息的理解不正确；

（4）企业的一线员工无法或没有向管理人员传递顾客的需求信息；

（5）一线员工向管理人员传递的信息不准确；

（6）由于企业内部管理层级过多，阻塞或歪曲了一线员工向管理人员传递的信息。

以上六种原因可归结为市场调研、信息沟通、管理层级三大方面。企业要减少管理人员对顾客期望的认识偏差，缩小差距一，就必须从这三个方面下手。具体措施有：

（1）改进市场调研方法，实施有效的市场调研；

（2）管理人员亲临服务现场，观察服务过程，与一线员工和顾客进行交流；

（3）通过电话、信件等方式与顾客建立联系，直接从顾客那里获得需求信息；

（4）改进和完善管理人员与一线员工的信息沟通渠道，保证服务一线的信息能够准确及时地传递到最高管理层；

（5）减少管理层级，提高信息传递的效率。

（二）差距二——服务质量规范的差距

差距二是由于管理人员未能把自身所了解和理解的顾客期望准确地转化为企业的服务质量规范而引起的。引起这种差距的主要原因有：

（1）企业对服务质量的规划失误或规划程序有误；

（2）企业对服务质量规划的管理不善；

（3）企业缺乏清晰的目标；

（4）服务质量规划的过程缺乏最高领导层的有力支持；

（5）企业针对员工工作任务所定的标准化程度不足。

差距二的产生大多是因为企业的高层管理人员对服务质量规划认识不足、重视不够而造成的。因此，要缩小差距二，首先要从加强管理人员对服务质量规划重要性的认识入手，认真仔细地做好质量规划工作，同时在制定质量规范和标准的过程中要重视员工的参与，因为员工是规范和标准的实际执行者，没有具体操作人员的配合和严格执行，这样的规范和标准形同虚设。缩小差距二的具体措施有：

（1）制定清晰明确的企业目标，把提高服务质量看成是优于一切的目标；

（2）高层管理人员高度重视服务质量规划，亲身参与规划并对规划全程给予大力的支持；

（3）建立清晰的服务质量规范，制定既有挑战性又有可达性的服务质量标准；

（4）鼓励员工参与服务质量规划，充分听取一线员工的意见。

值得注意的是，企业的服务质量规范既要具体全面，又要具有一定的柔性，留给员工适当的空间，不制约员工主观能动性的发挥，适当授权，鼓励员工灵活地为顾客解决问题，从而提高顾客感知的服务质量。

（三）差距三——服务传递的差距

差距三是由于服务人员没有严格按照企业的服务质量规范来向顾客传递服务而引起的。引起这种差距的主要原因有：

（1）企业的服务质量规范或标准过于复杂、僵硬或死板，以致员工无法执行；

（2）一线员工对这些规范或标准不认同，因此拒不执行；

（3）这些规范或标准与企业的组织文化（如价值观、规章制度、奖惩措施和习惯性行为）不一致；

（4）新的规范或标准出台前在企业内部宣传、引导和讨论不够充分，使员工对规范和标准的认识不准确，即企业缺乏有效的内部营销；

（5）员工的能力低下，无法胜任服务规范所要求的服务；

（6）企业的技术设备达不到服务质量规范和标准的要求；

（7）各职能部门之间分工不明确或各部门之间缺乏有效的衔接，相互之间发生矛盾或冲突，以致影响规范或标准的执行；

（8）企业的监控系统不科学，对员工服务工作的评价和考核更多地依据员工的服务量而不是其实际的服务表现；

（9）一线员工与顾客和上级管理人员之间缺乏有效的协作。

引起差距三的原因有很多，但可以归结为三大类：管理和监督不力、缺乏技术和营运系统支持、员工对规范和标准的认识有误或能力不足。企业要缩小差距三，就要从这三个方面入手。具体措施包括：

（1）尽量保持服务质量规划和标准与企业现行文化相一致；

（2）对企业的硬件设施、设备进行技术更新，以达到服务质量规范和标准的要求；

（3）重新调整组织的机构设置或各部门职责及职能的分工，使其利于服务质量规范和标准的执行；

（4）建立针对员工服务质量的奖惩措施，对严格执行规范和标准的行为进行奖励，对违反规范或标准的行为给予相应的惩罚；

（5）建立科学的监控系统，根据员工的实际工作表现对员工进行评价和考核；

（6）将服务质量规范和标准的执行情况与员工的考评、选拔、晋升和激励制度挂钩；

（7）对员工进行培训，提高员工的服务水平，使其达到服务规范和标准的要求；

（8）通过选拔和招聘，或在企业内部进行岗位调整，将具备提供优质服务的员工安排到服务第一线；

（9）加强内部营销，使员工正确理解和认识企业的服务质量规范和标准。

行业透视：走动管理——一种发现和消除差距的有效方法

“走动管理”（Management by Walking Around，简称 MBWA）起源于 1982 年 Peter 和 Waterman 写的《追求卓越》一书，此书的出版使得“走动管理”在 20 世纪 80 年代蔚然成风。走动管理不是一种理论，而是一种方法和技巧，它认为企业管理人员特别是高层管理人员不应该整天坐在豪华的办公室里等着下属的报告，而应该在日理万机的间隙里，经常到各个部门和服务一线走走，不仅要走走，而且要在走的过程中进行管理，在走的过程中做到：

1. 倾听意见

管理人员可以从员工、顾客身上听到很多对服务质量管理工作非常有用、有价值的信息，同时管理人员还能在听取意见的过程中与员工和顾客交流各自的想法，并且能有重点地向其提问，了解顾客需要，发现质量管理问题的同时考核员工的工作能力。这样就有利于消除第一种差距。

2. 为员工提供方便

管理人员在走动时如果发现有不利于员工开展工作的障碍，就应该现场办公，指导员工做好工作，并对员工的工作给予适当的帮助。还要对障碍因素进行记录，列入以后的工作计划或者是调整企业的质量管理目标中。这样做有利于消除第二种差距。

3. “教”与“带”

在走动过程中，企业管理人员可以宣扬企业的服务理念和政策，告诉员工企业到底追求什么、鼓励什么、反对什么，宣传企业的服务质量观念。经验丰富的管理人员还可以通过现场指导，把自己的技能传授给下属员工，在员工中树立起威望。此方法有利于消除第三种差距。

案例：酒店走动管理

推行走动管理（MBWA）的总经理不会一天到晚躲在办公室里轮番接见各个部门的经理来汇报工作，而是主动地走到下属和员工的岗位上，走到大堂、餐厅和管理人员、员工、客人、供应商及其他与酒店有业务来往的人进行面对面的交谈和沟通。倾听、提供方便和教导是走动式管理的主要领导方式。从总经理的答卷中，我们看到多数总经理每天都在酒店巡视三次。早上一次是为了了解酒店员工开始一天工作时的精神面貌；检查当天酒店大型活动或 VIP 接待的准备情况；检查早上交接班的情况等。中午通常是重点看前台客人结账的高峰期，大堂一层楼的服务和秩序；和客人接触并征求意见和建议等。晚上通常是对餐饮、会议和大型宴会接待情况进行巡查；和客户进行广泛的接触等。

总经理每天至少三次的巡视，作用不是关注细微之处或到现场替下属和员工解决问题，而是通过巡视了解情况和倾听意见，总经理的作用是教导、支持下属和员工自己解决问题。如果总经理到处作越级决策，当场解决问题，不仅对改善酒店的管理和服务意义不大，甚至起到反作用。走动式管理已经被酒店业广泛地接受。Marriott 酒店集团的总裁小马里奥特（J. W. Marriott，JR）在他的著作《服务的精髓——马里奥特之路》（*The Spirit to Serve Marriott's Way*）中说："在马里奥特，员工对总经理的反映是这家酒店是否运作良好的最根本的试金石。"

Marriott 的公司文化有这样的信条：只要善待你的员工，他们就一定能照顾好你的客人。这种文化把员工看成是最了解客人需求和意见的人。因此，总经理必须以身作则，履行自己经常强调的"注重细节"的承诺，经常和员工接触，了解客人的建议和意见，以便为员工提供更有效的服务支持。总经理经常注重什么，下属和员工就会关注什么，因为他们认为总经理经常重复关注的事情就是酒店管理和服务中最重要的事情。总经理的管理总是在影响别人。总经理每天在酒店中走的地方越多，巡视的次数越多，他接触的客人、下属和员工就越多，接触越多意味着总经理在酒店中影响的人越多，其影响力就越大。酒店强势的企业文化就是通过这样的行动铸成的。

酒店是社会的橱窗。酒店总经理每天的工作日程记录不仅包含了丰富的管理经验和信息，而且每天默默地记述着那些生动的社会生活。

思考：在酒店行业中，走动管理对消除各种服务质量差距的意义何在？Marriott 酒店集团的管理者是如何进行走动管理的？

（资料来源：易迈管理咨询网，略有改动。）

（四）差距四——市场信息传播的差距

差距四是由于企业在市场传播中作出了与企业实际不相符的服务质量承诺而引起的。造成这种差距的原因主要有：

（1）企业的市场营销系统与企业的服务运营系统缺乏有效的协调；

（2）企业对外信息传播与内部实际的服务运营情况不同步；

（3）企业在对外宣传时夸大了服务企业的服务质量水平；

（4）企业向消费者过度承诺。

缩小差距四的具体措施有：

（1）加强企业内部的水平沟通，特别是营销系统和服务运营系统的有效沟通，促进部门之间、人员之间的相互协作。例如，企业的每一次对外推广和宣传活动都要与服务部门的管理者和员工进行协商，相互配合。

（2）对企业市场传播行为进行计划管理；

（3）选择思维稳健的人负责广告策划或其他对外传播工作；

（4）管理层对市场信息的传播进行实时监控，一旦发现有不适当的信息传播就要及时纠正，减少负面影响。

（五）差距五——顾客感知服务质量的差距

差距五是由于顾客实际感知的服务质量与其所期望的服务质量不一致而引起的。如前所述，差距五的产生是由前面四个差距所引起的，可能是前面所说原因中的一个，也可能是多个原因同时作用的结果。差距五会给企业带来以下不良影响：

（1）顾客认为实际接受的服务比不上预期，因此对企业的服务持否定态度；

（2）顾客可能会将自身的不愉快体验和感受向亲友诉说，为企业带来不好的口碑；

（3）顾客的负面口头宣传破坏了企业形象，损害了企业的声誉；

（4）企业将失去老顾客并对潜在顾客失去吸引力。

当然差距五也可能是正值，这意味着顾客实际感知的服务质量大于他所期望的服务质量。这时，差距五对企业的影响就是正面的，顾客感觉消费了优质的服务，会感到很满意，下次很可能会再次消费该企业的服务，并且乐意向他人推荐该企业的服务。

四、服务质量差距模型的作用

首先，差距模型说明了当企业进行服务质量管理规划时需要考虑的步骤。服务质量管理规划首先要确定规划的重点，管理者需要对服务质量的差距进行分析，进而确认服务质量管理规划的重点。差距模型指导管理者发现引发质量问题的根源，并寻找适当的消除差距的措施。它可以发现服务提供者与顾客对服务观念存在的差异，明确这些差距是制定战略、战术以及保证期望质量和现实质量一致的理论基础。这会使顾客给予服务积极评价，提高顾客满意度。

其次，此模型可以揭示产生质量问题的可能依据，有利于企业找出产生质量问题的根源。模型揭示了引起消费者不满的对服务的预期和享受到的服务之间的差距（差距五）是由服务过程中四个方面的差距决定的：差距五 $=f$（差距一，差距二，差距三，差距四），所以要提高服务质量水平就要尽力缩小这四方面的差距以使消费者满意。同时由于这些差距难以完全避免，因此进行及时的服务补救也是提高服务水准的重要途径。可以说服务质量模型的重要意义在于为企业指明了提高其服务质量的方向。借鉴该服务质量模型并结合行业的特点，对顾客服务日益重要的服务业而言，提升其服务水平也可以从缩小认知差距、标准差距、交付差距和宣传差距入手，以争取并留住顾客。

最重要的是，该模型显示了服务设计的提供过程中不同阶段产生的五项差距，这些差距都是由质量管理过程中的偏差造成的。

案例：不同国家的购物差距

当日本人遇到俄国人时，在顾客期望和服务传递上会存在很大的差距。在日本，顾客是至高无上的，当顾客走进东京最大的百货公司时，销售职员都站成一排欢迎顾客，并在他们进入商店时鞠躬。日本百货公司的销售职员不会因为你买的东西少、利润薄而对你态度不好。笔者的朋友曾经在东京购物，她不会讲日语，商店有8名销售员主动提供帮助。服务员从一个柜台到另一个柜台去寻找翻译，帮助她挑选商品。

因为日本顾客在国内受到极佳礼遇，他们在国外购物时的经历往往达不到他们的期望，即使在英国这样的“文明”国度也是如此：真岛秀夫，57岁，一位日本游客，看上去他有些迷惑和烦恼。他站在伦敦一家百货公司里，其中的两名员工正在交谈而不是为他服务。他离开时没有购买任何东西。当你了解到他在国内的购物经历时，他的烦恼就很容易被理解了。

在俄罗斯的购物体会跟日本更是没法比。在俄罗斯旧的计划经济体制下，产品非常稀缺，供应者处于市场主导地位，也就是说是卖方市场，销售者决定卖什么及卖给谁，顾客服务的概念非常缺乏。有一个真实的故事，当一位顾客走进Izmailova宾馆时，假如宾馆服务员忙得顾不上为你服务，请原谅他们：他们在玩国际象棋。“你没有看到我不能离开下棋的伙伴吗?”服务员奥列山姆嚷道，他在餐厅后面的房子里被其他6名服务员围着，他们让顾客等了40分钟。但是自由贸易已经明显对苏联产生了很大的冲击。莫斯科国际商务研究院教授彼得·西科伍（Peter Shikkirev）向我们保证，一些俄罗斯餐厅正在仿照美国最好的餐厅提供相应的服务。但是，我们怀疑这样的服务水平是否能使日本客人“高兴”。

思考：联系案例内容或自己的体验讨论为什么期望越大失望越大？日本、俄国的服务质量差距大体现在哪些方面？讨论文化对服务质量的影响。

（资料来源：丁宁．服务管理．北京：清华大学出版社，北京交通大学出版社，2007.131）

第二节 服务质量管理规划

服务质量规划的目的是帮助管理者采用恰当的服务策略以应付日趋白热化的竞争。本节主要介绍服务质量管理规划制定的程序。

一、确定服务质量管理规划的重点

（一）确定企业服务理念

要制定服务质量管理规划，管理人员必须首先确定本企业的服务理念。服务理念规定了广大员工必须遵循的基本原则，可指导广大员工的服务行为。

（二）市场调研

确定服务理念之后，管理人员应通过市场调研，征求顾客的意见，发现本企业服务体系中的薄弱环节，以便确定服务质量管理规划的重点。

1. 分析顾客消费经历

在市场调研之前，管理人员应分析顾客整个消费经历，按时间顺序，列出顾客消费过程中的每一个步骤，以及顾客在各个步骤消费的各种产品和服务。

2. 问卷设计

服务管理人员应使用简短的问卷，要求顾客评定各个消费步骤的重要性，以及顾客对各个消费步骤的满意程度。问卷中应有几个开放式问题，了解顾客是否会再次购买本企业的产品和服务，并要求顾客说明他们不愿再来消费的原因。管理人员应根据顾客的意见，发现服务工作中存在的各类问题，并根据顾客的表扬奖励优秀的员工，激励员工进一步做好服务工作。

3. 问卷发放

美国旧金山大学巴斯基（Jonahan D. Barsky）教授认为企业至少回收100份完整的问卷才能正确地分析顾客的意见。管理人员应根据预计回收率确定本企业应发放的问卷数量。调研人员应亲自向顾客说明调查目的，感谢顾客的协作。采取奖励措施鼓励顾客填写问卷，可提高问卷回收率。

4. 数据分析

管理人员应根据各个产品和服务属性的重要性以及各个属性是否符合顾客的期望，使用统计分析方法确定顾客对各个属性的满意程度。顾客最不满意的属性往往是既重要又不符合顾客期望的属性。提高这类产品和服务属性的质量可极大地提高顾客的满意程度。服务质量管理规划的重点，当然应该是提高这类属性的质量。管理人员应组织有关部门经理研究改进措施。

二、绘制顾客消费过程和服务操作程序图

确定本企业应改进的服务工作之后，管理人员应绘制顾客消费过程和服务操作程序图。例如，从顾客的角度来看，饭店客房供膳服务通常包括以下几个步骤：

（1）打电话，要求客房供膳服务；

（2）订餐；

（3）等待一段时间之后，闻声开门，与服务员交谈，在账单上签名；

（4）吃饭；

（5）将托盘放到门外；

（6）在结账离店时，检查客房供膳服务收费数额。

从旅馆的角度来看，与上述消费步骤有关的服务工作都是客房供膳服务工作。图8－3显示了客房供膳服务的各个步骤，以及各个步骤的操作程序。

根据服务质量标准检查服务操作程序，管理人员可发现服务工作中存在的问题，并采取必要的措施改进服务操作程序，从而提高顾客满意程度。图8－4说明管理人员应如何分析客房供膳服务工作中存在的问题。

图 8－3　顾客消费过程和服务操作程序图

［资料来源：汪纯孝等．服务性企业整体质量管理（第二版）．广州：中山大学出版社，2001. 94］

三、检查服务质量

服务质量标准可指导并激励服务人员为顾客提供优质服务。如果服务质量标准符合顾客的期望，服务人员都理解服务质量标准，管理人员根据质量标准评估服务人员的工作实绩，那么就可促使服务人员为顾客提供优质服务。根据质量标准检查各项服务工作，管理人员可发现服务工作中存在的问题。如果某项服务工作或某个服务操作步骤没有书面质量标准，管理人员就必须增补这些质量标准。

以饭店为例，管理人员应为顾客的每个消费步骤确定质量标准。每项服务工作都应有成本标准、操作标准和时间标准。例如，管理人员可规定：

（1）时间标准：送餐服务员必须在顾客订餐之后 15 分钟之内将比萨送到顾客客房。

（2）操作标准：比萨的各种成分符合顾客的要求，送到客房的比萨仍然是热的。

（3）成本标准：送餐服务费用率不超过 20%。

在这三类标准中，管理人员最难根据操作标准衡量服务实绩。管理人员往往会根据顾客投诉次数、服务工作差错率、服务工作效率、赔偿顾客损失金额等数据衡量服务质量。管理人员应根据服务实绩评估结果制定新的质量标准。

标准

时间标准

- 电话铃声最多响五次
- 在 30 分钟内将食物送到客房

操作标准

- 接电话时，客房供膳服务部员工或电话总机话务员必须用旅客的姓名称呼旅客
- 客房供膳服务部员工或电话总机话务员熟悉菜单和食品价格
- 殷勤地接受旅客订单
- 向旅客保证送餐时间
- 按照统一的规格制作各种食品，提供送餐服务
- 高效地做好托盘收拾工作

成本标准

- 人工成本率不超过 20%
- 食品成本率不超过 40%
- 间接费用率不超过 10%

服务过程

旅客订餐，等待送餐服务

员工接受旅客订餐，在计算机终端输入旅客需要的食品

厨工根据规格生产各种食品

厨工尽力在 30 分钟内完成食品烹饪工作

实绩与标准之差

时间

40 分钟之后才将食品送到客房(30 分钟食品制作时间+10 分钟送餐时间)

操作

食品制作方法不一样

成本

人工成本不高于 25%

图 8－4　客房供膳服务实绩分析

［资料来源：汪纯孝等．服务性企业整体质量管理（第二版）．广州：中山大学出版社，2001. 95］

管理人员可通过现场观察、数据分析等方法检查目前各个操作步骤，以便发现服务实绩与质量标准之间的差异。

四、征求顾客和员工的意见

管理人员应深入理解顾客认为最理想的服务剧本，以便详细了解顾客偏好的服务细节。管理人员应通过内部沟通活动，使员工了解顾客的偏好，授予员工必要的服务工作决策权，以便员工根据顾客的需要，灵活地决定服务方法，并通过各种内部沟通渠道征求员工的意见，改进服务工作。

五、学习其他企业的经验

要提高服务质量和生产效率，管理人员应对本企业和其他企业的产品、服务、操作程序进行比较分析。学习本行业和其他行业先进企业的经验是提高本企业竞争实力和经济收益的重要措施。

要做好比较工作，管理人员首先要深入分析本企业某项业务的工作情况，向本企业、竞争对手、其他行业同类业务工作负责人了解哪个企业最能做好这项业务工作；其次，管理人员也可通过查阅报刊资料和向行业协会了解情况等方法来确定比较对象；最后，管理人员应详细收集这个企业的信息，与这个企业的管理人员交流经验，研究本企业是否可采用这个企业的某些措施改进操作程序。

要与其他企业交换信息，管理人员必须提供本企业相关数据。因此，管理人员应确定本企业可以让比较对象了解哪些业务的工作情况，并准备好相关资料。

管理人员应确定企业需比较的操作程序。这类操作程序应该是对顾客满意程度和企业成本费用影响最大的关键操作程序，而且是比较对象最成功的操作程序。管理人员应了解比较对象的实绩评估标准，并使用相同的标准衡量本企业的工作实绩，以便进行比较分析，发现差距。

例如，某四星级饭店管理人员发现旅客对客房供膳服务的意见最大。他们从旅客意见表、旅客专题座谈会、员工座谈会了解到客房供膳服务存在以下主要问题：

（1）深夜，厨房只有一位员工值班。

（2）食品原料经常不足，送餐车破旧。

（3）送餐员有时送错食品。

（4）有些送餐员服务态度不好。

（5）食品质量较差。

管理人员对本饭店和几个竞争对手饭店的客房供膳服务进行了比较分析，发现本饭店平均送餐时间是38分钟，有时甚至长达一小时，而竞争对手饭店却只需18分钟。通过顾客调查和听取员工意见后进行比较分析，管理人员发现客房供膳服务存在六类问题：

（1）送餐和收盘工作效率低。

（2）食品生产速度缓慢。

（3）食品质量较差。

（4）员工变动率高。

（5）员工配备不足。

（6）管理人员不够重视。

深入分析各类问题产生的原因之后，管理人员采取了以下改进措施：

（1）增加客房供膳服务部员工人数。

（2）合理设计食品生产和送餐服务程序。

（3）购买保温效果较好的送餐车。

采取这些措施之后，旅客投诉次数明显减少，满意程度明显提高，员工工作态度明显改善。

六、激励员工做好服务工作

要提高顾客满意程度，管理人员必须高度重视员工的作用，激励员工做好服务工作。这就要求管理人员做好一系列人力资源管理工作。员工流失率高是不少企业服务质量和生产效率下降的主要原因。管理人员应从以下几个方面入手来激励员工：

（1）做好员工招聘、迎新、培训、考核、奖励等工作，为员工创造良好的工作条件和职业发展机会，尽可能留住优秀的员工，以稳定员工队伍。

（2）做好培训工作，使员工掌握新技术，学会新设备操作方法，理解新的服务操作程序，以提高服务质量和生产效率。

（3）加强班组建设，要求各个班组确定明确的目标，对自己的经营实绩负责。管理人员可组织跨部门班组，解决服务工作中存在的问题。管理人员应相信员工的创造力，授予各个班组自我管理权力，调动各个班组和广大员工工作积极性。

（4）根据服务质量和生产效率考核各个班组和员工的工作实绩，奖励优秀的班组和优秀的员工。管理人员可根据顾客调查结果计算服务质量指数和顾客满意程度指数，并将服务质量和顾客满意程度作为实绩考核的重点。

（5）采用利润分享制度，激励员工为企业作出更大贡献。

总之，管理人员应充分调动广大员工工作积极性和学习自觉性，这样才能不断地提高服务质量和生产效率，增强企业竞争实力，提高企业的经济收益。

案例：改进服务需从旅客需求着手

上海航空股份有限公司（以下简称上航）成立于1985年，是中国第一家多元投资的商业性有限责任公司。他们始终把“以旅客满意为目标，研究旅客需求，进一步提升上航的服务质量管理能力，不断改进上航服务”作为提高上航核心竞争能力的重要战略之一。在研究旅客需求、改进服务、提高服务质量方面卓有成效，取得了较好的经济效益和社会效益。

一、航空运输服务中的顾客需求

现将一般服务产品和航空服务产品的顾客购买总价值、顾客消费服务的总成本比较如下（见下表）。

一般服务产品与航空服务产品比较

	一般服务产品	航空服务产品
顾客消费服务总价值	• 技术性服务价值：指服务过程的产品，是服务结果，是服务提供的基本价值和核心产品。 • 功能性服务价值：指顾客在服务过程中得到的功能性服务。企业提供功能性服务与顾客消费过程同时进行，是构成总价值的重要因素。 • 员工价值：是服务人员的企业理念、业务素养、工作效率、应变能力、态度和程度等所产生的价值，属于技术性服务的附加价值。 • 企业形象价值：是顾客购买到的满意感和荣誉感的支撑力量。是企业理念、品牌、标志、包装、服务态度等社会公众的感受带来的有形评价。	• 为顾客提供安全准点的运输位移服务。 • 在提供位移服务过程中，同时提供热情、周到、方便、舒适、有差异的服务。 • 业务技能、热情、专注和忍受力。 • 提供超值服务，使顾客轻松愉快，产生再次交易的冲动。企业信誉度、知名度、服务宗旨、品牌服务等。
顾客消费服务总成本	• 货币成本：服务价格，是构成顾客总成本大小的基本因素。 • 时间成本：顾客消费过程中所消耗的时间量及为获取服务到服务地点的时间量。 • 信息成本：顾客为作出购买决策、获取有关服务的可获性、效用、风险性等信息时所付出的金钱。 • 精神成本和体力成本：非经济性成本，是在各次经济性成本支出的同时发生的精神和体力消耗。	• 执行中航票价政策，增加服务总价值。 • 减少售票、客运服务，提高工作效率。 • 充分利用广告等宣传渠道及时沟通航班信息。 • 设立售票网点，确保及时、准点的客运服务，减少不正常航班等。

旅客对航空公司服务的需求，主要体现在旅客与航空公司直接接触过程的三大块，即售票服务、客运服务和空中服务。根据以往经验，旅客对售票、客运和空中服务的具体需求，可以按参与阶段、集中消费阶段和告别阶段分解分析。

旅客对航空运输服务至少有33个方面的50个需求，它们直接构成了旅客购买航空服务的总价值和总成本。对大多数旅客来说，决定购买航空运输服务的50个需求中，重要属性依次为：安全、准点、价值与价格、个人需求满足、服务人员和蔼可亲、机型、服务质量、形象、航班正常服务、客舱环境舒适性、餐食和饮料的质量与数量、文化产品服务丰富娱乐性、行李无差错等。正是这些重要属性体现了旅客购买航空运输产品的最大价值和最低成本，也是航空企业追求差异性、树立品牌的出发点。

二、确保服务质量，实施服务改进

（一）建立完善的服务质量保证体系

从旅客的需求出发，完善公司的服务质量保证体系，确保各关节点的质量保证能力。

服务质量保证体系由八大系统组成：

1. 质量目标与计划系统

服务工作质量保证体系以保证和提高服务质量为目标。为落实目标，要有实施的计划，应使质量目标有安排、有措施地落实到每个部门、班组和员工。

2. 质量责任系统

即把质量目标、质量计划和每个部门、每个员工的职、权、利联系起来，建立质量责任制，使质量工作事事有人管、人人有专责、办事有标准、工作有检查，从而建立正常的服务秩序。

3. 执行与控制系统

制定服务过程中的一套规范和程序，并组织实施，从而控制服务需求质量和服务工作质量，以保证在直接服务现场和间接服务现场服务工作的正常进行。

4. 检查与监督系统

形成检查与监督的网络，使事事、人人处于检查与监督之下。

5. 质量信息系统

对旅客反映服务质量的状况和发展趋势的信息应及时收集、综合、分析、反馈、处理，形成质量信息网络，作为改进服务的依据。

6. 质量教育系统

长期有系统地对员工进行服务意识、质量意识的教育，质量管理标准、规范和程序的培训，对管理干部进行管理方法的培训。

7. 组织结构系统

服务质量保证是靠所有部门共同完成的，要明确各部门在质量保证中的职能。

8. 质量保证评价体系

对质量保证体系及所属体系的工作状况，按一定要求进行全面评价。

（二）建立科学的旅客评价体系

上航的目标是追求“旅客满意”，因此，从公司创建以来就十分重视旅客的评价。为了解旅客需求、沟通服务信息，公司开辟了多种渠道：在售票、客运及驻外营业部各对外服务窗口都设有"咨询电话"、"旅客意见簿"；在客舱每个座位后背口袋都备有"旅客乘机留言卡"；每月在各服务入口及航班上派员工直接向旅客发放"旅客意见咨询卡"；诚聘了52位社会督导员，真心实意地从外部听取意见；设立专线投诉电话，供旅客对服务质量提出批评和投诉。众多途径为上航与旅客建立了一座沟通的桥梁。公司每月对来自旅客的信息都认真做好收集、统计、分析和处理工作，作为改进服务的重要依据。公司每月统计旅客对服务窗口服务质量的满意度，对照年初设定的指标进行考核；对旅客抱怨突出的问题，通过调查找出原因，制定改进的措施；对旅客反映的表扬、批评内容，每月向全体员工通报；对旅客的投诉，在弄清事实真相的前提下认真进行处理。

在全球经济一体化、竞争更加激烈的今天，"关注顾客，让顾客尽可能满意"已成为企业在竞争中能否取胜的关键。因此，以旅客满意为目标，研究旅客需求，进一步提升上航服务是提高上航核心竞争能力的重要战略之一。

思考：根据以上案例，分析如何根据顾客需求来进行服务质量管理？

（资料来源：岑咏霆．质量管理教程．上海：复旦大学出版社，2005）

【本章小结】

1. 服务性企业中可能存在着五种服务质量差距，其中，差距一、二、三、四属于企业差距，差距五属于消费者差距。差距五是差距一到差距四积累的结果，前面四个差距的大小决定了差距五的大小。而差距一到差距四最终要通过差距五体现出来。

2. 差距模型说明当企业进行服务质量管理规划时要考虑哪些步骤，也说明产生质量问题的可能根据，有利于企业找出产生质量问题的根源。

3. 服务质量改进规划的步骤：(1) 确定服务质量管理规划的重点；(2) 绘制顾客消费过程和服务操作程序图；(3) 检查服务质量；(4) 征求顾客和员工的意见；(5) 学习其他企业的经验；(6) 激励员工做好服务工作。

4. 服务质量管理规划的重点是：确定企业服务理念和市场调研。

【拓展阅读】

1. 汪纯孝等．服务性企业整体质量管理（第二版）．广州：中山大学出版社，2001

2. ［芬兰］克里斯廷·格鲁努斯．服务管理与营销：基于顾客关系的管理策略．韩经纶译．北京：电子工业出版社，2007

【思考与练习】

1. 分析服务质量差距模型的内涵。

2. 简述五种服务质量差距之间的关系。

3. 讨论造成五种服务质量差距的原因以及缩小各差距的措施。

4. 简述服务质量差距模型的作用。
5. 服务性企业应如何确定服务质量管理规划的重点？
6. 举例分析服务性企业应如何进行服务质量改进规划。

第九章　顾客投诉和补救性服务

【学习目的】

通过本章的学习，能描述服务失误发生的必然性；知道对服务失误进行服务补救的意义；了解影响顾客投诉的因素，以及为什么有的顾客投诉，而有的顾客却不投诉；了解补救性服务的重要性、价值和原则，并能提出一些有效服务补救策略。

【学习要点】

1. 服务失误发生的必然性及其分类
2. 对服务失误进行补救对留住顾客和培育忠诚感的积极作用
3. 有效的服务补救策略
4. 补救性服务的重要性、价值和原则

【关键词】

服务失误　顾客投诉处理　补救性服务

第一节　服务失误

一、服务失误发生的必然性

服务失误是指服务未达到顾客期望，或者说未达到顾客对服务的评价标准。服务是依赖人与人的接触和互动来完成的，强调的是服务人员与顾客的互动。自20世纪80年代起，有学者提出服务的“零缺陷”以及“一次就做对”的思想。对于企业来说，服务过程完美无缺是最理想的状态，但实际上，顾客不满意的情况是不可避免的，顾客产生抱怨也是难以完全避免的。这是由服务自身的特征所决定的。

（1）服务和消费的同时性决定了服务失误的发生是不可完全避免的。

服务不是一种实体，而是一系列的行为或过程，具有生产与消费同步性。服务的生产过程与消费过程同时发生，因此服务性企业不能像工业企业那样，可以在出售和消费之前进行事前的质量控制，它只能通过事后检查防止服务差错；此外，在服务过程中，顾客和服务提供者要进行一系列的接触，在接触过程中出现服务失误在所难免。一旦发生服务差错，顾客就已经消费了劣质的服务，导致服务失误的发生。

（2）服务的无形性也使服务失误的发生具有必然性。

由于服务具有无形性，服务的评价比较主观，顾客一般用经验、信任、感受和安全等方面的语言描述服务，方法上十分抽象。因此，即使是相同标准的服务，不同的顾客也会有不同的服务质量感知。无缺陷服务的标准比无缺陷产品的标准抽象、主观。在某些情况下，即使服务工作完全符合企业的质量标准，顾客仍然可能会认为服务工作存在某些缺陷。

（3）不可控因素的存在也令服务企业难以完全避免服务失误。

一些客观与主观因素的变化难以精确把握。比如航班误点的原因有很多种，天气状况、设备故障、突发事件等都会引起航班误点。企业稍有不慎就会出现令乘客焦急等待甚至抱怨的情况，导致服务失败。尽管企业可以向顾客解释延误并不是因为企业的过失引起的，但许多顾客可能并不理解，或者即便能理解，但还是会对企业的服务质量感到不满，产生消极情绪，他们很可能会选择下次不再乘坐该航空公司的航班，并将其经历告知他的亲友或其他顾客，给企业带来负面的影响。

二、服务失误的分类

服务失误主要有两种分类方法：

（一）结果失误和过程失误

根据格鲁努斯的观点，服务质量分为结果质量（技术质量）和过程质量（功能质量）两部分。与之相对应的，服务失误也可以分为结果失误和过程失误两类。结果失误是指在服务接触的过程中，顾客并未得到应有的服务或者对实际获得的服务并不满意。过程失误是指顾客对服务的方式、过程或服务人员的态度感到不满意。

（二）接触服务失误和核心服务失误

接触服务失误是指顾客在与一线服务人员相互作用的过程中所发生的服务问题。核心服务失误则是指接触服务失误以外的、所有与服务本身有关的服务失败或者其他技术问题。

以上两种服务失误的分类相互之间有着密切联系。例如，顾客到餐厅吃完饭以后感觉不大满意。分析本次服务失败的原因，如果是食物的质量不佳或者口味不好，这属于服务的结果失误，也是核心服务失误；如果是因为服务员的态度不好，或者环境嘈杂而导致顾客不满，则应该属于服务的过程失误，也是接触服务失误。

三、服务失误时的顾客反应

当服务失误时，顾客会产生各种可能的反应（如图 9－1 所示）。首先，他们可能会选择采取行动或保持沉默。选择采取行动主要有三种途径：一是向供应商投诉；二是向家庭或朋友抱怨；三是向第三方抱怨，比如行业协会、政府的消费投诉主管部门、企业经营许可证的发放部门或是私人律师等。选择保持沉默时，顾客会保持继续向原有服务供应商购买或者选择更换服务供应商，改购其他服务供应商的服务。

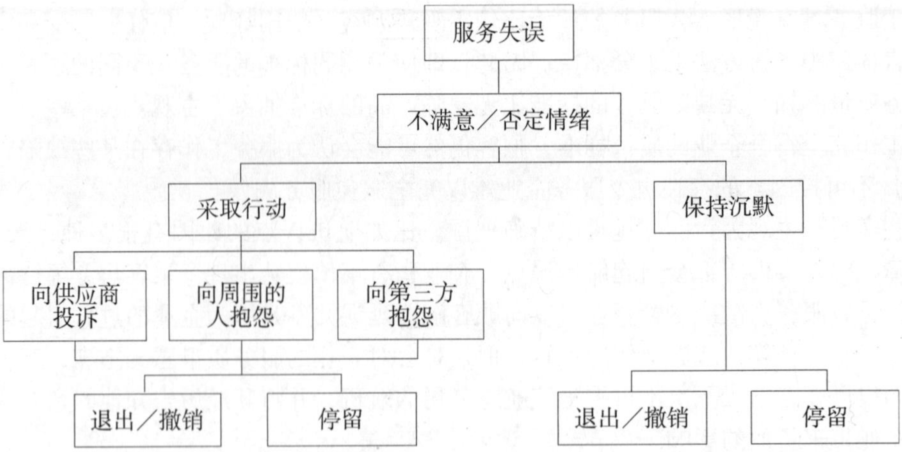

图 9－1　服务失误之后的顾客反应

［资料来源：［美］瓦拉瑞尔·A. 泽斯曼尔，玛丽·乔·比特纳. 服务营销（第 2 版）. 北京：机械工业出版社，2001］

对企业而言，不满意的顾客马上向企业进行投诉是最好的情况。因为企业可以马上得到对顾客进行补救服务的机会，避免了顾客对企业的负面口头宣传给企业带来的不利影响，并且能及时发现服务漏洞，有助于企业改善自身服务质量，有利于长远发展。不满意的顾客如果向他人作负面的口头宣传或向第三方抱怨，则企业不仅因无法了解顾客不满意的原因而失去了进一步改进和提高服务质量的机会，而且企业形象也会受到损害。

服务失误以后，顾客继续保持向原有服务企业购买服务的原因有两种：一种是因为他们是企业的忠诚顾客，能够理解企业所产生的服务失误并给予谅解；另一种则可能是由于某些客观原因导致顾客并无其他服务供应商可供选择，但一旦出现其他可供顾客选择的服务供应商时，顾客将会义无反顾地离开。

在这些反应中，顾客可能采取一种或一种以上的反应。但是各种反应方式出现的频率是不一样的。一项研究结果表明，在所有不满意的顾客中，只有 5% ~10% 的人会直接投诉。另一项研究也发现，只有 20% ~35% 的人会对他们经历过的最糟糕的服务提出抱怨。企业应引导顾客将不满反馈给服务企业，通过弥补损失、奖励投诉等方法提高顾客满意度，并积极改进自身服务，最大限度地留住顾客。

四、对服务失误的四种顾客反应类型

研究表明，根据顾客对服务失误的反应，可将顾客划分为以下四种类型：消极者、发言者、发怒者及积极分子。尽管这四种类型的顾客在不同的行业中所占的比例可能有所不同，但其划分是相对一致的，并且每种都能在所有公司或行业中找到。每种类型的服务失误反应者具有不同的行为特征，如表 9－1 所示。

表 9－1　对服务失误的四种反应类型顾客的特征

类型＼特征	直接向服务供应者投诉	向亲戚好友传播负面消息	更换服务供应商	向第三方投诉	保持沉默
消极者					√
发言者	√				
发怒者	√	√	√		
积极分子	√	√	√	√	

1. 消极者

这类顾客极少会采取行动。与那些进行负面宣传的人相比较，他们不大可能会对服务人员说任何事，也不大可能向第三方进行抱怨。他们经常怀疑投诉的有效性，认为投诉所可能得到的结果与投诉所花费的时间和努力相比不值得。有些人的个人价值观念也会使其抵制投诉或抱怨。与发怒者和积极分子相比，这些人不会感到与市场疏远。

2. 发言者

这类顾客乐于向服务人员抱怨，但他们不大可能传播负面消息、改变服务供应商，或向第三方讲述不满。这些顾客可以看做是企业的好朋友，他们主动投诉，这样就给企业以改正的机会。与消极者相似，这类顾客与另外两类顾客相比不会感到与市场的疏远。他们倾向于做出对社会有利的言行，所以毫不犹豫地说出自己的感觉。他们认为向服务人员投诉的结果非常积极，并且不太相信另外两种抱怨形式。他们的个人价值观念支持投诉。

3. 发怒者

有些学者称这类顾客为散播企业负面信息的“恐怖分子”。这类顾客与其他类型的顾客相比更有可能极力向朋友、亲戚传播负面消息并改变服务供应商。他们的普遍嗜好是向供应商投诉，且不太可能向第三方抱怨。这些人会逐渐感到同市场有些疏远。相比其他类型的顾客，他们对服务企业更易愤怒，虽然他们确信向服务企业投诉会带来利益。他们不可能给服务企业第二次机会，取而代之的是转向原企业的竞争对手，并且一直向朋友、亲戚传播负面消息。

4. 积极分子

这类顾客的特点是在各方面都更具有投诉和抱怨的习惯：他们向服务企业投诉、向亲友抱怨，并且比其他类型更有可能向第三方抱怨。抱怨符合他们的个人价值观念。就像发怒者那样，这类顾客比其他群体更疏远市场。他们对所有类型的投诉和抱怨的潜在正面结果都感到非常乐观。

案例：星巴克咖啡店公司的“恐怖分子”

如今，星巴克咖啡公司已经在其行业内处于领先地位——20 世纪 70 年代早期华盛顿州西雅图不起眼的小公司现在已经发展成为全美拥有 2 000 家商店的咖啡零售巨人。该公司及其传奇般的执行官霍华德·舒尔茨（Howard Schultz）因具有世界级的服务水平和杰出的员工关系而享有极高的荣誉。但是即使像星巴克这样的巨人也会跌倒，在服务行业没有谁能在长期服务中完全避免犯错误。并且，有时候一个看似无害的错误可能会升级，就像接下来的故事一样。

故事是从一个星巴克的顾客购买了一台有问题的卡布奇诺咖啡制造机开始的。他把机器退回去想换台新的，换机器时，他又买了一台作为礼物送给朋友。可是，他没有得到应随机赠送的半磅咖啡，并且该顾客抱怨员工的态度很粗鲁。不幸的是，那台作为礼物的机器也出现了问题。于是该顾客要求星巴克公司给他换一台当时顶尖的卡布奇诺咖啡制造机，这比他原来赠送给朋友的机器价值高出近 2 000 美元。该顾客威胁说如果其要求被拒绝，他会在《华尔街日报》上刊登整版的广告来揭发星马克公司。公司当然拒绝了他的要求，于是，一整版攻击星巴克公司的广告出现在《华尔街日报》上，同时该顾客还通过其 800 免费电话征集其他人的抱怨。当星巴克公司向他道歉并试图更换其两台机器时，顾客表示这还不够，他向星巴克公司提出了更多的要求。他要求公司在《华尔街日报》上刊登整版广告向他道歉并感激他的仁慈和慷慨。不用说，整个事件引起了全国媒体的关注。

虽然顾客中这种"恐怖分子"确实不多，但上述例子表明什么事情都可能发生，这些顾客"恐怖分子"可能会做出令人难以想象的事情来。

在事件发生期间，星巴克公司请来专家为其处境提些建议，所有专家都提到顾客与星巴克公司员工的第一次接触对以后事情的发展进程是多么重要。一位专家确信星巴克公司应该在顾客来退还第一台有问题的机器时就给他 2 磅咖啡，并且在一周后打一个追踪电话以确认是否所有机器都工作正常。另一名专家建议把遇到问题的顾客列入 VIP 名单，以便将来同这些顾客有生意往来时可以引发警示，提醒员工和管理层要绝对小心和优先处理随后的交易。另外还有人认为星巴克公司应该立即毫无理由地用 2 000 美元来更换那台有问题的机器。这些专家相信，提出这类要求的顾客百分比非常小，所以值得用任何必要的做法来避免类似该例子中顾客"恐怖分子"的潜在行为。另一位专家认为，《华尔街日报》上的广告一出现，公司就应该立即派人同顾客进行面对面的交流，道歉并倾听顾客的倾诉，看看他想要什么。

这个故事说明，如果不谨慎对待服务失误，即使是世界级的优秀服务性企业也可能陷入困境。

[资料来源：Customers from Hell：Nightmare or Opportunity. *Achieving Excellence*，Decenber 1995，pp. 2 –3；and Allison Lucas. Trouble Brews for Starbucks. *Sales and Markeing Management* 147，no. 8（August 1995）：p. 15.]

第二节　顾客投诉处理

当发生服务失误时，不是所有的顾客都会投诉，投诉的顾客给了企业改正的机会。企业应正确对待顾客投诉，尽力满足顾客的要求，将顾客的不满意转变为满意。

一、影响顾客是否投诉的因素

顾客会根据以下几个方面的因素考虑是否投诉：

（1）服务失误的严重程度。顾客更有可能对一些严重的服务问题、对自身影响较大或造成的损失较大的问题投诉。例如，航班误点对于一个处于悠闲假期的休闲度假者来说可能意味着只损失了一些时间，但对于一个行程紧凑的公务旅行者来说则可能意味着错过了重要的商业约会而为公司带来严重的经济损失。因此，后者比前者更有可能投诉。

（2）投诉求偿成功的可能性。指当服务失误发生时，顾客认为企业没有任何借口而且愿意补救损失的可能性。研究表明，当服务失误发生时，顾客认知投诉求偿成功的可能性越大，向企业提出投诉的可能性就越大。

（3）顾客对投诉的预期收益与成本的估计，即顾客对投诉后可能获得的利益与投诉成本的比较。顾客投诉得到的正面结果可能是物质或者是非物质的。顾客投诉的成本则包括时间、精力、金钱、声誉等一切顾客为投诉而付出的代价。投诉成本与利益很难量化，往往是顾客的一种主观估计。顾客会根据自己的感知去衡量投诉行为，投诉所获得的价值越高，顾客越有可能投诉。

（4）顾客对过失责任归属的判断。如果顾客认为自己也有错误，对服务失误也应承担一定的责任，那么他们投诉的可能性就较小。相反，如果顾客认为企业应对服务失误负全部责任，他们就更可能投诉。

（5）顾客的个人特征。顾客的购买经验或者专业知识是决定顾客是否投诉的一个重要因素。例如，某位曾经任职著名酒店高层管理人员的客人因为过去的工作经历而对酒店的运作非常熟悉，那么他在作为顾客消费酒店的服务时的投诉率就很可能比一般客人高，因为他更可能会以自己对酒店的知识来维护甚至意图获得更高的酒店服务质量。

行业透视

顾客特征是影响顾客投诉的重要因素，包括顾客的人口统计特征和心理特征。国内的研究表明，采取公开投诉行为的人一般比较年轻，受教育程度高并且有很高的收入。顾客投诉的可能性与年龄负相关，而与收入水平和受教育程度正相关。还有一些研究结果表明，与女性顾客相比较，男性顾客会更加大胆地提出自己的观点并维护自己认为自身应具有的权利。

在中国人中，年龄和家庭收入与顾客的投诉行为有着显著相关关系；男性投诉的平均次数和比例都高于女性；家庭人口对顾客的投诉行为也有显著影响，单身人士投诉的平均次数最高，两口之家次之。

（6）投诉的方便程度。如果顾客认为向企业投诉非常困难，或者根本不知道可以向谁、在什么时间、通过什么渠道向企业投诉，那么，顾客即使有不满，也可能不会投诉。

（7）情景因素。情景因素也是影响顾客是否投诉的重要因素。情景因素指服务环境中与互动没有直接关联的其他刺激，以及个人因环境所引发的暂时特征。情景因素是预测顾客投诉行为的重要因素之一。研究发现，在预测投诉行为上，情景因素优于一般的态度变化。例如，当一名男性在等待办理退房手续而手续办理缓慢时，在有女士陪同而又不赶时间的情况下，顾客不一定会直接投诉；但若同样的服务失误发生在一个跟上级一起准备去机场乘坐飞机的男性顾客的身上，这位顾客就很可能会因为需要维护上司的利益而投诉。

二、顾客投诉的原因

造成顾客投诉的原因是多种多样的。总的来说，顾客投诉的原因主要来自服务人员、企业和顾客三方面。

（一）服务人员的原因引起的投诉

1. 不尊重顾客

服务人员不尊重顾客是引发顾客投诉的最主要原因。受尊重是每个顾客的最基本需要。如果服务人员不尊重顾客，就会引起顾客的反感，甚至发生冲突，从而造成顾客投诉。

服务人员不尊重顾客的表现主要有以下几种：

（1）不热情、主动。如上班时间与同事聊天、打私人电话；对顾客态度冷淡，爱理不理，一问三不知；不主动与顾客打招呼或顾客与之打招呼没有反应；不能一视同仁地对待顾客，歧视某些客人等。

（2）语言欠修养。如对顾客不用尊称，态度生硬；言语无礼，顶撞顾客；挖苦、辱骂顾客；不耐烦，不断催促顾客等。

（3）举止不文明。如酒店服务人员未经客人同意就擅自闯入客人房间；把物品扔、丢到顾客面前；在顾客面前抠鼻孔、挖耳朵、剔牙齿；在顾客休息时大声喧哗、谈笑；用打量的眼光看顾客等。

（4）不尊重顾客的风俗习惯。如酒店服务人员在基督教客人祈祷时闯进客人房间搞卫生；给伊斯兰信徒送猪肉制品做食物等。

（5）无根据地怀疑顾客。如无根据地怀疑客人取走房间物品；批评暂时外出的顾客想要逃账等。

2. 工作不负责任

服务人员工作不负责任、不细致、不认真、马马虎虎、粗枝大叶也是导致顾客投诉的一个重要原因，其主要表现有：

（1）工作不主动、不认真。如餐厅服务人员在顾客所点的菜肴或酒水无货供应时不作解释；看到顾客酒杯空了也不及时斟酒；看到顾客进门时脱下外套，不主动上前接过挂好等。

（2）没有完成顾客交代办理的事情。如酒店前厅部服务人员因为没有为顾客预订机票或留言叫早而耽误了顾客的行程；餐厅服务人员下错单、遗失账单、上错菜等。

（3）损坏、遗失顾客物品。如邮局遗失客人信件；航空公司遗失客人托运的行李；酒店客房部服务员打扫房间时乱动、损坏客人财物；行李员搬行李时损坏客人行李等。

（二）企业的原因引起的投诉

1. 设备损坏后未能及时维修妥善

接待顾客的场所的空调、电话、桌椅、电梯等损坏以后没有及时维修，给顾客造成不便。

2. 收费不合理

（1）收费款项与实际消费不符。

（2）收费项目不明确、乱收费。

（3）多收费。

3. 没有提供承诺的服务

（1）没有在承诺的时间提供服务。

（2）没有按承诺的标准提供服务。

（3）出售过期的商品。

（三）顾客的原因引起的投诉

有时候，顾客投诉的问题，其责任并不在企业或服务人员，而是在顾客本身。

（1）顾客对企业的有关制度不了解或产生误解。

（2）顾客因为自己的个人事务而情绪低落，需要发泄。

（3）顾客提出无理要求遭到拒绝。

（4）某些顾客的不良行为对另外一些客人造成了影响。

（5）顾客自身的过失。

除了企业、服务人员和顾客本身的原因以外，一些客观原因，如恶劣天气、停水、停电等不可抗力而导致的服务失误，也可能会引起顾客的投诉。

三、顾客投诉的心理特征

通常来说，投诉的顾客有以下五种心理特征：

（1）求尊重。顾客如果对服务人员的服务态度与服务行为感到不满意，就会期望通过投诉找回尊严，希望处理投诉的职员在情感上能够理解自己，尊重自己，支持自己的行为并表示歉意。

（2）求发泄。如果顾客由于对服务不满意，心中有怨气，就会希望主管人员能够对相关人员作出相应的处理，这样心中的气愤和郁闷才能得以发泄。

（3）求补偿。如果由于企业给顾客造成了物质上或精神上的伤害，顾客的投诉目的就是要求有关部门给予物质上的补偿，以求心理上的平衡。

（4）提意见。顾客对服务企业进行批评、指正，希望企业的服务能得到改善，具有这种心理特征的顾客往往是忠诚度很高的顾客。

（5）求自我表现。希望表现自己的见多识广，有丰富的消费经验，如同行、专业人士等。

四、顾客的投诉方式

顾客抱怨的途径主要有以下四种形式：现场投诉、电话投诉、信函投诉和留言投诉。

1. 现场投诉

由于服务与消费的同时性，一旦企业提供的服务没有达到顾客的要求，他们很容易当场就觉察出来，并很可能在服务现场第一时间提出自己的意见。服务性企业可以通过观察顾客的动作、神情、语气态度等，察觉顾客的不满，并作出相应的服务补救。企业可及时地与投诉的顾客交换意见，让顾客参与到服务补救中，制订双方都能够接受的补救方案，避免二次服务失败。而且如果服务企业能够在现场消除顾客的不满情绪，就能有效地减少对企业的不良口头传播。

2. 电话投诉

电话投诉的设置方便了顾客在消费后对服务企业的不满进行投诉。因为电话投诉并不在服务现场进行，顾客事后有足够的时间判断是否有投诉的必要，而且由于电话投诉是通过语音而非面对面地进行投诉，顾客可以大胆地说出自己的不满。但是，由于电话投诉是一对一的交流，接听顾客投诉电话的员工就代表着整个企业的形象，如果员工态度生硬或者处理不及时，顾客就会认为企业在推卸责任。当然，电话投诉对企业也有好处，就是对于一些比较复杂的投诉个案，电话投诉给企业处理投诉预留了充足的时间。此外，电话投诉也避免了一些顾客因为目睹了其他顾客的投诉而对企业产生不信任感的情况。

3. 信函投诉

信函投诉一般采用“投诉信”的书信方式，现在也比较流行用电子邮件方式进行投诉。与电话投诉相似，信函投诉属于非即时抱怨，不需要企业即时给予解决，给企业预留了充足的处理投诉的时间。此外，与电话投诉相比较，顾客的信函投诉可能会更详尽，企业从信函投诉中获得的信息量会更多。顾客在写投诉信的时候，心情往往已经比较平静，他们会更加注意自己的措辞，也会更详细地描述问题产生的原因和过程，更明确地表达自己对解决问题的愿望和要求。因此，企业也更可能从顾客的投诉信上直接地了解顾客的意见和真实想法。采用信函投诉的顾客往往是真正关心企业成长的人，他们投诉的主要目的是希望企业能够注意到自己经营管理中的不足，并作出改进。

4. 留言投诉

一些服务性企业都会在服务现场放置留言本、意见表或留言信箱以方便顾客投诉。如酒店通常在大堂放置留言信箱或留言本，酒店的餐厅也有顾客意见表，其目的一方面是希望顾客能对企业的服务给予评价，另一方面也是为了给顾客即时投诉的机会。

五、顾客投诉时的期望

在有关服务补救和顾客抱怨处理的研究中，学术界都倾向于把感知公平分为三个维度：结果公平性、程序公平性和交往公平性，如表 9－2 所示。

等价交换、公平待客是所有企业都应当遵守的经营原则。顾客在购买产品和服务之前会假定企业会遵守这些原则。在服务过程中，如果顾客的经历符合他们的期望，他们会处于“无意识状态”[①]。但是，一旦服务工作发生差错，顾客的利益受到损害，他们就会从无意识状态中清醒过来，认为自己受到了不公正的待遇。这时，他们就会特别关注服务公平性，对不公平的行为更加敏感。因此，企业投诉处理程序或服务补救措施是否公平是顾客评估企业服务质量的一个重要标准。

国内外学者的研究表明，顾客主要是从顾客投诉处理的结果、程序和服务人员与顾客的相互交往三个方面评价企业投诉处理和服务补救措施的公平性的。相应地，服务公平性分为结果公平性、程序公平性和交往公平性三个组成成分。1998 年，美国亚利桑那州立大学教授布朗（Stephen W. Brown）、泰克斯（Stephen S. Tax）等人通过对服务性企业顾客投诉经历

① 对大多数消费者来说，日常性服务几乎是自然而然发生的，不需要多少认识活动。他们在与服务人员交往的过程中，往往不注意服务细节，事后也很难回忆清楚。这种行为倾向性称作“无意识状态”。

的分析，得出了14个补救性服务公平性属性（见表9－2）。

表9－2　顾客感知的服务公平性的评估属性

公平性的类型	评估属性	解　释
结果公平性	合理补偿	更换、修理、退款、折扣
	道歉	服务人员为服务失误向顾客道歉
	解决问题	有效地解决服务失误引起的问题
程序公平性	及时/速度	对顾客的投诉作出及时的反应，迅速地提供补救性服务
	方便	方便顾客投诉
	后续行为	通过电话或信件与顾客再次联系，确保问题已经得到解决
	发言权	让顾客发表意见、表达感受
	灵活性	灵活地提供补救性服务
	负责	主动对服务失误承担责任
交往公平性	解释	服务人员向顾客解释服务失误产生的原因
	尽力	服务人员尽力做好补救性服务工作
	诚实	服务人员诚实待客
	有礼	服务人员礼貌待客
	移情	服务人员设身处地地为顾客着想

（一）结果公平性

结果公平性指顾客对投诉处理和补救性服务结果公平程度的评价。顾客希望企业能充分补偿他们的损失。常见的补偿方式包括重新服务、退款、修理和折扣等。在遭遇到服务或产品失误后，顾客希望能得到合理、公正的赔偿，希望他们得到的补偿至少应该等同于他们所遭受到的损失。如果顾客觉得企业未能充分补偿他们的损失，他们就会认为补救性服务结果不公平。此外，顾客往往以实际获得的补偿结果是否满足自己的需求作为结果公平性感知的评估基础。因此，在处理顾客投诉时，并不是只要进行经济上的赔偿顾客就会满意，补偿的方式必须建立在顾客的需求之上。只有这样，才能发挥补偿的真正作用，提升顾客对补偿结果的公平性感知。

（二）程序公平性

程序，指在补救中所涉及的政策、过程和方法。程序公平性指顾客对企业投诉处理和补救性服务过程公平程度的看法。顾客希望企业对服务差错承担责任，尽快处理自己的投诉，灵活实施补救性服务措施。

（三）交往公平性

交往公平性是指顾客对补救性服务过程中服务人员行为和态度公平程度的评估。顾客希望服务人员尊重顾客、关心顾客、礼貌待客，诚实地向顾客解释服务差错产生的原因，尽力解决顾客的问题。在服务失误的背景下，交往公平性主要是顾客对服务人员在处理抱怨时的态度的公平性感知。考虑交往公平性，有助于解释在结果公平性和程序公平性都已顾及时，顾客仍然会感到不公平的情况。工作人员在处理服务失误时，如果能表现出体贴、关切、道歉、重视等态度，将可促使顾客对企业产生正面的评价。

表9－3　三类服务公平性的例子

	公平	不公平
结果公平	"服务员也认为有问题。她将三文治拿回厨房换了一个给我们。并赠予我们免费饮料。" "他们非常尊重我的抱怨。一星期后我收到一张免费券和一封经理签名的致歉信。" "我不得不第三次回到这间酒店，由于他们不但帮我解决问题，还不断向我道歉并另给我一张价值25元的优惠券。"	"他们拒绝退钱且不作任何补救措施，这太说不过去了。" "这件事他们没放在眼里。拿了我的钱，当我产生疑问时他们却推三推四。" "如果我要求退款，我不得不第二天又跑回去并花费我20分钟的时间。这笔款又不值得让我这么麻烦跑一趟。" "我只需要酒店向我道歉，因为他们无端怀疑我，可他们并没任何致歉的意思。"
程序公平	"酒店经理说谁对谁错并不重要。她会马上对这件事承担责任的。" "这名销售代表显得很高兴并且很快解决了问题。" "在我投诉的一周后，销售部经理致电给我，问我这件事的解决方式能否让我满意。"	"他们应为我解决问题而不是让我拨打另一个电话，没人回复我，我也没机会和任何负责人诉说。" "我一定会把我的不满公之于众。我很气愤，要直接找总经理谈，很显然他是唯一能解决问题的人。" "酒店不但破坏了我的美好假期，还说这件事是我自找的！这是他们的责任，他们本应细心一些的。"
交往公平	"收银处的负责人彬彬有礼，细心周到且很有涵养——他一直告知我对我的投诉处理进程。" "这个经理态度很好。她要让我满意地离开。" "出纳员解释说那个上午恰好电源中断了，所以耽误了事情。他查找了大量的档案记录，这样第二天我就不用又跑一趟了。"	"维修房间的宽频上网线路时出错令我很愤怒，而那个工程部员工竟置之不理，似乎也不打算跟进此事。" "他们骗我说百事可乐是免费的，而且对比萨为何迟迟不送上来也没有一个明确解释。" "接待员态度粗鲁，似乎那位博士先生的时间非常宝贵，而我则要被放在一边。"

（资料来源：Stephen S. Tax & Stephen W. Brown. Recovering and Learning from Service Failure. *Sloan Management Review*, Fall 1998, p. 79.）

六、顾客投诉处理的技巧

处理顾客投诉并非一件容易的事情，尤其是面对投诉者，常常是处理人怀着良好愿望，使出浑身解数，结果却并不理想。为了确保顾客投诉问题顺利解决，真正做到使不满的顾客转变为满意的顾客，服务企业在处理顾客投诉时需要注意以下技巧：

（1）为投诉做好准备。服务失误导致的投诉是难以避免的，服务人员在面临顾客投诉的时候要保持良好心态，尽管“问题顾客”是少量存在的，但服务企业应该假设“顾客永远是对的”，因为有时候对一个没有充分理由的投诉给予适当的补偿不但可以挽留一位顾客，甚至可能赢得一个新的顾客群。

（2）注意场合。在顾客的投诉问题不能立即得到解决，特别是顾客情绪激动的情况下，不适宜在顾客聚集的公共区域讨论投诉的问题。有经验的投诉处理者会将顾客请到办公室或者其他适合的场所，以免影响其他顾客，将不利影响减到最低程度。

（3）认真倾听。投诉处理者应认真倾听投诉者的投诉，让投诉者尽情发泄心中的不满，当他们发泄得差不多时，心中怒火也就消了一大半，这时候再向其解释，这样的效果会比在投诉者还满怀不满情绪而未得到发泄时给予解释的效果好得多。要注意的是，不要在倾听的过程中打断投诉者而对服务失误加以解释。

（4）表示同情，不要过多解释。很多顾客对于投诉处理的要求仅仅是为了给他们所受的委屈讨回一个公道，这时一个最真诚的道歉是最好的回应，也是成本最低的补救方法。

（5）做记录。客人投诉时在他面前做记录，首先有助于平息顾客的不满情绪。正式的书面记录表达了企业对客人投诉的重视，同时也可减缓对话的速度，有益于顾客的情绪稳定和更加冷静地思考，使事情的陈述更为客观；此外，客人投诉记录可作为企业不可多得的信息，为企业的服务质量改进工作提供参考。

（6）尊重顾客的意见。在处理顾客投诉的过程中，企业应授权顾客参与解决方案的制订，给顾客选择的机会。对于顾客不能接受的处理方案要通过谈判予以解决，直到最终达成解决方案，并将该方案付诸实施。

（7）行动迅速。不管是退单、更换、补偿还是赔偿，企业都应在第一时间完成，让顾客切实感受到企业的诚意。需征求领导意见的、暂无法解决的、处理时间较长的投诉，服务人员应向客人致歉，并说明处理的流程、时间跨度，并定时向客人报告投诉处理进度，不能无把握、无根据地向客人保证。

（8）感谢顾客并跟踪服务。感谢顾客的内容包括感谢顾客的投诉，让企业有发现问题、了解到自身不足的机会，让顾客知道企业会努力改进服务，同时希望得到顾客对企业的继续支持等方面。在答谢后，企业还要指派负责处理该顾客投诉的人员进行跟踪服务，通过E-mail、信函、登门拜访、电话等方式把处理结果和进度及时向顾客反馈，并及时调查顾客的满意度。

（9）当投诉处理人员未能令顾客满意地解决投诉问题，双方对投诉的处理结果不能达成一致时，企业应该尝试更换另外一名投诉处理人员跟进投诉。因为当投诉处理者与投诉的顾客围绕问题争执太久时，顾客极可能产生厌倦心理，他们会认为企业没有诚意与耐心去解决问题，这时换另外一名投诉处理人员去处理投诉，一方面有助于缓和投诉顾客的情绪，另一方面也可使顾客感觉到企业是有诚意、肯花时间和资源去处理投诉问题的。

案例：马尼拉奇遇记

两位大学教授前往马尼拉参加会议，他们在文华东方酒店预订了客房。这是公认的亚太地区最好的酒店之一。文华东方酒店声称能够提供“不仅体现其自身利益，更重要的是体现客人、员工和股东的利益”的个性化服务。这种服务承诺是“为了与总公司成为全球公认的最豪华的饭店集团之一，在每一家连锁饭店都为客人带来不同寻常的满足感”的目标相一致。事实上，这个饭店集团由于其出众的服务和优异的管理而经常荣获国际大奖。

两位客人被告知他们将在机场享受到酒店的专人接机服务。一切都正常，他们一下飞机就很快找到了接机服务员。这名服务员告诉他们这项服务的费用，然后他们就乘坐豪华轿车迅速抵达了酒店。

到达酒店后，他们受到了门童的接待，并被带到前台。前台一位笑容可掬的服务员向他们表示欢迎，为他们办理了入住手续。然后她把他们领到了客房。去客房的途中，她着重介绍了酒店以及客房的各种特色服务。两位客人从服务员的介绍中看出了第一个问题：不经意之间，她透露接机服务员只向他们推荐了酒店最贵的豪华轿车的迎接服务，实际上，从机场到酒店还有同样可靠的出租车服务，费用要便宜得多。想到他们有限的经费，再想想服务员不告诉他们乘坐出租车这一选择，两位客人开始怀疑接机服务员只向他们介绍豪华轿车服务是不是想“宰”他们。但是在他们受到热情的接待后，他们决定把这次的经历归结于自己运气差。

第二天，两位客人打算步行10分钟去会议地点。因为那时正在下雨，他们就走到服务台，请求借一把伞。在四处找了5分钟之后，服务员抱歉地说所有的免费雨伞都借出去了。客人接受了解释，但考虑到这是台风季节，于是客人就想最好还是为以后几天预订两把雨伞。这个请求马上被记录下来。

当天晚上，其中一位客人想用客房的直拨电话给家里打电话。他仔细研究了一下计费方法，最后算出如果加上服务费、各种税费以及外汇兑换费用等，每分钟他大概却要花5元。打完电话后，他急着想查看账上的收费情况是不是这样。当他得知他打了4分钟电话需要交费45元时，可以想象他们是多么震惊！他检查了最初的计算，发现最初计算的费用是对的。他把这个情况反映给客房部经理。客房部经理作了调查，承认服务指南上的电话计费方法容易让人产生误解，并向客人保证她会考虑怎样解决这个问题。

后来的3天一直在下雨，两位客人一再要求借雨伞，但都没有借到。他们不相信像文华东方这样的酒店会没有足够可供出借的雨伞，也不明白为什么老是得不到每天预订的雨伞。质问了服务台后，他们终于明白他们的怀疑是对的：服务部根本没有可供借用的雨伞，他们一直受到欺骗。后来两位客人被告知他们可以在酒店的零售店购买雨伞。两位客人决定向酒店的管理层投诉，他们写了一封投诉信，表达了对雨伞欺骗事件、豪华轿车欺骗事件、误导性电话收费指南的不满。他们在信中还对如何防止此类事件的再次发生提出了建议。

很快一名客房服务员来到了他们客房，赠送他们一篮奇异的水果，还带来一封楼层经理的信件。接着服务部经理前来承担了“雨伞问题”的责任。她为给客人带来的不便表示道歉，并且向两位惊讶的客人赠送了两把雨伞，还为他们提供免费的豪华轿车送机服务。不久客房部经理来了，告诉他们有关电话费问题的解决办法。她很有礼貌地解释说电话费用没有错，但是她对服务指南给他们所造成的误解表示道歉。为了安抚客人，她提出给客人的电话费打10%的折扣。过了一会儿，他们又收到了驻店经理的道歉信。这位经理对服务部未能借给客人雨伞承担了全部责任。

此外，酒店还设法防止类似问题的再次发生。当天晚些时候，这两位客人亲眼目睹前台的员工忙着往柜子里摆放雨伞，以供将来客人借用。酒店还马上通知机场的接机服务员以后必须告知每一位客人所有的交通选择。至于电话收费，酒店及时修改了服务指南，清楚说明了电话的计费方法。

点评：文华东方的服务补救措施给人留下了深刻的印象。酒店为其失职承担了责任，各有关部门的经理也及时承担了各自应该承担的责任，问题得到了圆满的解决。更重要的是，文华东方酒店的员工真正把这封投诉信看成是一次提高服务质量的机会。这些给两位客人留下深刻印象的做法，毫无疑问会吸引他们再次入住文华东方。

思考：根据这一案例，结合本章的内容，思考文华东方酒店的卓越服务来自哪里？

（资料来源：［澳］贾依·坎达姆普利．服务管理——酒店管理的新模式．程尽能，韩鸽译．北京：旅游教育出版社，2006）

第三节　补救性服务

一、补救性服务的含义

所谓补救性服务，是指服务企业为重新赢得因服务失误即将或已经失去的顾客而做的各种努力。美国学者泰克斯（Stephen S. Tax）和布朗（Stephen W. Brown）认为，补救性服务是一种管理过程，它首先要发现服务失误，分析失误原因，然后在定量分析的基础上，对服务失误进行评估并采取适当的管理措施予以解决。

补救性服务不等于顾客投诉处理。顾客投诉后，企业需要进行补救性服务，但服务失误后，绝大多数顾客并不会投诉。因此，服务性企业还应当鼓励服务人员在服务工作中主动发现服务问题，及时采取服务补救措施，使不满的顾客转变为满意的顾客。

二、补救性服务的重要性

研究表明，有效的服务补救措施能使不满的顾客改变对企业的不满，甚至提高顾客对企业的忠诚度，从而提高企业的利润。图 9－2 从企业的利润链角度来考察企业补救性服务对最终利润的影响。

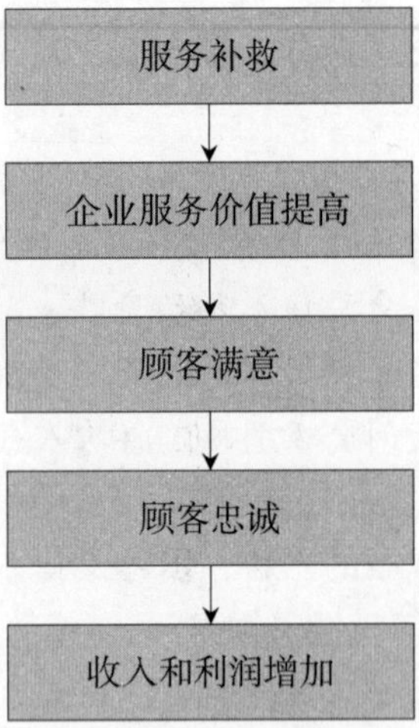

图 9－2　服务补救对企业利润链的影响环节

（资料来源：J. L. Hestett et al. Putting the service profit chain to work. *Harvard Business Review*, Volume 72, March－April 1994, p. 166.）

从图 9－2 可看出，服务补救是为了弥补企业因服务失误而造成的服务价值减少。服务补救使得原本降低的企业服务价值得到提升，随着企业服务价值的提升，顾客的满意度相对于补救前会有比较大的提升，而顾客的满意度有可能会导致忠诚度的提升。

有效地解决顾客问题，能对顾客的满意度及忠诚度产生重大影响。也就是说，经历了服务失误的顾客如果经服务性企业努力补救并最终感到满意，将比那些问题未被解决的顾客更加忠诚，这种忠诚度会转变为盈利性。美国的一项调查结果显示了这种关系，那些因投诉而使其问题迅速得到解决的顾客与那些投诉但未得到解决的顾客相比，更可能发生再次购买行为，但那些从未投诉的顾客相对来说最不可能再次购买。这也是为什么企业要非常重视忠诚顾客投诉的原因。

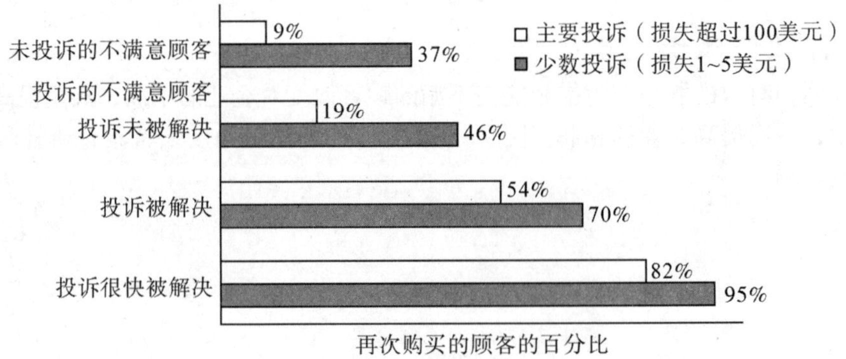

图 9－3　不满意顾客的再次购买意图

［资料来源：［美］瓦拉瑞尔·A. 泽斯曼尔，玛丽·乔·比特纳．服务营销（第 2 版）．北京：机械工业出版社，2001］

三、补救性服务的价值

补救性服务的价值主要表现在以下三个方面：

（1）补救性服务可以最大限度地降低顾客流失的成本。补救性服务属于营销策略中的防御性营销。防御营销的目的在于减少顾客的流失率，而且依靠原有顾客传递口碑，从而增加新顾客。对于竞争激烈的服务行业，吸引一名新顾客的费用要比保留一名原有顾客的费用高，因而防御营销就显得极其重要。补救性服务作为一种有效的防御性营销，对降低顾客周转率非常重要。

（2）补救性服务可以将服务失误转化为惊喜。当企业在服务过程中出现服务失误时，企业可通过及时、巧妙的服务补救措施来稳定顾客情绪，降低顾客的不满程度。当企业对顾客进行了完美的服务补救后，顾客可能会因为企业做出的努力补救而感到满意，甚至会提高顾客对企业的忠诚度。

（3）补救性服务可以维护企业良好的市场形象。服务失误不可避免，若能及时补救，顾客会建立良好的感觉，认为自己得到服务企业的重视与尊重，也切实感受到企业以顾客为中心的服务意识，由此对该企业给予高度的信任，企业在顾客心目中就会形成良好的企业形象。

案例：一个服务英雄的故事

好的补救可以使愤怒的、感到灰心的顾客变成忠诚的顾客。实际上，它比没有服务失误的情况更能产生良好的企业声誉。来看看巴黎 Mediterranee 俱乐部的一个分支，Med - Cancun 俱乐部是如何在一次服务噩梦中通过补救赢得一群度假者的忠诚吧。

一群度假者在从纽约前往目的地墨西哥的途中就一直麻烦不断：飞机起飞晚点了 6 个小时，途中意外降落了 2 次，并且在着陆前盘旋了 30 分钟。由于所有这些耽搁和意外，飞机比计划多飞行了 10 个小时并且耗尽了食物和饮料。最后，飞机在凌晨 2 点到达目的地，由于着陆太猛，氧气面罩和行李都从头顶掉了下来。当飞机停到候机楼时，这些可怜的旅客由于饥饿而非常虚弱，并且确信其假期在刚开始时就已经毁灭了。飞机上的一名律师甚至收集了所有旅客的名单和地址，计划采取法律行动寻求补偿。

Cancun 度假村的总经理西尔维奥·德博托雷（Silvio de Bortoli），一个全组织上下都知道其具有使旅客满意的能力的传奇人物，在得到这次可怕飞行的消息后马上制定了补救方法。他派遣公司一半数量的员工去机场，安置一张摆满点心、小吃和饮料的桌子和一套音响系统，用以播放舒缓的轻音乐。下了飞机后，每个旅客都受到了单独的问候，有人帮助他们搬运行李，同情地听他们诉说，并有专人开车将他们送往度假村。当他们到达 Med 俱乐部时，迎接他们的是完全墨西哥风味并有香槟酒的丰富盛宴。另外，员工还召集并叫醒了一些客人来欢迎新客人的到来，晚会一直持续到黎明。许多客人都说，这是他们大学毕业后最开心的一次晚会。

虽然公司无法具体估计，但 Mediterranee 俱乐部在那天夜里确实赢得了市场份额。毕竟，赢得市场份额战斗的胜利不是通过分析人口趋势、比率和其他综合指标来获得，而是通过一次补救性服务行动。

四、补救性服务的原则

有效的补救性服务应当遵循以下十条原则：

(1) 明确发现服务失误或其他质量问题是企业的职责；

(2) 要主动地发现服务失误并迅速解决问题，不要等顾客提出来以后才被动地去解决；

(3) 补救性服务的程序和方式必须是简洁而有效的，应尽量避免推诿或扯皮现象，企业有必要任命一个专门负责补救性服务的经理来支持补救性服务系统的高效运行；

(4) 只有十分必要时，才可以要求顾客以书面的方式提出意见；

(5) 即使不是企业的责任引起的失误，也要勇于承担相应责任，不要太在意一时的得失，要将关注点放到与顾客之间长期关系的建立上；

(6) 在解决服务失误的过程中，要时刻让顾客了解事情的进展情况，特别是当问题不能马上得到解决时更是如此；

(7) 出现失误后，绝对不能拖延，要及时对顾客作出补偿；

(8) 要特别关注服务失误给顾客造成的精神上的伤害；

(9) 道歉是必要的，但在大多数情况下是远远不够的，企业还必须对顾客的损失作出适当的赔偿；

(10) 要建立有效的补救性服务系统，授予员工必要的决策权解决服务失误。

五、补救性服务的程序

(一) 发现服务工作中的问题

企业要为顾客提供优质的补救性服务，首先必须了解顾客不满的原因，发现服务工作中存在的问题。管理人员可通过顾客投诉分析、顾客意见调查、服务过程质量检查等途径发现服务工作中的问题。

1. 顾客投诉分析

服务性企业可使用顾客意见簿、投诉信箱或监督电话等，方便顾客投诉，并深入分析顾客的投诉，发现服务质量问题。

2. 顾客意见调查

如前所述，并不是所有不满意的顾客都会投诉。事实上，大部分不满意的顾客不会向企业投诉。但顾客不投诉并不代表企业不存在服务质量问题，因此，管理人员应通过顾客抽样调查、专题座谈会等方式，主动征求顾客的意见，发现服务中存在的问题。

3. 服务过程质量检查

管理人员或质量检查人员观察服务过程，可以发现服务人员在服务工作中出现的差错和存在的服务隐患，及时提供补救性服务。此外，为了预见服务质量问题，管理人员必须做好服务过程内部检查工作。管理人员可通过绘制和分析服务流程图，发现服务体系中最容易发生差错的环节，加强这些环节的质量管理工作，并制订应急方案，以便有效地解决服务工作中出现的问题。

(二) 有效地解决服务质量问题

在服务差错发生以后，服务性企业能否恢复顾客的信任感，是由负责纠正服务差错的服务人员决定的。要激励服务人员做好补救性服务工作，管理人员应采取一系列人力资源管理措施。

1. 通过培训提高服务人员的沟通能力和应变能力

在补救性服务工作中，服务人员面对的是不满的甚至是愤怒的顾客。与心平气和的顾客相比较，与愤怒的顾客打交道，服务人员更需要有耐心和技巧。服务人员必须首先平息顾客的怒火，耐心听取他们的意见，真诚地承认服务工作中的差错，诚恳地表示歉意。因此，管理人员必须通过培训，使服务人员掌握沟通的技能，提高服务人员应对投诉的能力。

此外，要迅速、有效地解决服务工作中出现的问题，服务人员还必须有较强的应变能力。管理人员还应该培训服务人员创造性地解决问题的技巧，提高服务人员随机应变的能力。

2. 授予服务人员决策权

顾客对补救性服务会有不同的要求。管理人员应授予服务人员必要的决策权，鼓励服务人员打破常规，主动、灵活地做好补救性服务工作。

3. 为服务人员创造愉快的工作环境

为不满的顾客提供优质的补救性服务是一项紧张而艰苦的工作。与正常服务工作相比较，补救性服务工作需要服务人员付出更多的时间和精力。因此，管理人员不仅应通过培训工作提高服务人员的心理素质和承受能力，而且应为他们创造舒适、愉快的工作环境，缓解他们的紧张情绪。

4. 制定奖励制度

管理人员应制定奖励制度，激励服务人员做好补救性服务工作。管理人员应确定不同级别的奖励标准。级别较低的奖励面要广，使每位愿意努力做好补救性服务工作的员工都有获奖机会。级别高的奖励则应该严格控制获奖人数。

（三）总结经验，进一步提高服务质量

补救性服务工作为服务性企业提高服务质量提供了极为重要的信息。管理人员应充分利用这些信息，总结经验，进一步加强服务质量管理工作。

1. 找出服务失误产生的根本原因

服务失误的发生意味着企业的服务体系存在缺陷。因此，服务失误发生以后，管理人员应尽力找出服务失误产生的根本原因，尽快解决服务体系中存在的问题，避免同类失误的再次发生。

2. 改进服务过程检查工作

服务失误的发生表明企业旨在预防服务差错的服务质量检查工作未能奏效，反映了企业的服务过程检查工作也存在漏洞和不足。因此，企业应系统地记录、分析各种服务差错，以便发现服务过程质量检查工作中的不足之处，采取必要的措施，改进服务质量检查工作。

3. 制定服务差错记录制度

管理人员可利用计算机技术建立补救性服务数据库，记录顾客投诉和企业发现的各种服务质量问题，并对补救性服务的全过程进行记录。一方面，服务人员可以利用数据库记录的信息了解投诉顾客以前经历过的服务质量问题，并且参考过去发生同类情况的补救方法，更好地进行补救性服务工作。另一方面，管理人员可以根据服务质量问题的类别和发生频率，研究具体的改进措施。

总之，有效的补救性服务包括三个重要环节：不间断地监控服务系统，及时发现服务失误；及时有效地解决服务失误；总结经验。表9－4总结了顾客期望得到的补救性措施。

表9－4　服务失误发生后顾客期望得到的补救性措施

顾客期望	如何进行补救
道歉	亲自道歉，即使服务失误不是由企业造成的（但仅仅道歉是远远不够的）
合理赔偿	由一线员工现场给顾客作出合理的赔偿
善待顾客	真诚地对待那些遭遇服务失误的顾客，安抚顾客的情绪
超值补偿	送给顾客一些顾客认为有价值的东西（有时合理的补偿亦可起到这种作用）
遵守承诺	一线员工在补救性服务中所作出的一切承诺都要兑现

［资料来源：Zemke R. Supporting Service Recovery：Attributes for Excelling at Solving Customers' Problems. In Sheuing E. E.，Gummesson E. & Little C. H. （eds）. *Selected Papers from the Second Quality in Service*（*QUIS* 2）*Conference*. New York：St. John's University and ISQA，International Service Quality Association，1992：p. 46. ］

案例：丽思·卡尔顿酒店的服务补救

Ritz Carlton酒店曾经获得服务业的美国质量管理奖，其质量管理主任Patrickmane创造了所谓的“1－10－100”的服务补救法则。酒店认为，错误应该扼杀在源头，质量问题越早解决越好。出现服务失误后，现场解决可能只需企业支出1美元来进行补救，拖到明天解决问题的这笔费用将会是10美元，再拖几天则可能要上升到100美元。“当天的事当天解决”成了Ritz Carlton酒店的一条准则。

Ritz Carlton授权每位员工在必要的情况下可以支配2 000美元用于解决顾客的问题。当员工发现顾客有什么不满时，酒店允许员工放下正常工作，立刻采取积极的措施，不惜一切代价去满足顾客。

另外有这样一个实例：4名来自欧洲的MBA学员到位于美国亚利桑那州菲尼克斯的Ritz Carlton酒店参加服务营销管理研讨会。他们想在即将离开酒店前往机场的那个晚上到酒店的游泳池里轻松度过几个小时。但是，当他们下午来到游泳池时，却被礼貌地告知游泳池已经关闭了，原因是为了准备晚上的一个招待酒会。这些学员向招待员解释说，晚上他们就将回家，这是他们唯一可以利用的一点时间了。听完他们的解释后，这个招待员让他们稍微等待一会。过了一会儿，一个管理人员来到他们的身边解释说，为了准备晚上的酒会，游泳池不得不关闭。但他接着又说，一辆豪华轿车正在大门外等待他们，他们的行李将被送到Biltmore酒店，那里的游泳池正在开放，他们可以到那里游泳。至于轿车等费用，全部由Ritz Carlton酒店承担。这4名学员感到非常高兴。这家酒店给他们留下了非常深刻的印象，也使得他们乐于到处传诵这一段服务佳话。

六、补救时机的选择

在补救性服务工作中，补救时机的选择非常重要。格鲁努斯根据企业采取补救性服务的

图 9－4　关系理论框架下的服务补救时机选择

（资料来源：［芬兰］克里斯廷·格鲁努斯．服务管理与营销——服务竞争中的顾客管理．韦福祥等译．北京：电子工业出版社，2008.100）

时间把补救性服务工作分为管理式补救性服务（被动的补救方式）、防御式补救性服务（主动的补救方式)、弹性补救性服务（超前的补救方式），并利用航空公司丢失顾客行李的例子来说明这三类补救性服务的差别。这个例子是这样的：一个三口之家乘坐飞机到海边度假，到达目的地后发现行李丢失了，随身携带的只有一些换洗的衣服。在这种情况下，企业显然应当对其失误进行补救。图9-4显示了在三类补救性服务下的补救方案。在图中，整个度假过程的主服务包括三个情节：飞往度假目的地、在目的地度假和返回。每个情节又包含许多活动，问题活动——丢失行李发生在第一个情节“飞往度假目的地”中。

图9-4的上部表示的是管理式补救性服务的情况。机场管理人员为顾客填写了行李丢失单，然后象征性地给顾客一点补偿金，这点补偿金连支付度假费用的零头都不够。这个家庭表示不满，要求给予更多的补偿。管理人员告诉顾客，如果这样的话，他们只有在度假结束后向航空公司提出正式的书面申请。从这个例子可以看出，管理式补救性服务不是在服务失误发生之后立即加以解决，而是等服务流程结束后，由专门处理客户投诉的客户服务部门予以解决，而且需要顾客主动提出申请。补救性服务作为一个单独的服务片段，列在主服务片段之后。这种补救性服务方式与传统的顾客投诉处理方式基本相同。

图9-4的中间部分表示的是防御式补救性服务的情况。按照这种补救方式，机场管理人员会告诉顾客可以自己先垫钱购买自己需要的度假用品，等到度假结束后，航空公司有关部门会予以报销和赔偿。在这类补救性服务中，补救仍然是一个独立的情节，但这个情节被纳入到主服务片段中，作为整个服务过程的一部分而存在。服务失误后，顾客无须等到整个服务流程结束才能得到补救，也无须亲自到规定的部门提出正式申请。与管理式补救性服务相比较，这类补救性服务可能更能得到顾客的认同。因为顾客从一开始就得到承诺他们会得到赔偿，因此他们就可以放心地去购买自己需要的物品。但这种补救性服务之所以成为被动式的补救性服务，是因为它要求顾客自己解决问题，正式的补救性服务程序仍然是在主服务结束之后才启动的，这时补救性服务情节仍然是作为一个独立的情节而被置于服务过程的最后阶段。

图9-4的下部表示的是弹性补救性服务的情况。根据这类补救性服务的特点，航空公司会在服务失误发生的现场立即解决问题。管理人员会提出各种不同的补救方案，如在度假地的指定商店购买他们需要的一切物品，费用由航空公司承担。在这类补救性服务中，问题会在服务失误发生之后立即得到解决，而不是等到整个服务流程结束之后。如图9-4下部所示，补救活动已经作为服务流程中的一个不可分割的组成部分融入到主服务片段的某个情节之中，紧随问题活动之后进行。这类补救性服务及时主动地解决了服务失误给顾客带来的难题，顾客会为此而感到惊喜，他们对企业服务质量的评价很可能会比没有遭遇服务失误情况下的评价还要高。

【本章小结】

1. 服务失误的发生是不可能完全避免的，这是由服务的特征以及其他不可控制的因素决定的。服务失误可分为结果失误和过程失误，也可分为核心服务失误和接触服务失误。

2. 顾客面对服务失误时有着各种不同的反应，这是由于存在各种影响顾客是否投诉的因素。顾客投诉的心理特征主要是以下五种：求尊重、求发泄、求补偿、提意见以及自我表现。服务补救公平理论把公平性分为三个层面：程序公平性、互动公平性和结果公平性。

3. 补救性服务是指服务企业为重新赢得因服务失误即将或已经失去的顾客而做的各种努力。有效的服务补救措施能使不满的顾客改变对企业的不满，甚至提高顾客对企业的忠诚度，从而提高企业的利润。

【拓展阅读】

浅论顾客价值、满意、忠诚与抱怨的关系

1. 顾客价值、顾客满意、顾客忠诚之间的关系

顾客价值是顾客满意的源泉。顾客满意与否取决于顾客的价值观和期望与所接受产品或服务状况的比较。从顾客价值的概念来理解顾客满意就不难理解为什么有的企业能够提供优质的产品和服务，价格也有竞争力，顾客却不购买其产品的原因了。因为这都是从组织角度来衡量的，而没有从顾客角度出发，没有考虑他们多种多样的需求以及个性化的价值取向。所以，越来越多的国外企业将经营战略重点转向顾客价值，致力于顾客“全面”的价值取向（例如产品、服务及销售渠道等），以向顾客提供个性化的“全面解决方案”为核心开展业务，而不是仅仅埋头于企业内部改进产品和服务。例如，戴尔公司的成功模式并不是为最有钱的那部分客户提供最优秀的产品，而是提供最优秀的解决方案。它通过“价值战略”吸引了大批有价值、懂技术的顾客，进而通过对用户需求变化的不断满足，使之成为忠诚顾客。再如美国最大的零售商沃尔玛，其存在的价值就是为顾客提供有价值的商品，其不仅提供优质产品和服务，而且销售的商品价格总是最低的，为顾客省钱。

为了进一步阐释顾客满意与顾客价值的关系，需要强调科特勒（Kotler）提出的顾客让渡价值。顾客从价值和成本两方面来权衡比较，从中选择价值最高、成本最低，即“顾客让渡价值”最大的产品作为优先选购的对象，并从中获取极大满意程度。所以，企业必须向消费者提供“顾客让渡价值”尽可能大的产品才能战胜竞争对手，赢得顾客。

有些企业在进行顾客满意度调查时要求顾客对其提供的产品或服务进行评价，并以此作为改进的依据。从顾客价值的分析可以知道，以企业自身的价值来衡量顾客期望价值不能消除组织与顾客间的价值差异，也不能充分掌握顾客期望。准确和全面的顾客满意度调查应基于顾客价值，从“全面顾客体验”的角度出发，通过顾客评价其购买和获得的价值与其期望的差异确定顾客满意的程度。国内外研究及调查表明，仅仅达到顾客满意并不能留住顾客，因为顾客满意永无止境。顾客选择竞争对手的产品或服务源于可以得到更大的顾客价值。

从含义来看，顾客满意是一种态度，而顾客忠诚是一种购买行为。对于一个企业来讲，一个满意的顾客会对产品、品牌乃至公司保持忠诚，从而给企业带来有形和无形的好处，但顾客满意并不等于顾客忠诚。毫无疑问，满意的顾客更有可能成为忠诚顾客，忠诚顾客通常对产品也是极满意的。因此，企业在对顾客满意度关注的同时更应研究顾客忠诚度，采取措施推动满意的顾客向忠诚的顾客转化。

笔者认为顾客满意、顾客价值同时作用于顾客忠诚。正如巴诺斯在研究忠诚的顾客、顾

客满意和顾客价值的关系后指出，为了增强忠诚度，必须提高每个顾客的满意度水平并长期保持住这种水平，为此，需要增加提供给顾客的价值，增加价值使顾客感到所得超过了他们的期望。

因此，顾客满意管理与顾客价值管理并不矛盾。更准确地说，顾客价值管理是顾客满意管理的核心和基础。但是，顾客满意管理更加强调依靠信息技术，通过顾客满意度的有效测定，确定企业持续改进的方向，以提高顾客满意度确保顾客忠诚。

2. 顾客满意与顾客抱怨之间的关系

顾客抱怨表明顾客不满意，但没有抱怨并不一定表明顾客满意。顾客不满意也不一定会抱怨。美国华盛顿技术协助研究计划机构的研究结果表明，很多顾客会因为对一家公司不满意而改向其对手公司消费，但其中只有4%会开口抱怨。顾客的抱怨并不可怕，可怕的是不能有效地化解抱怨，最终导致顾客的流失。反之，与顾客之间的关系走下坡路的一个信号就是顾客不抱怨了。美国市场营销学者雷齐汉和赛塞的研究结果表明，顾客的流失率下降5%，企业的利润可增加25%～85%不等，而失去一位老顾客的损失则需要争取至少10位新顾客才能弥补。而且，保留住现有顾客的成本比赢得新顾客的成本要低得多，前者约为后者的1/6。

3. 顾客忠诚与顾客价值之间的关系

市场营销其活动本身不能建立持久的顾客忠诚度。顾客忠诚于某一公司或品牌不是因为其促销或营销项目，而是他们得到的价值。一个成功的顾客忠诚策略最重要的特点就是顾客可以看到增加的价值，增加价值必须向顾客提供他们需要的利益，而不是商业机构可能希望提供的利益。只有这样，顾客才能看到自己增加的价值，才能一直保持忠诚。

4. 顾客抱怨与顾客价值之间的关系

顾客抱怨是顾客满意没有实现的表现，而顾客抱怨的根本原因是顾客价值。国内外研究调查表明，产品质量或服务质量达不到顾客的要求是顾客抱怨的主要原因。顾客抱怨是具有改进潜力的顾客价值领域，懂得经营之道的企业能从顾客的不满意中发现商机，更能从顾客的抱怨中获利。如日本索尼公司在一个偶然的机会里，听到一青年对录放机的不满——提着太重，听音乐又影响别人后，并没有把这个在当时不可思议的抱怨一笑了之，而是潜心研究使顾客满意的产品。不久，精巧质优的“随身听”诞生了，很快便成为市场的抢手货。

5. 顾客价值、顾客满意、顾客忠诚、顾客抱怨之间的关系

顾客的价值观决定了其期望值，而组织提供的产品和服务形成可感知的效果。由于顾客满意是顾客通过对一个产品（或一项服务）的可感知的效果与他的期望相比较后所形成的感觉状态。因此，满意水平是可感知效果和顾客期望值之间的差异函数。西方管理学中把它归纳为一个公式：

$$顾客的满意程度 = 可感知的效果 - 顾客的期望值$$

从公式可以推出，顾客可以经历三种不同感觉状态中的一种。如果效果低于期望，期望得不到满足，则顾客不满意；如果可感知效果与期望相匹配，期望得到满足，顾客就满意；

如果可感知效果超过期望，顾客就会高度满意，直至产生忠诚。

［资料来源：涂莲钦．浅论顾客价值、满意、忠诚与抱怨的关系．机械工业标准化与质量，2005（1）］

课后案例：一只小虫子引起的风波

某三星级饭店一行15人由总经理率领慕名来到本市一家饭店用晚餐。他们此行的主要目的是学习该饭店的管理和服务，并看看菜肴如何。晚上7时他们来到单间“春”厅，虽已预订，因多来了几个人，使得服务员和领班手忙脚乱地加椅子和餐具。他们还没有坐下，一位客人指着墙上那幅字，问服务员写的是什么。服务员答：“不清楚。”又问领班，答：“不知道。”入座后，客人点菜，问：“最近你们餐厅推出什么特色菜没有?”领班回答：“不清楚，我到厨房问一下再告诉你。”客人点完菜，领班把菜牌一收离开了。15分钟后才开始上凉菜。客人们发现转盘底下爬出一只蚂蚁，叫服务员赶快处理；同时，一位客人从啤酒杯里打死一只小虫子后，让领班换一只杯子，换后，客人觉得更换的这个杯子似乎就是刚才那个，因为发现杯子有手拿过的痕迹，要求再换一个。领班不情愿地拿来一个与原来不同的高脚杯，往桌子上“砰”的一放。客人问：“怎么是这种杯子?”领班答：“杯子没有了，这才是喝啤酒的杯。”

席间，客人流露出对领班的不满，就对服务员说：“您服务得不错，你们那个领班真不像话。”后来领班也就没有出现了。结账时客人提出要打折，一位自称是部长的小姐说：“我做不了主，得上报。”客人中的主人（即总经理）对那个部长小姐开玩笑地说：“你可得注意，这个人不好惹（指要求打折的同事），他是黑社会的头儿。”部长小姐回敬道：“没关系，我们敢开这么大一个店，就不怕有人来捣乱。”10分钟后，部长小姐把投诉的客人叫出厅外。餐饮部经理（一个外国人，会讲中文）出面说：“可以考虑打折，但只能打八五折。”客人说：“不行，你们的服务出现这么多问题，菜肴也不好吃，怎么也得打六折。”餐饮部经理说：“我做不了主，得上报。”这样僵持不下，10分钟又过去了。最后值班经理（是饭店的人力资源总监）来了，听了投诉经过后说：“你们讲的那个领班服务不好我知道，她不代表我们饭店。”“你们不能指责服务员，你们是人，他们也是人。”最后，以八折达成协议。可是，客人一看账单觉得价格不对，打折下来应为3 200多元，怎么是3 600多？仔细一算，发现饭店将基围虾和另一个菜按两份结账。这下客人火了，说：“本来是想来考察学习的，没想到不仅没学到东西，反而让人生气。”

思考：这家饭店的服务质量和投诉处理问题多多。服务过程出现了哪些问题？应该如何提高该饭店的服务质量?

（资料来源：http：//www. tczj. net/jp/hm/test2. asp）

【思考与练习】

1. 为什么服务失误必然会发生？研究服务失误的意义是什么？

2. 根据顾客对服务失误作出的反应，可以将顾客分为哪几种类型？为什么有的顾客会进行投诉，有的顾客则不投诉？

3. 顾客投诉的心理因素有哪些?

4. 你认为服务失误、服务补救、顾客满意度和顾客忠诚度之间的关系是什么?

5. 怎样理解服务补救?服务企业进行服务补救的意义有哪些?你认为还有哪些有效的补救策略?

6. 补救性服务有哪些类型?各种类型有何区别?

参考文献

1. ［比］巴特·范·路易，保罗·格默尔等. 服务管理. 吴雅辉，王婧，李国建译. 北京：中国市场出版社，2006

2. 岑咏霆. 质量管理教程. 上海：复旦大学出版社，2005

3. 柴小青. 服务管理教程. 北京：中国人民大学出版社，2006

4. 陈信康. 服务营销. 北京：科学出版社，2005

5. 陈艳. 基于服务成本视角的顾客价值分析研究. 南京师范大学硕士学位论文，2006

6. 丁宁. 服务管理. 北京：清华大学出版社，北京交通大学出版社，2007

7. 范秀成. 服务管理学. 天津：南开大学出版社，2006

8. ［美］福特，希顿. 现代美国旅游饭店服务管理. 边毅，赵丰跃译. 长沙：湖南科学技术出版社，2003

9. 龚益鸣. 现代质量管理学. 北京：清华大学出版社，2003

10. 郭国庆. 服务营销管理. 北京：中国人民大学出版社，2005

11. 韩经纶，董军. 顾客感知服务质量评价与管理. 天津：南开大学出版社，2006

12. 何丽芳. 酒店服务与管理案例分析. 广州：广东经济出版社，2005

13. ［澳］贾依·坎达姆普利. 服务管理——酒店管理的新模式. 程尽能，韩鸽译. 北京：旅游教育出版社，2006

14. 金武. 服务业发展的现状与优化研究——以青白江服务业发展为例. 四川大学硕士学位论文，2007

15. ［芬兰］克里斯廷·格鲁努斯. 服务管理与营销——服务竞争中的顾客管理. 韦福祥等译. 北京：电子工业出版社，2008

16. 寇玉琴. 企业定制化服务的策略研究. 商场现代化，2008（17）

17. 李任芷. 旅游饭店经营管理服务案例. 上海：中华工商联合出版社，2000

18. 梁彦明. 服务营销管理. 广州：暨南大学出版社，2004

19. 蔺雷，吴贵生. 服务创新. 北京：清华大学出版社，2007

20. 刘丽文. 服务运营管理. 北京：清华大学出版社，2004

21. ［美］马克·戴维斯，贾内尔·海内克. 服务管理——利用技术创造价值. 王成慧，郑红译. 北京：人民邮电出版社，2006

22. ［美］麦特斯等. 服务运营管理. 金马译. 北京：清华大学出版社，2004

23. 倪娜. 营销学产品分类研究综述. 外国经济与管理，2006（9）

24. 乔志杰. 从质量定义看本质. 企业标准化，2005（5）

25. R. W. 霍耶等. 何谓质量——世界八位著名质量专家给质量定义. 中国质量技术监督，2002（1）

26. Robert H. Woods, Judy Z. King. 饭店业质量管理. 李昕译. 北京: 中国旅游出版社, 2003

27. ［美］森吉兹·哈克塞弗, 巴里·伦德尔等. 服务经营管理学. 顾宝炎, 时启亮等译. 北京: 中国人民大学出版社, 2005

28. 沈云交. 什么是质量. 世界标准化与质量管理, 2005 (8)

29. 宋彦军. TQM、ISO 9000 与服务质量管理. 北京: 机械工业出版社, 2005

30. 汪纯孝, 岑成德, 温碧燕, 谢礼珊, 韩小芸. 服务性企业整体质量管理 (第二版). 广州: 中山大学出版社, 2001

31. 汪纯孝, 温碧燕, 蒋碧波. 质量含义探讨. 上海质量, 2001 (8)

32. 王海林. 现代质量管理. 北京: 经济管理出版社, 2005

33. 王丽华. 服务管理. 北京: 中国旅游出版社, 2007

34. 丁宁, 王馨, 郑予捷. 服务管理. 北京: 清华大学出版社, 北京交通大学出版社, 2007

35. 王守法. 现代服务产业基础研究. 北京: 中国经济出版社, 2007

36. 王晓波. 服务业与工业化、城市化的互动——1980—2005 山东省服务业实证研究. 山东大学硕士学位论文, 2008

37. 王永贵. 服务营销. 北京: 北京师范大学出版社, 2007

38. 王元泉. 服务质量管理研究. 首都经济贸易大学硕士学位论文, 2004

39. ［英］威廉斯, 布斯韦尔. 旅游与休闲业服务质量管理. 戴斌, 依绍华译. 天津: 南开大学出版社, 2004

40. 韦福祥. 服务质量评价与管理. 北京: 人民邮电出版社, 2005

41. 卫越男. 服务营销中的服务质量管理和顾客满意研究. 昆明理工大学硕士学位论文, 2001

42. 魏新让. 理解质量. 企业标准化, 2005 (1)

43. 吴文超. 中国服务业国际竞争力分析及影响因素研究. 浙江工业大学硕士学位论文, 2007

44. 吴晓云. 服务营销管理. 天津: 天津大学出版社, 2006

45. 杨坤, 张金成. 服务业的质量管理. 天津: 南开大学出版社, 2006

46. 叶万春. 服务营销管理. 北京: 中国人民大学出版社, 2003

47. 于航. 服务质量管理理论在 SG 汽车公司的应用研究. 四川大学硕士学位论文, 2004

48. ［美］约翰·E. G. 贝特森, K. 道格拉斯·霍夫曼. 服务营销管理. 邓小敏等译. 北京: 中信出版社, 2004

49. ［美］詹姆斯·A. 菲茨西蒙斯, 莫娜·J. 菲茨西蒙斯. 服务管理: 运作、战略与信息技术. 张金成, 范秀成等译. 北京: 机械工业出版社, 2007

50. 张丽艳. 质量的内涵. 企业标准化, 2005 (2)

51. 张宁俊. 服务管理——基于质量与能力的竞争研究. 北京: 经济管理出版社, 2006

52. 张昕. T 公司的服务质量管理研究. 南京理工大学硕士学位论文, 2005

53. Bolton R. N., Drew J. H. A Multistage Model of Customers' Assessments of Service Quality

and Value. *Journal of Consumer Research*, 1991 (17): pp. 375 - 384.

54. Brady M. K. , Cronin J. Joseph Jr. Some New Thoughts on Conccptualizing Perceived Service Quality: A Hierarchical Approach. *Journal of Marketing*, 2001, 65 (3): pp. 34 - 49.

55. Carman J. M. Consumer Perceptions of Service Quality: An Assessment of the SERVQUAL Dimensions. *Journal of Retailing*, 1990, 66 (1): pp. 33 - 55.

56. Christine Williams, John Buswell. *Servic Quality in Leisure and Tourism.* CABI Publishing, 2003.

57. Cronin J. Joseph Jr. , Taylor Steven A. SERVPERF Versus SERVQUAL: Reconciling Performance - Based and Perceptins - minus - Expectations Measurement of Service Quality. *Journal of Marketing*, 1994, 58 (1): pp. 125 - 131.

58. Dabholkar P. A. Consumer Evaluations of New Technology - Based Self - Service Options: An Investigation of Alternative Models of Service Quality. *Journal of Research in Marketing*, 1996, 13 (1): pp. 29 - 51.

59. De Ruyter K. , Perkins D. S, Wetzels M. Consumer - Defined Service Expectations and Post Purchase Dissatisfaction in Moderately - Priced Restaurants: A Cross - National Study. *Journal of Consumer Satisfaction, Dissatisfaction, and Complaining Behavior*, 1995 (8): pp. 177 - 187.

60. Finn D. W. , Lamb C. W. Jr. An Evaluation of the SERVQUAL Scales in a Retailing Setting. *Advances in Consumer Research*, 1991 (18): pp. 483 - 490.

61. Grapentine T. The History and Future of Service Quality Assessment. *Journal of Marketing Research*, 1998, 10 (4): pp. 4 - 20.

62. Gronroos C. An Applied Service Marketing Theory. *European Journal of Marketing*, 1982, 16 (7): pp. 30 - 41.

63. Guiry M. Consumer. Employee Roles in Service Encounters. *Advances in Consumer Research*, 1992 (19): pp. 666 - 672.

64. Jain S. K. , Gipta G. Measuring Service Quality: SERVQUAL vs SERVPERF Scales. *The Journal for Decision Makers*, 2004, 29 (2): pp. 25 - 37.

65. Ojasalo J. *Quality Dynamices in Professional Services.* Helsinki/Helsingfors: Swedish School of Economics/CERS, Finland, 1999.

66. Parasuraman A. , Berry L. L. , Zeithaml V. A. Refinement and Reassessment of the Servqual Scale. *Journal of Retailing*, 1991, 67 (2): pp. 420 - 448.

67. Parasuraman A. , Zeithaml V. A. , Berry L. L. A Conceptual Model of Service Quality and Its Implications for Future Research. *Journal of Marketing*, 1985, 49 (3): pp. 41 - 50.

68. Parasuraman A. , Zeithaml V. A. , Berry L. L. Alternative Scales for Measuring Service Quality: A Comparative Assessment Based on Psychometric and Diagnostic Criteria. *Journal of Retailing*, 1994, 70 (3): pp. 201 - 229.

69. Parasuraman A. , Zeithaml V. A. , Berry L. L. SERVQUAL: A Multiple - Item Scale for Measuring Consumer Perceptions of Service Quality. *Journal of Retailing*, 1988, 64 (1): pp. 12 - 40.

70. Parasuraman A. , Zeithaml V. , Berry L. L. Reassessment of Expectations as a Comparison Standard in Measuring Service Quality: Implication for Further Research. *Journal of Marketing*,

1994, 58 (1): pp. 111 – 124.

71. Teas R. K. Consumer Expectations and the Measurement of Perceived Service Quality. *Journal of Professional Services Marketing*, 1993, 8 (2): pp. 33 – 53.

72. Zeithaml A. Valarie, Leonard, L. Berry and A. Parasuraman. The Nature and Determinants of Customer Expectations of Service. *Journal of the Academy of Marketing Science*, 1993 (21): pp. 1 – 12.